国家文化产业资金支持媒体融合重大项目

高等职业教育财务会计类项目化实训系列教材

U0792330

# Project Training Manual of Financial Accounting

# 财务会计项目化实训工作手册

李娜 芮鑫 主编

东北财经大学出版社
Dongbei University of Finance & Economics Press
大连

**图书在版编目（CIP）数据**

财务会计项目化实训工作手册 / 李娜，芮鑫主编． —大连 ：东北财经大学出版社，2022.10

（高等职业教育财务会计类项目化实训系列教材）

ISBN 978-7-5654-4556-9

Ⅰ.财…　Ⅱ.①李…②芮…　Ⅲ.财务会计-高等职业教育-教材　Ⅳ.F234.4

中国版本图书馆CIP数据核字（2022）第177687号

东北财经大学出版社出版

（大连市黑石礁尖山街217号　邮政编码　116025）

网　址：http://www.dufep.cn

读者信箱：dufep@dufe.edu.cn

大连永盛印业有限公司印刷　东北财经大学出版社发行

幅面尺寸：185mm×260mm　字数：342千字　印张：15.75

2022年10月第1版　2022年10月第1次印刷

责任编辑：王天华　曲以欢　责任校对：赵　楠

封面设计：冀贵收　版式设计：原　皓

定价：35.00元

教学支持　售后服务　联系电话：（0411）84710309

# 前言

2018年11月14日，习近平总书记主持召开的中央全面深化改革委员会第五次会议审议通过了《国家职业教育改革实施方案》（以下简称“职教20条”），会议强调“鼓励和支持社会各界特别是企业积极支持职业教育，着力培养高素质劳动者和技术技能人才”“遴选认定一大批职业教育在线精品课程，建设一大批校企‘双元’合作开发的国家规划教材，倡导使用新型活页式、工作手册式教材并配套开发信息化资源”。这个具有纲领性的教材建设指导文件，指明了提高服务、建设现代化经济体系和实现更高质量、更充分就业需要的教材开发与建设方向。2019年12月16日，教育部印发的《职业院校教材管理办法》指出，教材规划要适应新时代技术技能人才培养的新要求，教材编写突出理论和实践相统一，以适应项目学习、案例学习、模块化学习等不同学习方式的要求，注重以真实生产项目、典型工作任务、案例等为载体组织教学单元，倡导开发活页式、工作手册式新形态教材。

由此不难看出，充分发挥教材建设在提高人才培养质量中的基础性作用，对促进现代职业教育体系建设，全面提高职业教育教学质量，具有十分重要的意义。在今后一个相当长的时期，积极推进教材建设是党和政府的政策导向，也是社会各界共同关注的热点，同时更是职业院校推进“三教改革”的重要内容。

在高等职业教育教学过程中，专业与职业岗位（群）形成的映射关系，较为清晰地阐明了人才需求与职业岗位核心技能之间的关系。伴随着新技术变革、新商业模式变化及新商业规则形成，职业岗位核心技能逐渐转向智慧型、智能型，通过师生共同实施一个完整的项目工作的项目化教学，学生可以在项目结束后相对完整地掌握本专业的技术技能并形成系统的职业岗位（群）技能体系。因此，项目化教学被逐渐地应用到高等职业教育的技术技能掌握领域，更为重要的是，以项目化方式进行实训教学指导，可以将本专业职业岗位（群）的基础技能和核心技能有效地转化为岗位（群）服务能力。

《财务会计项目化实训工作手册》是财务会计类专业人才培养方案中的专业核心课程实训教材，具有较强的专业核心地位。该教材是专业核心课程“企业财务会计”的系列教材之一，可作为财务会计类专业会计从业人员的操作指导。通过校企双元合作开发与编写，将新技术变化和新商业模式背景下的企业会计岗位核心素能以项目制和任务分解的方式组织课程内容和教学，为后续专业课程的学习和从事会计岗位工作奠定基础。在本教材开发过程中，通过梳理财务会计类专业核心课程“企业财务会计”的专业基础技能、专业核心技能以及专业拓展技能，形成了财务会计岗位的实践体系。

从编写体例看，本教材采取项目化的表现方式，共设置了4个项目，包括认知企业及会计工作、期初建账、核算企业日常经济业务和编制会计报表，每个项目设定相应任务，明确任务实训目标、实训材料、实训内容和步骤、实训注意事项、实训任务等，将会计核心技能以单项实训与综合实训相结合的方式，通过项目驱动和任务分解给予学生实习实训指导，促使学生通过对典型核算业务的实践技能训练，提高其从事企业会计核算工作的基本能力。

无锡商业职业技术学院会计金融学院组织校企双方力量，经过充分调研论证，厘定了新商业背景下的会计类专业岗位群的核心职业能力，以此为依据梳理了会计类专业核心技能点，构建了数以百计的实训项目，涵盖了会计核算、成本管理、财务分析、纳税核算与申报、财务管理、会计实务综合实训等方面，是会计类专业学生必须掌握的核心基本技能项目，形成了相对完整的会计专业群实践教学体系。《财务会计项目化实训工作手册》在编写过程中，按照以下逻辑主线进行：

**第一步，探究新技术变化和新商业模式变革带来的会计岗位核心技能内涵变化。**随着新技术的变化和新商业模式的变革，会计岗位核心技能发生了巨大的变化，本教材依据产业需求变化进行开发，通过科学系统的会计实训可以帮助学生对整个会计业务链及业务流程形成一个完整清晰的认识，实现就业的产业导向，为本地经济提供具有实用性的技术人才。

**第二步，依据核心技能变化实现财务会计实训同高职“企业财务会计”理论的契合。**本教材是“课证融通”系列教材——《企业财务会计》的配套教材，是在以“立体化教学”为载体、以“注重实效”为原则的基础上策划的，在编写的体例上采用了项目制、分任务的编排形式，既考虑了教学需要，又与“企业财务会计”教学的六大会计要素相对应，实现实训任务与理论知识的高度匹配，既培养了学生扎实的实践基本功，又考虑了考生考证的需求。整个体系结构、内容安排具有较强的合理性和针对性。

**第三步，确定较高契合性背景下财务会计技能训练项目内容。**本教材以财务会计“技能点”为核心制定实训标准，有效保障财务会计实训课程与会计岗位职业能力的对接，充分满足高技能会计人才培养的需求，实现指导会计业务基本技能操作的“理实一体化”。

**第四步，按照实训技能训练项目内容开发以“工作流程”为主线的实训指导教程。**本教材以会计工作流程为主线，充分调研企业会计人员所需实务技能，校企双元合作共同探讨收集真实发生的经济业务，以会计工作流程为主线，对会计专业岗位进行系统化分析，以满足不同技能等级的学习需求。

本教材将思政教育融入实训环节，实现了思政教育与实训教育的有机统一。通过实训，旨在建立学生爱岗敬业的职业观，培养学生注重细节的会计职业素养，提高学生的专业技能与综合素养，提升其就业信心。课程创设真实工作情境，引入最新的财税政策知识点进行训练，通过情境设置细节、实训内容细节等培养学生的规则意识。本教材的开发与编写以财务会计核算技能培养为宗旨，以会计岗位职业操守为道德指引，体现了活页式和工作手册式教材特质，体现了岗位技能同新技术变化和新商业模式变革的产业适应性，体现了按照财务会计工作流程设置任务的逻辑性。

本教材由无锡商业职业技术学院李娜、芮鑫担任主编并拟订编写提纲，无锡商业职业技术学院王玉香、董丽丽担任副主编，无锡商业职业技术学院全新月、张清华、王潍、吴建新、任浩强、周士平、毛金妹和李旭珈参与编写。具体编写分工如下：项目一、项目二由李娜和芮鑫编写；项目三由李娜、芮鑫、全新月、张清华、董丽丽、王潍、王玉香、吴建新、任浩强、周士平、毛金妹和李旭珈编写；项目四由李娜、芮鑫和王玉香编写。最后，由李娜进行统稿并最终定稿。

在本教材编写过程中，得到了新道科技股份有限公司、江苏天圣达集团有限公司、江苏无锡朝阳集团股份有限公司和无锡华洋滚动轴承有限公司等企业专家的支持和指导，以及江苏省职教同仁的帮助，在此一并表示感谢！

由于编者学识水平有限，书中不足之处在所难免，敬请读者批评指正。

编　者

2022年10月

# 目 录

# 项目一

## 认知企业及会计工作

# 任务一 了解企业概况

## 一、企业基本情况

企业名称：北京新锐电器有限公司
法定代表人：葛文学
注册资金：3 800 万元
企业注册地址：北京市昌平区光明路16号
企业经营范围：日用家电
企业注册登记日期：2016-06-01
注册登记地点：北京市市场监督管理局昌平分局
统一社会信用代码：110114745862904015
办公地址：北京市昌平区光明路16号
邮政编码：102208
电话：010-26674938
开户银行：中国工商银行北京市分行昌平支行
开户银行账号：0200000283627392724
税款缴纳：北京市昌平区税务局

## 二、企业组织架构

根据有限责任公司的规定，公司的权力机构为股东会，公司设立董事会对股东会负责，董事长葛文学为公司的法定代表人。公司建立了职能型组织结构，部门分为企业管理部、销售部、采购部、仓储部、生产车间、人力行政部和财务部，如图1-1所示。

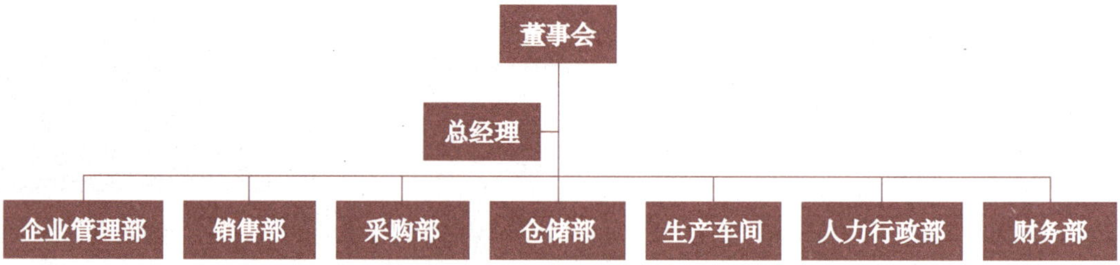


图1-1 北京新锐电器有限公司组织结构图

企业各机构、部门的主要职责如下：

（1）董事会。负责召集股东会会议，并向股东会报告工作；执行股东会的决议；决定公司的经营计划和投资方案；制订公司的年度财务预算方案、决算方案；制订公司的利润分配方案和弥补亏损方案；制订公司增加或者减少注册资本以及发行公司债券的方案；制订公司合并、分立、解散或者变更公司形式的方案；决定公司内部管理机构的设置；决定聘任或者解聘公司经理及其报酬事项，并根据经理的提名决定聘任或者解聘公司副经理、财务负责人及其报酬事项；制定公司的基本管理制度；公司章程规定的其他职权。

（2）企业管理部。负责企业行政管理、市场实务、后勤服务等工作。

（3）销售部。负责产品销售的管理工作。

（4）采购部。负责原材料、固定资产、无形资产等采购的管理工作。

（5）仓储部。负责材料和产成品仓库的管理工作。

（6）生产车间。负责轻巧型、经典型和豪华型电热水壶的生产工作。

（7）人力行政部。负责企业人力资源管理工作。

（8）财务部。负责会计核算和会计监督工作。

## 三、企业产品系列

北京新锐电器有限公司专业从事电热水壶及其配件的研发、生产、加工、销售。其产品分别为：轻巧型电热水壶、经典型电热水壶和豪华型电热水壶三种。

### （一）电热水壶的结构

电热水壶的结构如图1-2所示。

图1-2　电热水壶的结构

### （二）电热水壶生产用材料

电热水壶生产用材料如图1-3所示。

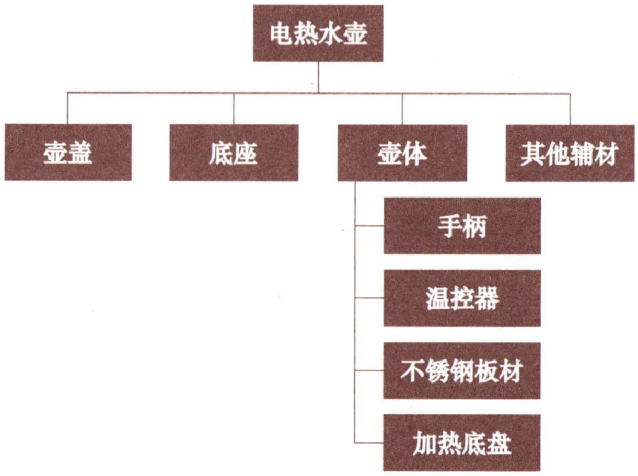


图1-3 电热水壶生产用材料

### 四、企业在册人员信息

企业在册人员信息见表1-1。

表1-1 企业在册人员信息表

| 部门 | 人员编制 |
|---|---|
| 企业管理部 | 1人 |
| 销售部 | 2人 |
| 采购部 | 2人 |
| 仓储部 | 2人 |
| 人力行政部 | 2人 |
| 财务部 | 7人 |
| 生产车间 | 162人 |
| 合计 | 178人 |

## 任务二 熟悉会计岗位与工作流程

### 一、会计岗位设置

会计岗位的设置应根据企业规模的大小、会计交易或事项的繁简程度、会计人员的数量等具体情况而定。而从会计交易或事项发生的环节及其关联性和内部牵制的需要出发，一般有以下环节及其对应的岗位：

### （一）财务主管岗位

该岗位全面负责组织会计工作，包括：组织协调财务会计工作、筹资与投资管理、重大会计交易或事项的审核与签字、疑难问题的处理及与企业有关职能科室的协调。

### （二）主办会计岗位

该岗位全面负责会计核算工作，包括：审核记账凭证并编号、定期编制科目汇总表、办理转账核算业务、定期组织对账、筹资与投资的核算、计算应缴纳的各种税金及附加、编制财务报表并进行财务分析。

### （三）材料核算岗位

该岗位负责原材料、周转材料等的日常核算工作，包括：对日常收发材料进行详细登记，月末按照“月末一次加权平均法”计算发出材料的加权平均单价，开设并登记“原材料”等明细账，库存材料的清查盘点，同时对材料总分类账和仓库材料账进行核对，做到账账、账实相符。

### （四）生产成本核算岗位

该岗位负责组织生产成本核算，包括：按照成本计算对象开设生产成本明细账，并按照直接材料、直接人工、制造费用等成本项目设专栏进行登记，按照生产车间设置“制造费用”明细账，并按费用项目设置专栏进行登记，月末编制“制造费用分配表”并计入生产成本明细账，根据生产成本明细账计算完工产品成本并编制“完工产品成本汇总表”。

### （五）库存商品核算岗位

该岗位负责建立产成品数量金额明细账，审核产成品成本汇总表及完工产品入库单，负责产成品明细账的登记。按规定监督产成品的盘点并与产成品仓库进行账实核对，对库存商品明细账与总分类账进行账账核对，月末按加权平均法计算已销售产品成本。

### （六）费用与工资核算岗位

该岗位负责期间费用以及营业外收支的核算，应建立“销售费用”“管理费用”“财务费用”等明细账以及“营业外收入”和“营业外支出”明细账，根据有关凭证进行登记，并与有关总分类账进行核对；平时负责工时、产量等资料的记录以及职工考勤。编制工资结算汇总表以及工资费用分配表，负责计提职工福利费等。

### （七）往来结算岗位

该岗位负责办理企业与各方面的往来结算业务：与采购商品付款业务相关的核算，应与采购部协作，设置“应付账款”“应付票据”等明细账；与销售收款业务相关的核算，应与销售部协作，设置“主营业务收入”“其他业务收入”“应收账款”“应收票据”等明细账，并根据有关凭证进行登记，定期与有关总分类账进行核对。

### （八）出纳岗位

该岗位负责办理货币资金的收付业务，建立银行存款日记账和库存现金日记账，并根据有关货币资金收付凭证逐日逐笔进行登记，每日结出余额。负责现金支票和转账支票的签发以及其他银行结算凭证的填制。在主办会计监督下与银行对账。

### （九）固定资产核算岗位

该岗位负责固定资产增减变动的核算，在建工程的核算以及固定资产折旧的计提，应建立固定资产、在建工程、累计折旧等明细账，并根据有关凭证进行登记，定期与总分类账进行核对。

## 二、会计工作流程

### （一）建账

企业会计人员根据企业要求和日常发生的业务以及账务处理程序开设总账、日记账和明细账。

### （二）填制和审核原始凭证

任何一项经济业务的发生，必须及时填制或者取得相应的原始凭证，要素齐全，手续完整，责任明确。审核人员接到外来或自制的原始凭证，需对合法性、合规性、合理性进行审核，同时签署审核意见。当发现原始凭证不完整、有错误，可以责成经手人补充完整或者重新开具后再予以办理。

### （三）填制和审核记账凭证

会计人员取得审核无误的原始凭证后，应及时填制记账凭证，在“制单”处签名或盖章。审核人员对其进行审核，经审核无误后，在“审核”处签名或盖章。记账凭证的审核人与填制人不能为同一人。

### （四）登记会计账簿

出纳人员接到审核人员转来的收款凭证或付款凭证及所附原始凭证，据此登记“库存现金日记账”和“银行存款日记账”，登记完整后，在记账凭证的“出纳”处签名或盖章。会计人员根据记账凭证逐笔登记明细分类账。会计人员根据记账凭证进行科目汇总，登记总分类账，在总账栏打钩。

### （五）对账、试算平衡

全月业务处理完毕后，对总账、日记账、明细账进行核对，检查是否相符，核对无误后编制试算平衡表。

### （六）期末结账

在对账无误的情况下进行期末结账，包括总账、日记账和明细账。

### （七）编制资产负债表

根据核对无误的账簿资料直接或分析计算填列资产负债表各项目。

### （八）编制利润表

根据核对无误的账簿资料直接或分析计算填列利润表各项目。

### （九）装订会计凭证和会计账簿

按照装订凭证的规定进行整理装订，加具封面，注明单位名称、年度、月份等信息，由装订人员签名或盖章。明细账按各种账页格式装订成册，注明单位名称、年度、月份等信息。

# 任务三 了解企业会计核算与管理制度

## 一、账务处理程序及凭证账簿组织

### （一）账务处理程序

模拟企业采用科目汇总表账务处理程序，分上旬、中旬、下旬和期末会计事项编制4张科目汇总表，并登记4次总账，明细账根据原始凭证或记账凭证逐笔登记。

### （二）凭证种类与编号方法

模拟企业采用复式记账法，采用通用记账凭证记账，会计凭证按月连续编号，记为“记字第×号”。

### （三）账户组织

公司开设总账、明细账、库存现金日记账和银行存款日记账及银行结算票据备查簿。总账和日记账均采用三栏式账页，明细账根据需要分别选用三栏式、多栏式和数量金额式账页。

### （四）财务报表

公司按照规定编制资产负债表、利润表、现金流量表和所有者权益变动表（略）。

## 二、货币资金核算制度

### （一）库存现金

库存现金实行限额管理，核定的库存现金限额为20 000元。现金的使用范围按《现金管理暂行条例》的规定执行。

### （二）银行存款

公司银行存款只设基本存款账户。

### （三）其他货币资金

本公司在证券公司开设证券投资资金账户，其款项用于购买股票与债券。

### （四）用款审批及支付制度

**1. 支付申请**

公司有关部门或个人用款时，应当提前填写“付款申请单”，向审批人提交货币资金支付申请，注明款项的用途、金额、预算、支付方式等内容，并附有效经济合同或相关证明。

**2. 支付审批**

审批人根据其职责、权限和相应程序在“付款申请单”上对支付申请进行审批。3 000元以内的支付由会计主管审批；超过3 000元的支付由总经理审批；重大支付由董事会审批。对不符合规定的货币资金支付申请，审批人应当拒绝批准。

**3. 支付复核**

复核人应当对批准后的货币资金支付申请进行复核，复核货币资金支付申请的批准范围、权限、程序是否正确，手续及相关单证是否齐备，金额计算是否准确，支付方式、支付单位是否妥当等。

**4. 办理支付**

出纳人员应当根据复核无误的支付申请，按规定办理货币资金支付手续，及时登记库存现金日记账和银行存款日记账。

### （五）货币资金的清查制度

每日终了，对库存现金进行实地盘点，确保现金账面余额与实际库存相符。银行存款每月根据银行对账单进行核对清查。发现不符，及时查明原因，做出处理。

### （六）结算方式

本公司可以采用的结算方式包括现金结算方式和银行结算方式，具体规则如下：

（1）现金结算方式。在模拟市场的各项交易活动中，严格限制现金的使用。

（2）银行结算方式。银行结算方式包括：

① 支票结算，包括现金支票与转账支票；

② 托收承付结算；

③ 银行承兑汇票结算；

④ 电汇结算；

⑤ 银行汇票结算。

## 三、存货核算制度

公司存货包括原材料、库存商品、周转材料等。

### （一）存货的收发计价

（1）各类存货均按实际成本核算，采用全月一次加权平均法核算，月末一次加权平均单价尾差计入结存金额。

（2）周转材料包括包装物和低值易耗品，均采用一次摊销法。

### （二）存货的明细核算

（1）平时由仓库保管员根据“采购入库单”“领料单”“产品入库单”“销售出库单”的仓库联登记收发数量。

（2）记账会计于每月月末核对收发数量并计价。

（3）原材料明细账和库存商品明细账中“凭证字号”栏的“号”根据仓库联的编号登记。

## 四、固定资产核算制度

### （一）固定资产的分类

本公司的固定资产分为“房屋建筑类”、“机器及交通设备类”和“电子设备类”三大类，并按其设置明细账。

### （二）固定资产折旧方法与折旧率

固定资产一律采用“年限平均法”计提折旧，企业按月计提固定资产折旧，净残值率均为5%，其中：房屋建筑类固定资产使用年限为30年，机器及交通设备类固定资产使用年限为10年，电子设备类固定资产使用年限为5年。企业计提固定资产折旧，应该编制“固定资产折旧计算表”，按照固定资产使用部门，将折旧费用计入相应的成本费用中。

#### （三）固定资产修理费用

按照现行会计制度的规定，本公司固定资产的修理费用计入管理费用（销售部的固定资产修理费计入销售费用）。

#### （四）固定资产出售规则

未到期仍可以正常使用的固定资产可以随时出售，出售价具体按照合同执行。

### 五、职工薪酬

#### （一）职工工资

职工工资费用由人事部门按月计算，并将计算结果及时报送财务部门，由财务部门负责发放；职工工资收入应该缴纳个人所得税，个人所得税由职工个人负担，生产制造企业是职工个人所得税的代扣代缴义务人。

#### （二）五险一金计算方式

由公司承担并缴纳的养老保险、医疗保险、失业保险、工伤保险、生育保险、住房公积金分别按应发工资的20%、10%、1%、1%、0.8%、12%的比例计算；职工个人承担的养老保险、医疗保险、失业保险、住房公积金分别按8%、2%+3元（大额医疗）、0.2%、12%的比例计算。按照国家有关规定，公司代扣代缴个人所得税，其费用扣除标准为5 000元/月。

### 六、成本计算规则

#### （一）产品成本计算方法

产成品成本按品种法计算。计算产成品的制造总成本和单位成本，编制“产品成本计算表”。

#### （二）费用分类与成本项目

各项费用按经济用途进行分类，其中直接材料、直接人工和制造费用计入产品成本，其余计入期间费用。

#### （三）制造费用的汇总与分配

制造费用按车间进行汇总，并按成本计算对象生产工时的比率，计算并编制“制造费用分配表”，进行制造费用的分配与结转。

#### （四）生产费用在完工产品与在产品之间进行分配

企业根据“完工产品成本=月初在产品成本+本期生产费用-月末在产品成本”计算完工产品成本，分项目编制“产品成本计算表”，计算各产品的总成本和单位成本，并结转完工产品成本。

### 七、税务相关信息

#### （一）增值税

本企业为增值税一般纳税人，公司销售各种产品应缴纳增值税，销售商品增值税税率为13%，运费增值税税率为9%，提供劳务和出租无形资产的增值税税率为6%，按月缴纳。

#### （二）城市维护建设税、教育费附加及地方教育附加

企业城市维护建设税、教育费附加及地方教育附加分别按应纳增值税的7%、3%、2%计算，按月缴纳。

#### （三）企业所得税

企业所得税适用25%的税率，并实行按年计算、按月预缴，全年汇算清缴，即各月按照本月实现的会计利润计算应交企业所得税并在下月实际缴纳，同时不考虑纳税调整事项。

#### （四）其他税费

其他税费包括房产税、车船税、城镇土地使用税和印花税，本书为简化核算，故略去。

### 八、其他事项

#### （一）长期股权投资

若对被投资单位实施控制，或对被投资单位不具有共同控制或重大影响，且在活跃市场中没有报价且公允价值不能可靠计量的权益性投资，采用成本法核算；若持有能对被投资单位施加重大影响或共同控制的权益性投资，采用权益法核算。

#### （二）无形资产

企业拥有的无形资产，包括专利权、非专利技术等，按照合同约定的使用年限采用直线法进行摊销，净残值为零。

#### （三）坏账处理

（1）除应收账款以外，其他的应收款项发生坏账的可能性不大，不计提坏账准备。每年年末，按应收账款余额百分比法计提坏账准备，提取比例为应收账款期末余额的2%。对于可能成为坏账的应收账款应当报有关决策机构，由其进行审查，确定是否确认为坏账。

（2）发生的各项坏账，应查明原因，明确责任，并在履行规定的审批程序后作出会计处理。

（3）注销的坏账应当进行备查登记，做到账销案存。已注销的坏账又收回时应当及时入账，防止形成账外账。

#### （四）票据管理

（1）企业日常会计核算所需要的原始单据，如果属于企业内部往来的单据，可以自制，也可以购买；如果是需要开具给外单位的票据，必须使用统一正规的票据（模拟实习统一使用）。所有票据的存根联必须保管好，备查。发票等票据在税务部门购买；支票等票据在银行购买。

（2）应收票据的取得和贴现必须经由保管票据以外的主管人员的书面批准。

（3）对于即将到期的应收票据，应及时向付款人提示付款；已贴现票据应在备查簿中登记，以便日后追踪管理。

（4）商业汇票进行贴现时，贴现利息按天计算，异地需加3天。

### （五）财产清查

为了保证企业财产物资的安全完整，企业应该每月或者每季度进行财产清查，至少每年进行一次财产清查。

（1）对库存现金盘点，填写现金盘点报告单和账存实存对照表，确认现金长款、短款金额。

（2）获取银行对账单，进行银行对账，编制银行存款余额调节表。

（3）对本企业的流动资产、固定资产等实物资产进行全面盘点，填写盘点报告单和账存实存对照表，确认盘盈、盘亏资产的种类、数量和金额。

（4）核对各种往来款项，确认账实是否相符；每个会计期间，企业应该主动与银行对账，以保证账实相符；双方对不上的账项，要查明原因，分清责任；对于未达账项，应该编制银行存款余额调节表。

（5）对账实不符的各项资产进行账务处理。

（6）查明账实不符的原因，报经有关领导批准，分别不同原因对盘盈、盘亏资产进行相应的账务处理。

### （六）利润及其分配

企业按税后利润的10%和5%分别计提法定盈余公积和任意盈余公积，根据董事会决定的分配额和投资比例向各投资者分配利润。

## 思政案例

### 全国劳动模范摆向荣：当好企业发展的护航人

摆向荣，女，中共党员，现任仲景宛西制药股份有限公司副总经理、董事会秘书、财务总监。作为一名财务工作者，她恪尽职守，运用专业知识，做好成本控制、财务规划及企业未来发展的定向，使企业财务保持良好的状况，让企业稳健成长。其先后获得“河南省先进会计工作者”“河南省劳动模范”“全国先进会计工作者”“全国劳动模范”等荣誉称号。

**学以致用，助推企业走进资本市场**

当记者一行走进仲景宛西制药股份有限公司时，摆向荣正像往常一样忙碌着，审查财务报告、召开财务团队研讨会，准备向董事会提交的报告……

财务工作，牵涉企业生产经营的方方面面。为规范管理，作为企业集团财务负责人的摆向荣，结合企业实际建章立制，先后完善了财务管理制度、集团内控制度、集团资金管理制度等，为企业经营决策提供准确有效的财务信息，为企业健康发展保驾护航。

面对枯燥的数字，摆向荣发扬工匠精神，带领财务团队精心研判、合力攻坚，夜以继日从法人治理、财务管理、审计法务、决策监督等方面入手，2011年1月，集团所属飞龙股份在深交所中小板成功挂牌上市，成为南阳首家上市的民营企业。有了成功的经验，摆向荣再接再厉，2020年11月，仲景食品在深交所创业板挂牌上市。宛药集团成为目前省内唯一拥有两家上市公司的企业集团，为民营企业走向资本市场探索了新路。

**锐意创新，加强企业信息化管理**

2001年，摆向荣经过多方考察，引进一款瑞典的财务软件，改变了企业传统的记账方式，清晰明了、简洁高效的运营方式，为当时企业的发展提供了财务助力。

而随着企业的发展壮大和大数据、智能时代的到来，企业各种业务量逐年增加，瑞典这款财务软件已不能满足会计核算需求。2010年，在摆向荣的主导下，投入巨资引进了金蝶ERP系统，涵盖了企业采购、生产、质量、销售、财务、人力资源等众多模块，使客户、供应商等系统角色的协同更加流畅，决策支持系统更加智能，管控系统更加精准，也使企业管理更加高效、便捷、智能。2019年，企业顺利通过工信部专家评审，取得“两化融合管理体系评定证书”；同时，宛药集团也被金蝶软件公司纳入中国医药行业标杆企业，成为全国各大企业学习的典范。

**追求卓越，发扬光大匠人匠心**

当选全国劳动模范、在人民大会堂接受表彰载誉而归后，摆向荣依然坚守她的匠人匠心，在财务管理岗位上兢兢业业地奉献着自己的光和热。闲暇，作为高级会计师的她仍坚持充电，努力汲取财务管理方面的新知识、新方法，为企业继续发展壮大提供助力。

“在财务这个平凡的岗位上，能获得如此高的荣誉，我特别感谢一直以来对我信任有加的企业，感谢同事们的支持。在人民大会堂聆听了习近平总书记的讲话，我深切感受到了党中央对劳模的重视和关爱，我深感荣誉崇高、责任重大、使命光荣。在未来的工作中，我将立足本职工作，发扬工匠精神，努力超越自我，追求卓越，为人民富起来贡献自己的一份力量。”摆向荣说。

资料来源　张曦. 全国劳模摆向荣——企业发展的护航人［N］. 南阳晚报，2021-04-27.

# 项目二

## 期初建账

# 任务一　建立账簿

## 一、实训目标

1.熟悉建账流程

2.能正确掌握各类账簿的建立方法

## 二、实训材料

1.日记账账簿

2.总账账簿

3.各类明细账账页（三栏式、多栏式、数量金额式、横线登记式）

## 三、实训内容和步骤

### （一）准备账页，装订成册

1.准备好各种订本式账簿，用于日记账和总账登记。

2.准备好各种格式的活页式账页，使用账夹装订成册，用于明细账登记。

### （二）填写账簿启用信息

1.在“账簿启用表”上填写单位名称、账簿名称、册数、编号、起止页数、启用日期、单位负责人姓名、会计主管姓名和记账人员姓名等信息，并加盖名章和单位公章。

2.会计人员变动时，应注明交接日期、交接人员及监交人员姓名，并由交接双方签名或盖章，以明确责任。

### （三）设置会计科目并按顺序编号

1.根据公司业务选择应设置的总账科目，将总账会计科目逐页填写在每一页总账上，按顺序编号，并填写目录。

2.根据公司业务选择不同的明细账账页格式，填写明细账户名称及相关内容，按顺序编号，并在封皮卡片上填写账簿中所开设账户的名称。

## 四、实训注意事项

1.总账和日记账应该采用订本账，账页格式为三栏式；明细账一般采用活页式，格式有三栏式、多栏式、数量金额式和横线登记式。在选择明细账账页时，要注意不同账户选择的格式是不同的，债权债务、资本类账户等应选择三栏式明细账；存货类应选择数量金额式明细账；成本费用类、应交税费——应交增值税等应选择多栏式明细账，在途物资明细账采用横线登记式明细账。

2.在使用订本式账簿时，应从第一页到最后一页顺序编排页码及目录，账页固定，不能增加或减少账页，要保证账户登记的连续性。

## 五、实训任务

北京新锐电器有限公司2021年12月的总账、明细账的期初余额见表2-1至表2-5。根据表2-1至表2-5建立总账和明细账账簿，登记有关会计科目。

表2-1 北京新锐电器有限公司总账及明细账2021年12月期初余额表

| 序号 | 会计科目 | | 借方 | | 贷方 | | 备注 |
|---|---|---|---|---|---|---|---|
| | 总账科目 | 明细科目 | 总账金额 | 明细金额 | 总账金额 | 明细金额 | |
| 1 | 库存现金 | | 8 000 | | | | |
| | | | | 8 000 | | | |
| 2 | 银行存款 | | 11 860 753.92 | | | | |
| | | | | 11 860 753.92 | | | |
| 3 | 其他货币资金 | | 2 260 000.00 | | | | |
| | | 银行汇票存款 | | | | | |
| | | 存出投资款 | | 2 260 000.00 | | | |
| 4 | 交易性金融资产 | | 1 007 300 | | | | |
| | | 中国石油（成本） | | 940 000 | | | |
| | | 中国石油（公允价值变动） | | 67 300 | | | |
| | | 上汽集团（成本） | | | | | |
| | | 上汽集团（公允价值变动） | | | | | |
| 5 | 其他应收款 | | 3 500 | | | | |
| | | 刘丽 | | 3 500 | | | |
| | | 张亮 | | | | | |
| 6 | 应收账款 | | 1 365 860 | | | | |
| | | 北京城乡贸易城 | | 361 600 | | | 辅助核算-客户 |
| | | 山东万益经贸有限公司 | | 159 570 | | | 辅助核算-客户 |
| | | 福建银海贸易有限责任公司 | | 134 384 | | | 辅助核算-客户 |
| | | 昆明经贸大市场 | | 512 022 | | | 辅助核算-客户 |
| | | 天津万润贸易公司 | | 193 284 | | | 辅助核算-客户 |
| | | 北京商贸有限公司 | | 5 000 | | | 辅助核算-客户 |
| | | 山东济南经贸大市场 | | | | | 辅助核算-客户 |

续表

| 序号 | 会计科目 | | 借方 | | 贷方 | | 备注 |
|---|---|---|---|---|---|---|---|
| | 总账科目 | 明细科目 | 总账金额 | 明细金额 | 总账金额 | 明细金额 | |
| 7 | 坏账准备 | | | | 27 317.2 | | |
| | | 应收账款 | | | | 27 317.2 | |
| 8 | 预付账款 | | 70 240.8 | | | | |
| | | 北京京亿不锈钢有限公司 | | 70 240.8 | | | 辅助核算-供应商 |
| 9 | 应收票据 | | 5 162 970 | | | | |
| | | 天津万润贸易公司 | | 519 800 | | | 辅助核算-客户 |
| | | 昆明经贸大市场 | | 123 170 | | | 辅助核算-客户 |
| | | 北京城乡贸易城 | | 4 520 000 | | | 辅助核算-客户 |
| 10 | 应收利息 | | 2 000 | | | | |
| | | 工行北京市分行昌平支行 | | 2 000 | | | |
| 11 | 应收股利 | 北京卓远科技有限公司 | | | | | |
| | | 中国石油 | | | | | |
| 12 | 原材料 | | 573 890 | | | | |
| | | 按原材料名称设置明细账，具体资料见表2-2 | | 573 890 | | | 数量核算/辅助核算-存货（原材料） |
| 13 | 在途物资 | | | | | | |
| | | 九江塑电科技有限公司 | | | | | |
| 14 | 库存商品 | | 3 319 036 | | | | |
| | | 按库存商品名称设置明细账，具体资料见表2-3 | | 3 319 036 | | | 数量核算/辅助核算-存货（库存商品） |
| 15 | 存货跌价准备 | | | | 2 356.8 | | |
| | | 豪华型电热水壶 | | | | 2 356.8 | |
| 16 | 周转材料 | | 59 520 | | | | |
| | | 按周转材料名称设置明细账，具体资料见表2-4 | | 59 520 | | | |
| 17 | 委托加工物资 | | | | | | |
| | | 夹具 | | | | | |

续表

| 序号 | 会计科目 | | 借方 | | 贷方 | | 备注 |
|---|---|---|---|---|---|---|---|
| | 总账科目 | 明细科目 | 总账金额 | 明细金额 | 总账金额 | 明细金额 | |
| 18 | 长期股权投资 | | 8 000 000 | | | | |
| | | 久远互联网软件公司 | | 8 000 000 | | | |
| | | 北京卓远科技有限公司(成本) | | | | | |
| | | 北京卓远科技有限公司(其他权益变动) | | | | | |
| | | 北京卓远科技有限公司(其他综合收益) | | | | | |
| | | 北京卓远科技有限公司(损益调整) | | | | | |
| 19 | 固定资产 | | 17 040 000 | | | | 固定资产清单见表2-5 |
| | | 房屋建筑类 | | 11 500 000 | | | |
| | | 机器及交通设备类 | | 5 380 000 | | | |
| | | 电子设备类 | | 160 000 | | | |
| 20 | 累计折旧 | | | | 3 924 712 | | |
| | | 固定资产 | | | | 3 924 712 | |
| 21 | 固定资产清理 | | | | | | |
| 22 | 在建工程 | | | | | | |
| | | 机床 | | | | | |
| 23 | 无形资产 | | 158 400 | | | | |
| | | 专利权A | | 158 400 | | | 2018 年 12 月 1 日购入，预计使用12年，直线法摊销 |
| | | 专利权B | | | | | |
| | | 自动化专利 | | | | | |
| 24 | 累计摊销 | | | | 26 400 | | |
| | | 无形资产 | | | | 26 400 | |
| 25 | 待处理财产损溢 | | | | | | |
| | | 待处理流动资产损溢 | | | | | |

续表

| 序号 | 会计科目 | | 借方 | | 贷方 | | 备注 |
|---|---|---|---|---|---|---|---|
| | 总账科目 | 明细科目 | 总账金额 | 明细金额 | 总账金额 | 明细金额 | |
| 26 | 短期借款 | | | | 230 000 | | |
| | | 临时借款 | | | | 30 000 | 2020 年 10 月 16 日借入，月利率为0.5% |
| | | 生产周转借款 | | | | 200 000 | 2020 年 11 月 1 日借入，月利率为0.56% |
| 27 | 应付账款 | | | | 419 230 | | |
| | | 北京京亿不锈钢有限公司 | | | | 63 080 | 辅助核算-供应商 |
| | | 九江塑电科技有限公司 | | | | 249 800 | 辅助核算-供应商 |
| | | 河北尚嘉纸制品有限公司 | | | | 66 450 | 辅助核算-供应商 |
| | | 石家庄天地公司 | | | | 33 900 | 辅助核算-供应商 |
| | | 供水公司 | | | | 2 000 | 辅助核算-供应商 |
| | | 供电公司 | | | | 4 000 | 辅助核算-供应商 |
| | | 北京超越设备有限公司 | | | | | |
| 28 | 预收账款 | | | | | | |
| | | 天津万润贸易公司 | | | | | 辅助核算-客户 |
| 29 | 应付票据 | | | | 232 000 | | |
| | | 无锡电器科技有限公司 | | | | 232 000 | 辅助核算-供应商 |
| | | 九江塑电科技有限公司 | | | | | 辅助核算-供应商 |
| 30 | 应付职工薪酬 | | | | 1 038 809.6 | | |
| | | 工资 | | | | 677 700 | |
| | | 社会保险费(医疗保险) | | | | 67 770 | |
| | | 社会保险费(工伤保险) | | | | 6 777 | |
| | | 社会保险费(生育保险) | | | | 5 421.6 | |
| | | 设定提存计划(养老保险) | | | | 135 540 | |
| | | 设定提存计划(失业保险) | | | | 6 777 | |
| | | 住房公积金 | | | | 81 324 | |
| | | 职工福利 | | | | 34 500 | |
| | | 职工教育经费 | | | | 23 000 | |

续表

| 序号 | 会计科目 | | 借方 | | 贷方 | | 备注 |
|---|---|---|---|---|---|---|---|
| | 总账科目 | 明细科目 | 总账金额 | 明细金额 | 总账金额 | 明细金额 | |
| | | 非货币性福利 | | | | | |
| | | 工会经费 | | | | | |
| 31 | 应交税费 | | | | 1 219 257.91 | | |
| | | 未交增值税 | | | | 322 599.59 | |
| | | 应交城建税 | | | | 22 581.97 | |
| | | 应交教育费附加 | | | | 9 677.99 | |
| | | 应交地方教育附加 | | | | 6 451.99 | |
| | | 应交企业所得税 | | | | 857 946.37 | |
| | | 应交个人所得税 | | | | | |
| | | 应交增值税（进项税额） | | | | | |
| | | 应交增值税(进项税额转出) | | | | | |
| | | 应交增值税(销项税额) | | | | | |
| | | 应交增值税(转出未交增值税) | | | | | |
| 32 | 应付利息 | | | | 71 120 | | |
| | | 长期借款利息 | | | | 70 000 | |
| | | 短期借款利息 | | | | 1 120 | |
| 33 | 应付股利 | | | | 3 000 000 | | |
| | | 长江投资有限公司 | | | | 1 500 000 | |
| | | 南方电器有限公司 | | | | 900 000 | |
| | | 宝来房产集团 | | | | 600 000 | |
| 34 | 其他应付款 | | | | | | |
| | | 社会保险费 | | | | | |
| | | 住房公积金 | | | | | |
| 35 | 长期借款 | | | | 2 000 000 | | |
| | | 基本建设借款（本金） | | | | 2 000 000 | 2 020年7月1日借入，月利率为7% |
| 36 | 实收资本 | | | | 20 000 000 | | |
| | | 长江投资有限公司 | | | | 10 000 000 | 投资比例为50% |

续表

| 序号 | 会计科目 | | 借方 | | 贷方 | | 备注 |
|---|---|---|---|---|---|---|---|
| | 总账科目 | 明细科目 | 总账金额 | 明细金额 | 总账金额 | 明细金额 | |
| | | 南方电器有限公司 | | | | 6 000 000 | 投资比例为30% |
| | | 宝来房产集团 | | | | 4 000 000 | 投资比例为20% |
| 37 | 资本公积 | | | | 1 800 000 | | |
| | | 资本溢价 | | | | 1 800 000 | |
| | | 其他资本公积 | | | | | |
| 38 | 其他综合收益 | | | | | | |
| 39 | 盈余公积 | | | | 2 253 200 | | |
| | | 法定盈余公积 | | | | 1 533 200 | |
| | | 任意盈余公积 | | | | 720 000 | |
| 40 | 本年利润 | | | | 15 093 890.22 | | |
| | | 本年利润 | | | | 15 093 890.22 | |
| 41 | 利润分配 | | | | 2 116 921 | | |
| | | 未分配利润 | | | | 2 116 921 | |
| | | 提取法定盈余公积 | | | | | |
| | | 提取任意盈余公积 | | | | | |
| | | 应付现金股利 | | | | | |
| 42 | 生产成本 | | 2 563 744 | | | | |
| | | 轻巧型电热水壶(直接材料) | | 1 396 640 | | | |
| | | 轻巧型电热水壶(直接人工) | | 18 501 | | | |
| | | 轻巧型电热水壶(制造费用) | | 9 883 | | | |
| | | 经典型电热水壶(直接材料) | | 793 744 | | | |
| | | 经典型电热水壶(直接人工) | | 43 212 | | | |
| | | 经典型电热水壶(制造费用) | | 25 764 | | | |
| | | 豪华型电热水壶(直接材料) | | 251 800 | | | |
| | | 豪华型电热水壶(直接人工) | | 18 167 | | | |
| | | 豪华型电热水壶(制造费用) | | 6 033 | | | |

续表

| 序号 | 会计科目 | | 借方 | | 贷方 | | 备注 |
|---|---|---|---|---|---|---|---|
| | 总账科目 | 明细科目 | 总账金额 | 明细金额 | 总账金额 | 明细金额 | |
| 43 | 制造费用 | | | | | | |
| | | 办公费 | | | | | |
| | | 折旧费 | | | | | |
| | | 职工薪酬 | | | | | |
| | | 租入固定资产 | | | | | |
| 44 | 主营业务收入 | | | | | | |
| | | 轻巧型电热水壶 | | | | | |
| | | 经典型电热水壶 | | | | | |
| | | 豪华型电热水壶 | | | | | |
| 45 | 其他业务收入 | | | | | | |
| | | 房租收入 | | | | | |
| | | 销售材料 | | | | | |
| 46 | 营业外收入 | | | | | | |
| | | 无法支付的应付账款 | | | | | |
| | | 盘盈利得 | | | | | |
| | | 其他 | | | | | |
| 47 | 主营业务成本 | | | | | | |
| | | 轻巧型电热水壶 | | | | | |
| | | 经典型电热水壶 | | | | | |
| | | 豪华型电热水壶 | | | | | |
| 48 | 其他业务成本 | | | | | | |
| | | 销售材料 | | | | | |
| 49 | 税金及附加 | | | | | | |
| 50 | 销售费用 | | | | | | |
| | | 办公费 | | | | | |
| | | 运输费 | | | | | |
| | | 折旧费 | | | | | |

续表

| 序号 | 会计科目 | | 借方 | | 贷方 | | 备注 |
|---|---|---|---|---|---|---|---|
| | 总账科目 | 明细科目 | 总账金额 | 明细金额 | 总账金额 | 明细金额 | |
| | | 职工薪酬 | | | | | |
| | | 广告费 | | | | | |
| | | 水电费 | | | | | |
| 51 | 管理费用 | | | | | | |
| | | 办公费 | | | | | |
| | | 差旅费 | | | | | |
| | | 盘亏 | | | | | |
| | | 无形资产摊销 | | | | | |
| | | 修理费 | | | | | |
| | | 业务招待费 | | | | | |
| | | 折旧费 | | | | | |
| | | 职工薪酬 | | | | | |
| | | 水电费 | | | | | |
| 52 | 财务费用 | | | | | | |
| | | 现金折扣 | | | | | |
| | | 贴现利息 | | | | | |
| | | 利息支出 | | | | | |
| 53 | 信用减值损失 | | | | | | |
| 54 | 资产减值损失 | | | | | | |
| 55 | 公允价值变动收益 | | | | | | |
| 56 | 投资收益 | | | | | | |
| 57 | 资产处置损益 | | | | | | |
| | | 处置非流动资产利得 | | | | | |
| 58 | 营业外支出 | | | | | | |
| | | 公益性捐赠支出 | | | | | |
| 59 | 所得税费用 | | | | | | |
| | 合计 | | 53 455 214.72 | 53 455 214.72 | 53 455 214.72 | 53 455 214.72 | |

表2-2 原材料明细账期初余额

| 物料编码 | 存货类别 | 存放地点 | 存货名称 | 规格型号 | 单位 | 期初数量 | 单位成本 | 期初金额 |
|---|---|---|---|---|---|---|---|---|
| HF-0001 | 原材料 | 仓库 | 201不锈钢板材 | 0.5mm*1 250mm*2 500mm | 张 | 530 | 128.00 | 67 840.00 |
| HC-0001 | 原材料 | 仓库 | 304不锈钢板材 | 0.5mm*1 250mm*2 500mm | 张 | 210 | 198.00 | 41 580.00 |
| HF-0002 | 原材料 | 仓库 | 国产温控器 | 国产BB3 | 件 | 6 800 | 20.00 | 136 000.00 |
| HC-0002 | 原材料 | 仓库 | 进口温控器 | SKE903 | 件 | 2 050 | 40.00 | 82 000.00 |
| HA-0003 | 原材料 | 仓库 | 轻巧型手柄 | 轻巧型：定制 | 件 | 2 560 | 5.00 | 12 800.00 |
| HB-0003 | 原材料 | 仓库 | 经典型手柄 | 经典型：定制 | 件 | 4 380 | 7.00 | 30 660.00 |
| HC-0003 | 原材料 | 仓库 | 豪华型手柄 | 豪华型：定制 | 件 | 2 160 | 10.00 | 21 600.00 |
| HF-0004 | 原材料 | 仓库 | 轻巧型、经典型壶盖 | 通用：定制 | 件 | 200 | 5.00 | 1 000.00 |
| HC-0004 | 原材料 | 仓库 | 豪华型壶盖 | 豪华型：定制 | 件 | 1 080 | 8.00 | 8 640.00 |
| HF-0005 | 原材料 | 仓库 | 轻巧型、经典型底座 | 通用：定制 | 件 | 200 | 20.00 | 4 000.00 |
| HC-0005 | 原材料 | 仓库 | 豪华型底座 | 豪华型：定制 | 件 | 1 080 | 35.00 | 37 800.00 |
| HF-0006 | 原材料 | 仓库 | 轻巧型、经典型加热底盘 | 通用：定制 | 件 | 6 550 | 12.00 | 78 600.00 |
| HC-0006 | 原材料 | 仓库 | 豪华型加热底盘 | 豪华型：定制 | 件 | 1 840 | 18.00 | 33 120.00 |
| HA-0007 | 原材料 | 仓库 | 轻巧型辅材套件 | 轻巧型：定制 | 套 | 400 | 4.00 | 1 600.00 |
| HB-0007 | 原材料 | 仓库 | 经典型辅材套件 | 经典型：定制 | 套 | 2 500 | 4.50 | 11 250.00 |
| HC-0007 | 原材料 | 仓库 | 豪华型辅材套件 | 豪华型：定制 | 套 | 1 080 | 5.00 | 5 400.00 |
| 合　计 | | | | | | | | 573 890.00 |

表2-3 库存商品明细账期初余额

| 物料编码 | 存货类别 | 存货地点 | 存货名称 | 规格型号 | 单位 | 期初数量 | 单位成本 | 期初库存金额 | 售价（不含税） |
|---|---|---|---|---|---|---|---|---|---|
| HW-0001 | 库存商品 | 仓库 | 轻巧型电热水壶 | 轻巧型 | 件 | 25 650 | 75.00 | 1 923 750.00 | 85.00 |
| HW-0002 | 库存商品 | 仓库 | 经典型电热水壶 | 经典型 | 件 | 9 907 | 90.00 | 891 630.00 | 120.00 |
| HW-0003 | 库存商品 | 仓库 | 豪华型电热水壶 | 豪华型 | 件 | 3 208 | 157.00 | 503 656.00 | 255.00 |
| 合　计 | | | | | | | | 3 319 036.00 | |

表2-4 周转材料明细账期初余额

| 物料编码 | 存货类别 | 存放地点 | 存货名称 | 单位 | 期初数量 | 单价 | 期初金额 |
|---|---|---|---|---|---|---|---|
| HP-0001 | 低值易耗品 | 仓库 | 夹具材料 | 件 | 200 | 32.60 | 6 520.00 |
| HP-0002 | 低值易耗品 | 仓库 | 模具 | 件 | 100 | 500.00 | 50 000.00 |
| HP-0003 | 低值易耗品 | 仓库 | 夹具 | 件 | | | |
| HP-0004 | 包装物 | 仓库 | 纸箱 | 个 | 3 000 | 1.00 | 3 000.00 |
| 合　计 | | | | | | | 59 520.00 |

表2-5

## 固定资产清单

| 卡片编号 | 资产编号 | 使用部门 | 类型 | 资产名称 | 单位 | 单价 | 数量 | 启用日期 | 原值 | 残值率 | 净残值 | 应计折旧额 | 使用年限 | 月折旧率 | 月折旧额 | 至2021年11月底累计折旧 | 净值 |
|---|---|---|---|---|---|---|---|---|---|---|---|---|---|---|---|---|---|
| 00001 | 100001 | 生产车间 | 房屋建筑类 | 厂房A | 座 | 2 600 000.00 | 1 | 2017/7/1 | 2 600 000.00 | 5% | 130 000.00 | 2 470 000.00 | 30 | 0.2639% | 6 861.400 | 356 792.80 | 2 243 207.20 |
| 00002 | 100002 | 生产车间 | 房屋建筑类 | 厂房B | 座 | 1 800 000.00 | 1 | 2017/7/1 | 1 800 000.00 | 5% | 90 000.00 | 1 710 000.00 | 30 | 0.2639% | 4 750.200 | 247 010.40 | 1 552 989.60 |
| 00003 | 200001 | 生产车间 | 机器及交通设备类 | 切割机 | 台 | 100 000.00 | 3 | 2017/7/1 | 300 000.00 | 5% | 15 000.00 | 285 000.00 | 10 | 0.7917% | 2 375.100 | 123 505.20 | 176 494.80 |
| 00006 | 200004 | 生产车间 | 机器及交通设备类 | 冲床 | 台 | 120 000.00 | 3 | 2017/7/1 | 360 000.00 | 5% | 18 000.00 | 342 000.00 | 10 | 0.7917% | 2 850.120 | 148 206.24 | 211 793.76 |
| 00009 | 200007 | 生产车间 | 机器及交通设备类 | 卷边机 | 台 | 150 000.00 | 6 | 2017/7/1 | 900 000.00 | 5% | 45 000.00 | 855 000.00 | 10 | 0.7917% | 7 125.300 | 370 515.60 | 529 484.40 |
| 00015 | 200013 | 生产车间 | 机器及交通设备类 | 焊接机 | 台 | 100 000.00 | 6 | 2017/7/1 | 600 000.00 | 5% | 30 000.00 | 570 000.00 | 10 | 0.7917% | 4 750.200 | 247 010.40 | 352 989.60 |
| 00020 | 200019 | 生产车间 | 机器及交通设备类 | 组装流水线 | 套 | 500 000.00 | 5 | 2017/7/1 | 2 500 000.00 | 5% | 125 000.00 | 2 375 000.00 | 10 | 0.7917% | 19 792.500 | 1 029 210.00 | 1 470 790.00 |
| 00025 | 100003 | 企管部 | 房屋建筑类 | 办公楼 | 栋 | 5 000 000.00 | 1 | 2017/7/1 | 5 000 000.00 | 5% | 250 000.00 | 4 750 000.00 | 30 | 0.2639% | 13 195.000 | 686 140.00 | 4 313 860.00 |
| 00026 | 200025 | 企管部 | 机器及交通设备类 | 帕萨特 | 辆 | 240 000.00 | 2 | 2017/7/1 | 480 000.00 | 5% | 24 000.00 | 456 000.00 | 10 | 0.7917% | 3 800.160 | 197 608.32 | 282 391.68 |
| 00028 | 300001 | 企管部 | 电子设备类 | 台式电脑 | 台 | 5 000.00 | 29 | 2017/7/1 | 145 000.00 | 5% | 7 250.00 | 137 750.00 | 5 | 1.5833% | 2 295.785 | 119 380.82 | 25 619.18 |
| 00057 | 300030 | 企管部 | 电子设备类 | 打印复印传真一体机 | 台 | 15 000.00 | 1 | 2017/7/1 | 15 000.00 | 5% | 750.00 | 14 250.00 | 5 | 1.5833% | 237.495 | 12 349.74 | 2 650.26 |
| 00058 | 100004 | 仓储部 | 房屋建筑类 | 仓库 | 座 | 2 100 000.00 | 1 | 2017/7/1 | 2 100 000.00 | 5% | 105 000.00 | 1 995 000.00 | 30 | 0.2639% | 5 541.900 | 288 178.80 | 1 811 821.20 |
| 00060 | 200027 | 销售部 | 机器及交通设备类 | 皮卡（五十铃） | 辆 | 120 000.00 | 2 | 2017/7/1 | 240 000.00 | 5% | 12 000.00 | 228 000.00 | 10 | 0.7917% | 1 900.080 | 98 804.16 | 141 195.84 |
| 合 计 | | | | | | | | | 17 040 000.00 | | 852 000.00 | 16 188 000.00 | | | 75 475.24 | 3 924 712.48 | 13 115 287.52 |

# 任务二　登记期初余额

## 一、实训目标

1. 熟悉建账流程
2. 能正确登记各类账簿的期初余额

## 二、实训材料

1. 总账账簿
2. 明细账账页（三栏式、多栏式、数量金额式）
3. 日记账账簿

## 三、实训内容和步骤

### （一）登记总账期初余额

根据提供的总账科目期初余额，按照总账的目录顺序依次登记有关总账的期初余额，包括日期、摘要、借贷方向及金额等。

### （二）登记明细账期初余额

根据提供的明细科目期初余额，按照明细账的目录顺序依次登记有关明细账的期初余额，包括日期、摘要、借贷方向及金额等。

### （三）登记日记账期初余额

出纳人员按提供的库存现金和银行存款期初余额，登记库存现金日记账和银行存款日记账期初余额，包括日期、摘要及金额等。

## 四、实训注意事项

1. 在建立多栏式明细账时应按费用或明细项目设置专栏，出现相反方向用红字列示。
2. 在登记总账和明细账时应注意借贷方向的准确。

## 五、实训任务

北京新锐电器有限公司2021年12月的总账、明细账的期初余额见表2-1至表2-5。根据表2-1至表2-5登记有关总账、明细账和日记账期初余额。

# 思政案例

### 近300亿元货币资金凭空消失，康美药业财务造假案宣判了

2019年4月30日，康美药业发布2018年年报和2019年一季报，称2018年以前的营

业收入、营业成本、费用及款项收付方面存在账实不符的情况，其中货币资金多记了299.44亿元。

消息爆出后，康美药业股价连续五个交易日跌停，引发市场高度关注。随后，当年5月5日，上交所就对康美药业下发《问询函》称，康美药业“应当严格区分会计准则理解错误和管理层有意财务舞弊行为性质的不同”，并且要求其在当年5月14日前披露回复。但之后康美药业连续两次发布公告，表示要延期回复问询。当年5月17日，证监会率先通报了康美药业的最新调查进展，初步查明，康美药业披露的2016—2018年财务报告存在重大虚假。

康美药业通过财务不记账、虚假记账，伪造、变造大额定期存单或银行对账单，配合营业收入造假、伪造销售回款等方式，虚增货币资金。通过上述方式，康美药业2016年年度财务报告虚增货币资金22 548 513 485.42元，占公司披露总资产的41.13%和净资产的76.74%；2017年年度财务报告虚增货币资金29 944 309 821.45元，占公司披露总资产的43.57%和净资产的93.18%；2018年半年度财务报告虚增货币资金36 188 038 359.50元，占公司披露总资产的45.96%和净资产的108.24%。

2020年5月13日，证监会发布了市场禁入决定书和行政处罚决定书，对公司实际负责人马兴田采取终身市场禁入措施。

2021年7月27日，广州市中级人民法院公开审理了康美药业证券虚假陈述集体诉讼案。11月12日，广州市中级人民法院对康美药业证券特别代表人诉讼作出一审判决。判决结果显示：康美药业作为上市公司，承担24.59亿元的赔偿责任；公司实际控制人马兴田夫妇及邱锡伟等4名原高管人员组织策划实施财务造假，属故意行为，承担100%的连带赔偿责任；另有13名高管人员按过错程度分别承担20%、10%、5%的连带赔偿责任。同时，康美药业的审计机构广东正中珠江会计师事务所，因未实施基本的审计程序，严重违反了相关法律规定，导致康美药业严重财务造假未被审计发现，被判决承担100%的连带赔偿责任。此外，作为广东正中珠江会计师事务所合伙人以及康美药业年报审计项目的签字会计师，杨文蔚在执业活动中因重大过失造成广东正中珠江会计师事务所需承担赔偿责任，也被判在广东正中珠江会计师事务所承责范围内承担连带赔偿责任。

资料来源　央视网. 康美药业近300亿货币资金“消失”为哪般？[EB/OL].（2019-08-24）. http：//news.cctv.com/2019/08/24/ARTIgIQ8ZDGrwZkeAXyyo6pA190824.shtml.

# 项目三

## 核算企业日常经济业务

# 任务一　核算货币资金

## 技能点1　核算库存现金

### 一、实训目标

1.能正确理解“库存现金”科目核算要点
2.能正确描述库存现金的核算流程
3.能正确进行库存现金业务的会计核算

### 二、实训材料

1.现金支票
2.付款申请单
3.增值税专用发票
4.办公用品领用及费用分配表

### 三、实训内容和步骤

#### （一）从银行提取现金

1.确认“库存现金”：按照从银行实际提取的库存现金数额计量。
2.确认“银行存款”：按照从银行实际提取的库存现金数额计量。

借：库存现金
　　贷：银行存款

#### （二）将现金送存银行

1.确认“银行存款”：按照实际送存银行的库存现金数额计量。
2.确认“库存现金”：按照实际送存银行的库存现金数额计量。

借：银行存款
　　贷：库存现金

#### （三）销售产品或提供服务收到现金

1.确认“库存现金”：按照销售产品或提供服务收到的库存现金数额计量。

2.确认“主营业务收入”或“其他业务收入”：按照企业确认的销售产品、提供服务等业务的收入计量。

3.确认“应交税费——应交增值税（销项税额）”：按照现行增值税规章制度计算的销项税额计量。

借：库存现金

　　贷：主营业务收入/其他业务收入

　　　　应交税费——应交增值税（销项税额）

### （四）以现金支付职工薪酬

1.确认“应付职工薪酬”：按照实际支付的职工薪酬计量，包括职工工资、职工福利费、职工教育经费、工会经费、社会保险费、住房公积金等。

2.确认“库存现金”：按照实际支付的库存现金数额计量。

借：应付职工薪酬

　　贷：库存现金

### （五）报销办公用品、差旅费等期间费用

1.确认“管理费用/销售费用/财务费用等”：按照使用办公用品、出差人员等所属部门计入相关科目，按实际报销金额计量。

2.确认“应交税费——应交增值税（进项税额）”：按照取得增值税专用发票上注明的可抵扣的进项税额计量。

3.确认“库存现金”：按照实际支付的库存现金数额计量。

借：管理费用/销售费用/财务费用等

　　应交税费——应交增值税（进项税额）

　　贷：库存现金

## 四、实训注意事项

1.库存现金是指存放于企业财会部门、由出纳人员经管的货币。库存现金是流动性最强的资产，企业应当严格遵守国家有关现金管理制度、正确进行现金收支的核算、监督现金使用的合法性和合理性。

2.国家规定，库存现金只能用于支付职工个人的工资、奖金、津贴和福利费；支付各种抚恤费、退休金、丧葬费及国家规定对个人的其他社会保险和社会救济支出；支付向个人采购农副产品或其他物资的货款；支付出差人员差旅费；支付对城乡居民的劳动报酬；在支票规定起点下的零星支付。

3.采购、出纳、记账工作必须由专人负责，分工办理，相互牵制和制约。填制付款单据、签发支票和付款要由两人分工办理，互相监督。任何一项需要付款的业务都要有原始凭证，由经办人签字，相关领导审批同意并经会计人员复核无误，出纳据以付款。付款后，出纳应在有关凭证上盖“现金付讫”图章，并定期装订成册后由专人保管。

4.存出的保证金、押金、备用金等应定期进行核对，对于不用的保证金、押金和备用金进行清理，及时收回。

5.报销时，对于假票据、制度规定不允许报销的真实票据、超过计划的各种开支、超过审批权限的开支等不能报销。

## 五、实训任务

业务1：2021年12月1日，企业开出现金支票，从银行提取现金10 000元。

原始凭证1-1

北京仲裁印刷有限公司2021年印制

**中国工商银行**
**现金支票存根**

IXII 00209881

附加信息

出票日期 2021年12月1日

| | |
|---|---|
| 收款人： | 北京新锐电器有限公司 |
| 金 额： | ¥10 000.00 |
| 用 途： | 提现备用 |

单位主管 会计

业务2：2021年12月1日，企业购买办公用品，各部门直接领用，经审核无误以现金付讫。

原始凭证2-1

**付款申请单**

申请日期：2021年12月01日

| | | | | |
|---|---|---|---|---|
| 申请部门 | 企业管理部 | | 申请人 | 方明 |
| 申请事由 | 购买办公用品 | | | |
| 收款单位 | 北京市程光文化用品公司 | | 收款人 | 程法 |
| 申请付款金额 | ¥3 147.05 | | | |
| 付款方式 | ☑现 ☐转 | ☐其他 | 大写 | 人民币叁仟壹佰肆拾柒元零伍分 |

单位负责人 葛文学 财务负责人 周 吉 部门负责人 赵 娟

原始凭证2-2

# 北京增值税专用发票

1100153130　　　　№78942388

发　票　联

机器编号：499910936509　　　　开票日期：2021年12月01日

| 购买方 | | 密码区 | |
|---|---|---|---|
| | 名　　称：北京新锐电器有限公司 | | 035926>3>2<0230937-8>1*26906 |
| | 纳税人识别号：110114745862904015 | | 374*91/- +588247>>/*6+>-89233 |
| | 地 址 、电 话：北京市昌平区光明路16号010-26674938 | | 785926>3>2<0230937*57+89>097 |
| | 开户行及账号：中国工商银行北京市分行昌平支行0200000283627392724 | | 4/ 737-++690195*6067//42+2-72 |

| 货物或应税劳务、服务名称 | 规格型号 | 单位 | 数量 | 单价 | 金额 | 税率 | 税额 |
|---|---|---|---|---|---|---|---|
| *纸制品*复印纸 | | 盒 | 6 | 120.00 | 720.00 | 13% | 93.60 |
| *计算机配套产品*硒鼓 | | 个 | 3 | 250.00 | 750.00 | 13% | 97.50 |
| *计算机外部设备*U盘 | | 个 | 9 | 75.00 | 675.00 | 13% | 87.75 |
| *计算机配套产品*鼠标 | | 个 | 8 | 80.00 | 640.00 | 13% | 83.20 |
| 合计 | | | | | ¥2 785.00 | | ¥362.05 |
| 价税合计（大写） | ⊗叁仟壹佰肆拾柒元零伍分 | | | | （小写）¥3 147.05 | | |

| 销售方 | | 备注 |
|---|---|---|
| | 名　　称：北京市程光文化用品公司 | 北京市程光文化用品公司 110114746765298309 发票专用章 |
| | 纳税人识别号：110114746765298309 | |
| | 地 址 、电 话：北京市昌平区中山路21号010-28798776 | |
| | 开户行及账号：中国银行北京市分行昌平支行7680000765376676543 | |

收款人：程义　　复核：程山　　开票人：方华　　销售方：（章）

第三联：发票联　购买方记账凭证

原始凭证2-3

# 办公用品领用及费用分配表

2021年12月01日

| 领用部门 | 复印纸 | | 硒鼓 | | U盘 | | 鼠标 | | 金额合计 | 签字 |
|---|---|---|---|---|---|---|---|---|---|---|
| | 数量 | 金额 | 数量 | 金额 | 数量 | 金额 | 数量 | 金额 | | |
| 企业管理部 | 1 | 120.00 | 1 | 250.00 | 1 | 75.00 | 1 | 80.00 | 525.00 | 方明 |
| 人力行政部 | 1 | 120.00 | 1 | 250.00 | 2 | 150.00 | 2 | 160.00 | 680.00 | 刘丽 |
| 财务部 | 1 | 120.00 | 1 | 250.00 | 2 | 150.00 | 2 | 160.00 | 680.00 | 邓丽丽 |
| 销售部 | 1 | 120.00 | | | 2 | 150.00 | 1 | 80.00 | 350.00 | 白斌 |
| 生产车间 | 2 | 240.00 | | | 2 | 150.00 | 2 | 160.00 | 550.00 | 沈运 |
| 合计 | 6 | 720.00 | 3 | 750.00 | 9 | 675.00 | 8 | 640.00 | 2 785.00 | |
| 备注：各部门、车间直接领用。 | | | | | | | | | | |

财务主管：周吉　　制单：严格物　　复核：黄杰

# 技能点2 核算银行存款

## 一、实训目标

1.能正确理解“银行存款”科目核算要点

2.能正确描述银行存款的核算流程

3.能正确进行银行存款业务的会计核算

## 二、实训材料

1.增值税专用发票

2.销售出库单

3.银行进账单

4.付款申请单

5.采购入库单

6.银行付款通知单

7.转账支票

8.网上银行电子回单

## 三、实训内容和步骤

### （一）销售产品或提供服务

1.确认“银行存款”：按照销售产品或提供服务收到的金额计量。

2.确认“主营业务收入/其他业务收入”：按照企业确认的销售产品、提供服务等业务的收入计量。

3.确认“应交税费——应交增值税（销项税额）”：按现行增值税规章制度计算的销项税额计量。

借：银行存款

　　贷：主营业务收入（或其他业务收入）

　　　　应交税费——应交增值税（销项税额）

### （二）购买材料

1.确认“原材料”：按照原材料的采购成本计量，包括买价、运杂费、运输途中的合理损耗、入库前的挑选整理费、相关税费及其他可归属于存货采购的费用。

2.确认“应交税费——应交增值税（进项税额）”：按照取得增值税专用发票上注明的可抵扣的进项税额计量。

3.确认“银行存款”：按照实际支付的金额计量。

借：原材料

　　应交税费——应交增值税（进项税额）

　　贷：银行存款

### （三）收到前欠货款

1.确认“银行存款”：按照收到的金额计量。

2.确认“应收账款”：按照已收到的货款冲减。

借：银行存款

　　贷：应收账款

### （四）支付职工薪酬

1.确认“应付职工薪酬”：按照实际支付的职工薪酬计量，包括职工工资、职工福利费、职工教育经费、工会经费、社会保险费、住房公积金等。

2.确认“银行存款”：按照实际支付的金额计量。

借：应付职工薪酬

　　贷：银行存款

### （五）支付期间费用

1.确认“管理费用”：按照企业为组织和管理生产经营发生的各种费用计量，包括企业在筹建期间内发生的开办费、行政管理部门负担的职工薪酬、物料消耗、办公费、差旅费、董事会费、咨询费、业务招待费等。

2.确认“销售费用”：按照企业销售商品和材料、提供服务过程中发生的各种费用计量，包括在销售过程中发生的保险费、包装费、展览费和广告费、商品维修费、运输费、装卸费以及专设销售机构的职工薪酬、业务费、折旧费等。

3.确认“财务费用”：按照企业为筹集生产经营所需资金等而发生的筹资费用计量，包括利息支出（减利息收入）、现金折扣、相关手续费等。

4.确认“应交税费——应交增值税（进项税额）”：按照取得增值税专用发票上注明的可抵扣的进项税额计量。

5.确认“银行存款”：按照实际支付的金额计量。

借：管理费用

　　销售费用

　　财务费用

　　应交税费——应交增值税（进项税额）

　　贷：银行存款

## 四、实训注意事项

1.银行存款是企业存放在银行或其他金融机构的货币资金。企业应当根据业务需要，按照规定在其所在地银行开设账户，运用所开设的账户，进行存款、取款以及各种收支转账业务的结算。

2.根据《银行账户管理办法》，银行账户按照资金的不同性质、用途和管理要求，可分为基本存款账户、一般存款账户、临时存款账户和专用存款账户。

3.企业应当按照开户银行和其他金融机构、存款种类、币种等，分别设置“银行存款日记账”，由出纳人员根据收付款凭证，按照业务的发生顺序逐笔登记。每日终了，应结出余额。“银行存款日记账”应定期与“银行对账单”核对，至少每月核对一次。

月末，企业银行存款账面余额与银行对账单余额之间如有差额，应按月编制“银行存款余额调节表”调节相符。

4.企业应当加强对银行存款的管理，定期对银行存款进行检查，对于存在银行或其他金融机构的款项已经部分不能收回或者全部不能收回的，应当查明原因并进行正确的处理。

## 五、实训任务

业务3：2021年12月1日，企业向福建银海贸易有限公司销售轻巧型电热水壶、经典型电热水壶和豪华型电热水壶，货已发出，收到一张转账支票并送存银行。

原始凭证3-1

1100153130　　**北京增值税专用发票**　　№78942346

机器编号：499910936509　　此联不作报销、扣税凭证使用　　开票日期：2021年12月01日

| | | | |
|---|---|---|---|
| 购买方 | 名　　称：福建银海贸易有限公司<br>纳税人识别号：110114745862898012<br>地 址 、电 话：福州市鼓楼区五四路109号东煌大厦13层0519-2378943<br>开户行及账号：中国工商银行福建分行1402000283627392718 | 密码区 | 035926>3>2<0230937-8>1*26906<br>374*91/- +588247>>/*6+>-89233<br>785926>3>2<0230937*57+89>097<br>4/ 737-++690195*6067//42+2-72 |

| 货物或应税劳务、服务名称 | 规格型号 | 单位 | 数量 | 单价 | 金额 | 税率 | 税额 |
|---|---|---|---|---|---|---|---|
| *家用厨房电器具*轻巧型电热水壶 | 轻巧型 | 件 | 4 000 | 85.00 | 340 000.00 | 13% | 44 200.00 |
| *家用厨房电器具*经典型电热水壶 | 经典型 | 件 | 2 000 | 120.00 | 240 000.00 | 13% | 31 200.00 |
| *家用厨房电器具*豪华型电热水壶 | 豪华型 | 件 | 400 | 255.00 | 102 000.00 | 13% | 13 260.00 |
| 合计 | | | | | ¥682 000.00 | | ¥88 660.00 |
| 价税合计（大写） | ⊗柒拾柒万零陆佰陆拾元整 | | | | （小写）¥770 660.00 | | |

| | | | |
|---|---|---|---|
| 销售方 | 名　　称：北京新锐电器有限公司<br>纳税人识别号：110114745862904015<br>地 址 、电 话：北京市昌平区光明路16号010-26674938<br>开户行及账号：中国工商银行北京市分行昌平支行0200000283627392724 | 备注 | 北京新锐电器有限公司<br>110114745862904015<br>发票专用章 |

收款人：邓丽丽　　复核：薛小双　　开票人：邵宇　　销售方：（章）

第一联：记账联　销售方记账凭证

原始凭证3-2

**销售出库单**

日期：2021年12月01日　　编号：XS-0001

| 序号 | 名称 | 规格 | 单位 | 应发数量 | 实发数量 | 备注 |
|---|---|---|---|---|---|---|
| 1 | 轻巧型电热水壶 | 轻巧型 | 件 | 4 000 | 4 000 | 销售给福建银海贸易有限公司 |
| 2 | 经典型电热水壶 | 经典型 | 件 | 2 000 | 2 000 | 销售给福建银海贸易有限公司 |
| 3 | 豪华型电热水壶 | 豪华型 | 件 | 400 | 400 | 销售给福建银海贸易有限公司 |
| | | | | | | |
| | | | | | | |

制单：胡平　　复核：林瑞　　经办人：白斌

第三联：财务部

原始凭证3-3

**中国工商银行　进账单（收账通知）　3**

2021年12月01日　　№66858922

| | | | | | |
|---|---|---|---|---|---|
| 出票人 | 全　　称 | 福建银海贸易有限公司 | 收款人 | 全　　称 | 北京新锐电器有限公司 |
| | 账　　号 | 1402000283627392718 | | 账　　号 | 0200000283627392724 |
| | 开户银行 | 中国工商银行福建分行 | | 开户银行 | 中国工商银行北京市分行昌平支行 |
| 金额 | 人民币（大写） | 柒拾柒万零陆佰陆拾元整 | | 亿千百十万千百十元角分 | ¥77066000 |
| 票据种类 | 转账支票 | 票据张数 | 1 | | |
| 票据号码 | 90289018 | | | | |
| 复核 | 记账 | | | 收款人开户银行签章 | |

中国工商银行北京市分行昌平支行 2021.12.01 转讫

此联是收款人开户银行交给收款人的收账通知

业务4：2021年12月1日，企业收到北京城乡贸易城支付前欠货款。

原始凭证4-1

**中国工商银行　进账单（收账通知）　3**

2021年12月01日　　№59119464

| | | | | | |
|---|---|---|---|---|---|
| 出票人 | 全　　称 | 北京城乡贸易城 | 收款人 | 全　　称 | 北京新锐电器有限公司 |
| | 账　　号 | 0200000283627392716 | | 账　　号 | 0200000283627392724 |
| | 开户银行 | 中国工商银行北京市分行昌平支行 | | 开户银行 | 中国工商银行北京市分行昌平支行 |
| 金额 | 人民币（大写） | 叁拾陆万壹仟陆佰元整 | | 亿千百十万千百十元角分 | ¥36160000 |
| 票据种类 | 转账支票 | 票据张数 | 1 | | |
| 票据号码 | 89873982 | | | | |
| 复核 | 记账 | | | 收款人开户银行签章 | |

中国工商银行北京市分行昌平支行 2021.12.01 转讫

此联是收款人开户银行交给收款人的收账通知

业务5：2021年12月2日，企业向九江塑电科技有限公司购入温控器、手柄和壶盖，材料已验收入库，货款通过电汇支付。

原始凭证5-1

## 付款申请单

申请日期：2021年12月02日

| | | | |
|---|---|---|---|
| 申请部门 | 采购部 | 申请人 | 张亮 |
| 申请事由 | 购买材料 | | |
| 收款单位 | 九江塑电科技有限公司 | 收款人 | 王丽 |
| 申请付款金额 | ￥650 880.00 | | |
| 付款方式 | □现 ☑转 □其他 | 大写 | 人民币陆拾伍万零捌佰捌拾元整 |
| 备注 | | | |

单位负责人 葛文学　　财务负责人 周　吉　　部门负责人 蔡浩民

原始凭证5-2

1100153130　　**江西增值税专用发票**　　№78942388

发票联

机器编号：499910936509　　开票日期：2021年12月02日

| | | | |
|---|---|---|---|
| 购买方 | 名　　称：北京新锐电器有限公司<br>纳税人识别号：110114745862904015<br>地 址 、电 话：北京市昌平区光明路16号010-26674938<br>开户行及账号：中国工商银行北京市分行昌平支行0200000283627392724 | 密码区 | 035926>3>2<0230937-8>1*26906<br>374*91/- +588247>>/*6+>-89233<br>785926>3>2<0230937*57+89>097<br>4/ 737-++690195*6067//42+2-72 |

| 货物或应税劳务、服务名称 | 规格型号 | 单位 | 数量 | 单价 | 金额 | 税率 | 税额 |
|---|---|---|---|---|---|---|---|
| *家用电器配件*国产温控器 | 国产BB3 | 件 | 15 000 | 20.00 | 300 000.00 | 13% | 39 000.00 |
| *家用电器配件*进口温控器 | SKE903 | 件 | 1 250 | 40.00 | 50 000.00 | 13% | 6 500.00 |
| *家用电器配件*轻巧型手柄 | 轻巧型：定制 | 件 | 10 000 | 5.00 | 50 000.00 | 13% | 6 500.00 |
| *家用电器配件*经典型手柄 | 经典型：定制 | 件 | 5 000 | 7.00 | 35 000.00 | 13% | 4 550.00 |
| *家用电器配件*豪华型手柄 | 豪华型：定制 | 件 | 1 250 | 10.00 | 12 500.00 | 13% | 1 625.00 |
| 轻巧、经典型壶盖 | 通用型：定制 | 件 | 22 500 | 5.00 | 112 500.00 | 13% | 14 625.00 |
| 豪华型壶盖 | 豪华型：定制 | 件 | 2 000 | 8.00 | 16 000.00 | 13% | 2 080.00 |
| 合计 | | | | | ￥576 000.00 | | ￥74 880.00 |
| 价税合计（大写） | ⊗陆拾伍万零捌佰捌拾元整 | | | | （小写）￥650 880.00 | | |

| | | | |
|---|---|---|---|
| 销售方 | 名　　称：九江塑电科技有限公司<br>纳税人识别号：110114745862892003<br>地 址 、电 话：江西省九江市开发区九瑞大道96号0792-8573212<br>开户行及账号：中国工商银行九江分行1507000283627392712 | 备注 | 九江塑电科技有限公司<br>110114745862892003<br>发票专用章 |

收款人：江义　　复核：江山　　开票人：张兰　　销售方：（章）

第三联：发票联　购买方记账凭证

原始凭证5-3

# 采购入库单

2021年12月02日　　　　编号：CG-0001

| 序号 | 名称 | 规格 | 单位 | 数量 | 供应商 |
|---|---|---|---|---|---|
| 1 | 国产温控器 | 国产BB3 | 件 | 15 000 | 九江塑电科技有限公司 |
| 2 | 进口温控器 | SKE903 | 件 | 1 250 | 九江塑电科技有限公司 |
| 3 | 轻巧型手柄 | 轻巧型：定制 | 件 | 10 000 | 九江塑电科技有限公司 |
| 4 | 经典型手柄 | 经典型：定制 | 件 | 5 000 | 九江塑电科技有限公司 |
| 5 | 豪华型手柄 | 豪华型：定制 | 件 | 1 250 | 九江塑电科技有限公司 |
| 6 | 轻巧、经典型壶盖 | 通用型：定制 | 件 | 22 500 | 九江塑电科技有限公司 |
| 7 | 豪华型壶盖 | 豪华型：定制 | 件 | 2 000 | 九江塑电科技有限公司 |

第三联：财务部

制单：胡平　　　　复核：林瑞

原始凭证5-4

## 中国工商银行　托收凭证（付款通知）

5　№ 208194

委托日期　2021年12月02日　　付款期限　2021年12月02日

| | | | | | | |
|---|---|---|---|---|---|---|
| 业务类型 | 委托收款（☑邮划、☐电划）　托收承付（☐邮划、☐电划） | | | | | |
| 付款人 | 全称 | 北京新锐电器有限公司 | 收款人 | 全称 | 九江塑电科技有限公司 | |
| | 账号 | 0200000283627392724 | | 账号 | 1507000283627392712 | |
| | 地址 | 省 北京 市/县　开户行 中国工商银行北京市分行昌平支行 | | 地址 | 江西 省 九江 市/县 | 开户行 中国工商银行九江分行 |

| 金额 | 人民币（大写） | 亿 | 千 | 百 | 十 | 万 | 千 | 百 | 十 | 元 | 角 | 分 |
|---|---|---|---|---|---|---|---|---|---|---|---|---|
| | 陆拾伍万零捌佰捌拾元整 | | | ¥ | 6 | 5 | 0 | 8 | 8 | 0 | 0 | 0 |

| | | | | | |
|---|---|---|---|---|---|
| 款项内容 | 购买材料款 | 托收凭据名称 | 增值税专用发票 | 附寄单证张数 | 2 |
| 商品发运情况 | | | 合同名称号码 | 20041769 | |

备注：

付款人开户银行收到日期：2021年12月02日

复核　　记账

付款人开户银行签章

中国工商银行北京市分行昌平支行 2021.12.02 转讫

2021年12月02日

付款人注意：
1.根据支付结算办法，上列委托收款（托收承付）款项在付款期限内未提出拒付，即视为同意付款，以此代付款通知。
2.如需提出全部或部分拒付，应在规定期限内，将拒付理由书并附债务证明退交开户银行。

此联付款人开户银行给付款人按期付款通知

业务6：2021年12月2日，企业签发转账支票支付补贴给食堂。

原始凭证6-1

**付款申请单**

申请日期：2021年12月02日

| | | | |
|---|---|---|---|
| 申请部门 | 财务部 | 申请人 | 邓丽丽 |
| 申请事由 | 支付补贴给食堂 | | |
| 收款单位 | 北京新锐电器有限公司 | 收款人 | |
| 申请付款金额 | ￥17 800.00 | | |
| 付款方式 | □现 ☑转 □其他 | 大写 | 人民币壹万柒仟捌佰元整 |
| 备注 | | | |

单位负责人 葛文学　　财务负责人 周　吉　　部门负责人 周　吉

原始凭证6-2

北京仲裁印刷有限公司2020年印制

**中国工商银行**
**转账支票存根**

B 0 / 0 2　90000001

附加信息

出票日期　2021年12月2日

| | |
|---|---|
| 收款人： | 北京新锐电器有限公司 |
| 金　额： | ￥17 800.00 |
| 用　途： | 支付补贴给食堂 |

单位主管　　会计

业务7：2021年12月2日，企业通过银行转账支付上月职工工资，同时结转代扣社会保险费、住房公积金以及个人所得税。

原始凭证7-1

**付款申请单**

申请日期：2021年12月02日

| | | | |
|---|---|---|---|
| 申请部门 | 财务部 | 申请人 | 邓丽丽 |
| 申请事由 | 发放工资 | | |
| 收款单位 | | 收款人 | 北京新锐电器有限公司员工批量代付 |
| 申请付款金额 | ￥524 108.81 | | |
| 付款方式 | □现 ☑转 □其他 | 大写 | 人民币伍拾贰万肆仟壹佰零捌元捌角壹分 |
| 备注 | | | |

单位负责人 葛文学　　财务负责人 周　吉　　部门负责人 周　吉

原始凭证7-2

## 中国工商银行 网上银行电子回单

电子回单号码：21818880278

| | | | | | |
|---|---|---|---|---|---|
| 付款人 | 户　　名 | 北京新锐电器有限公司 | 收款人 | 户　　名 | 批量代付 |
| | 账　　号 | 0200000283627392724 | | 账　　号 | |
| | 开户银行 | 中国工商银行北京市分行昌平支行 | | 开户银行 | |
| 金　　额 | | 人民币（大写）：伍拾贰万肆仟壹佰零捌元捌角壹分　　¥524 108.81 | | | |
| 摘　　要 | | 发放职工工资 | 业务种类 | | |
| 用　　途 | | 发放职工工资 | | | |
| 交易流水号 | | 37522992840906 | 时间戳 | | 2021-12-02 |

备注：

验证码：32700153

| | | | | | |
|---|---|---|---|---|---|
| 记账网点 | 277 | 记账柜员 | 856 | 记账日期 | 2021年12月02日 |

打印日期：2021年12月02日

原始凭证7-3

## 工资结算汇总表

2021年11月30日　　　　单位：元

| 部门名称 | | 人数 | 基本工资 | 奖金 | 岗位津贴 | 应付工资 | 代扣工资 | | | | | | 实发工资 |
|---|---|---|---|---|---|---|---|---|---|---|---|---|---|
| | | | | | | | 养老保险（8%） | 失业保险（0.2%） | 医疗保险（2%+3元） | 住房公积金（12%） | 个人所得税 | 小计 | |
| 生产车间 | 生产工人 | 158 | 237 000 | 174 600 | 94 600 | 506 200 | 40 496 | 1 012.40 | 10 598 | 60 744 | 76.83 | 112 927.23 | 393 272.77 |
| | 管理人员 | 4 | 16 800 | 12 000 | 5 200 | 34 000 | 2 720 | 68 | 692 | 4 080 | 178.78 | 7 738.78 | 26 261.22 |
| 企业管理部 | | 1 | 5 500 | 4 000 | 1 800 | 11 300 | 904 | 22.60 | 229 | 1 356 | 476.31 | 2 987.91 | 8 312.09 |
| 人力行政部 | | 2 | 8 400 | 5 000 | 2 400 | 15 800 | 1 264 | 31.60 | 322 | 1 896 | 70.95 | 3 584.55 | 12 215.45 |
| 财务部 | | 7 | 29 400 | 14 000 | 7 000 | 50 400 | 4 032 | 100.80 | 1 029 | 6 048 | 178.71 | 11 388.51 | 39 011.49 |
| 采购部 | | 2 | 8 400 | 5 000 | 2 400 | 15 800 | 1 264 | 31.60 | 322 | 1 896 | 308.65 | 3 822.25 | 11 977.75 |
| 仓储部 | | 2 | 8 400 | 5 000 | 2 400 | 15 800 | 1 264 | 31.60 | 322 | 1 896 | 332.74 | 3 846.34 | 11 953.66 |
| 销售部 | | 2 | 8 400 | 12 000 | 8 000 | 28 400 | 2 272 | 56.80 | 574 | 3 408 | 984.82 | 7 295.62 | 21 104.38 |
| 合计 | | 178 | 322 300 | 231 600 | 123 800 | 677 700 | 54 216 | 1 355.40 | 14 088 | 81 324 | 2 607.79 | 153 591.19 | 524 108.81 |

会计主管：周吉　　　　制表：严格物　　　　记账：薛小双

## 技能点3 核算其他货币资金

### 一、实训目标

1.能正确理解“其他货币资金”科目核算要点
2.能正确描述其他货币资金的核算流程
3.能正确进行其他货币资金业务的会计核算

### 二、实训材料

1.银行汇票申请书
2.付款申请单
3.采购入库单
4.增值税专用发票
5.银行汇票解讫通知

### 三、实训内容和步骤

#### （一）向银行申请签发银行汇票、银行本票，将款项汇往外地、存入信用卡专户、划到证券公司账户以及微信和支付宝账户等

1.确认“其他货币资金”：按照向银行申请签发银行汇票、银行本票，将款项汇往外地、存入信用卡专户、划到证券公司账户以及微信和支付宝账户的数额计量。

2.确认“银行存款”：按照从银行实际转出的数额计量。

借：其他货币资金
　　贷：银行存款

#### （二）购买材料、支付费用等

1.确认“原材料”：按照原材料的采购成本计量，包括买价、运杂费、运输途中的合理损耗、入库前的挑选整理费、相关税费及其他可归属于存货采购的费用。

2.确认“管理费用/销售费用”：按照实际用途计入相关科目，按实际支付金额计量。

3.确认“应交税费——应交增值税（进项税额）”：按照取得的增值税专用发票上注明的可抵扣的进项税额计量。

4.确认“其他货币资金”：按照实际支付的金额计量。

借：原材料
　　管理费用/销售费用
　　应交税费——应交增值税（进项税额）
　　贷：其他货币资金

### （三）购买股票、债券、基金等

1. 确认“交易性金融资产”：按照实际购买的股票、债券、基金等的公允价值计量。

2. 确认“其他货币资金”：按照实际支付的金额计量。

借：交易性金融资产等

　　贷：其他货币资金

### （四）将其他货币资金转回银行存款

1. 确认“银行存款”：按照实际转回的金额计量。

2. 确认“其他货币资金”：按照实际转回的金额计量。

借：银行存款

　　贷：其他货币资金

## 四、实训注意事项

1. 其他货币资金是指企业除库存现金、银行存款以外的其他各种货币资金，主要包括银行汇票存款、银行本票存款、信用卡存款、信用证保证金存款、外埠存款、存出投资款、支付宝及微信相关账户资金等。

2. 外埠存款只能用于采购商品或材料支付款项，该账户除可提取少量现金用于差旅费外，一律通过银行转账，外埠采购账户只付不存，并不计利息。

3. 银行汇票存款交存当地银行，由银行签发给汇款人持往外地办理转账结算或支取现金的票据，属尚未办理结算之前的票据存款。银行汇票付款期为一个月。遗失可提现的银行汇票，可挂失，如果遗失了填明收款单位或个体户名称的汇票，银行不予挂失。过期汇票及遗失汇票在一个月内未被冒领，可办理退款手续。收款单位收受银行汇票时，应审查收款人或被背书人是否为本收款人，汇票是否在付款期内，日期、金额等是否填写正确无误，印章是否清晰，有无压数机压印金额，银行汇票和解讫通知是否齐全等。

4. 银行本票存款，是指申请人将款项交存银行，由银行签发给其在同城凭此办理转账结算或者支取现金的票据，属办理结算之前形成的存款。银行本票的金额起点分为两种：一是非定额本票；二是定额本票。逾期本票银行不受理，可向银行办理退款手续。受理本票，应查明收款人或被背书人是否为本收款人，印章以及压数机压印金额是否清晰等。

## 五、实训任务

业务8：2021年12月2日，企业向北京京亿不锈钢有限公司购买材料，向银行签发一张银行汇票。

原始凭证8-1

## 付款申请单

申请日期：2021年12月02日

| | | | | | |
|---|---|---|---|---|---|
| 申请部门 | 采购部 | | | 申请人 | 张亮 |
| 申请事由 | 购买材料 | | | | |
| 收款单位 | 北京京亿不锈钢有限公司 | | | 收款人 | 周芳 |
| 申请付款金额 | ￥167 014.00 | | | | |
| 付款方式 | □现 | ☑转 | □其他 | 大写 | 人民币壹拾陆万柒仟零壹拾肆元整 |
| 备注 | | | | | |

单位负责人 葛文学　　财务负责人 周　吉　　部门负责人 蔡浩民

业务9：2021年12月3日，企业向北京京亿不锈钢有限公司购买201和304不锈钢板材，通过银行汇票支付，材料已经验收入库。

原始凭证9-1

## 中国工商银行 汇票申请书

申请日期：2021年12月03日　　第　号

| | | | |
|---|---|---|---|
| 申请人 | 北京新锐电器有限公司 | 收款人 | 北京京亿不锈钢有限公司 |
| 账号或地址 | 0200000283627392724 | 账号或住址 | 0200000283627392710 |
| 用途 | 购买材料 | 代理付款行 | 中国工商银行北京市分行昌平支行 |
| 汇款金额 | 人民币（大写）壹拾陆万柒仟零壹拾肆元整 | 亿 千 百 十 万 千 百 十 元 角 分 | ￥ 1 6 7 0 1 4 0 0 |

上列款项请从我账号内支付。

北京新锐电器有限公司 财务专用章　葛文学印

申请人签章

科目＿＿＿＿＿＿＿＿

对方科目＿＿＿＿＿＿＿＿

财务主管　　复核　　经办

此联汇款人留存

原始凭证9-2

1100153130　　**北京增值税专用发票**　　№76575432

发票联

机器编号：499910936509　　　　开票日期：2021年12月03日

| | | | | | | | | |
|---|---|---|---|---|---|---|---|---|
| 购买方 | 名　　称：北京新锐电器有限公司<br>纳税人识别号：110114745862904015<br>地址、电话：北京市昌平区光明路16号010-26674938<br>开户行及账号：中国工商银行北京市分行昌平支行0200000283627392724 | | | | | 密码区 | 035926>3>2<0230937-8>1*26906<br>374*91/- +588247>>/*6+>-89233<br>785926>3>2<0230937*57+89>097<br>4/737-++690195*6067//42+2-72 | |
| 货物或应税劳务、服务名称 | 规格型号 | 单位 | 数量 | 单价 | 金额 | 税率 | 税额 | |
| *黑色金属冶炼压延品*201不锈钢板材 | 0.5mm×1 250mm×2 500mm | 张 | 1 000 | 128.00 | 128 000.00 | 13% | 16 640.00 | |
| *黑色金属冶炼压延品*304不锈钢板材 | 0.5mm×1 250mm×2 500mm | 张 | 100 | 198.00 | 19 800.00 | 13% | 2 574.00 | |
| 合计 | | | | | ¥147 800.00 | | ¥19 214.00 | |
| 价税合计（大写） | ⊗壹拾陆万柒仟零壹拾肆元整 | | | | （小写）¥167 014.00 | | | |
| 销售方 | 名　　称：北京京亿不锈钢有限公司<br>纳税人识别号：110114745862890001<br>地址、电话：北京市昌平区永定路112号010-26687662<br>开户行及账号：中国工商银行北京市分行昌平支行0200000283627392710 | | | | | 备注 | 北京京亿不锈钢有限公司<br>110114745862890001<br>发票专用章 | |

收款人：京义　　复核：京山　　开票人：周立阳　　销售方：（章）

第三联：发票联　购买方记账凭证

原始凭证9-3

## 采购入库单

2021年12月03日　　　　编号：CG-0002

| 序号 | 名称 | 规格 | 单位 | 数量 | 供应商 |
|---|---|---|---|---|---|
| 1 | 不锈钢板材201 | 0.5mm*1 250mm*2 500mm | 张 | 1 000 | 北京京亿不锈钢有限公司 |
| 2 | 不锈钢板材304 | 0.5mm*1 250mm*2 500mm | 张 | 100 | 北京京亿不锈钢有限公司 |
| | | | | | |
| | | | | | |
| | | | | | |
| | | | | | |
| | | | | | |

制单：胡平　　　　复核：林瑞

第三联：财务部

原始凭证9-4

**中国工商银行**

10200040
01723581

**银行汇票**（解讫通知） 3

提示付款期限自出票之日起一个月

出票日期（大写）贰零贰壹 年 壹拾贰 月 零叁 日　代理付款行　行号：

收款人：北京京亿不锈钢有限公司

出票金额 人民币（大写）壹拾陆万柒仟零壹拾肆元整

实际结算金额 人民币（大写）壹拾陆万柒仟零壹拾肆元整

| 亿 | 千 | 百 | 十 | 万 | 千 | 百 | 十 | 元 | 角 | 分 |
|---|---|---|---|---|---|---|---|---|---|---|
| | | ¥ | 1 | 6 | 7 | 0 | 1 | 4 | 0 | 0 |

申请人：北京新锐电器有限公司　账号：0200000283627392724

出票行：中国工商银行北京市分行昌平支行 行号：2927873009　密押：

备　注：

多余金额

| 千 | 百 | 十 | 万 | 千 | 百 | 十 | 元 | 角 | 分 |
|---|---|---|---|---|---|---|---|---|---|
| | | | | | | ¥ | 0 | 0 | 0 |

代理付款行签单　复核　记账　复核：　记账：

此联代理付款行兑付后随报单寄出票行　由出票行作多余款贷方凭证

中国工商银行股份有限公司 2927873009 汇票专用章

# 任务二　核算应收及预付款项

## 技能点1　核算应收账款

### 一、实训目标

1. 能正确理解“应收账款”科目核算要点
2. 能正确描述应收账款业务的核算流程
3. 能正确进行应收账款业务的会计核算

### 二、实训材料

1. 付款申请单
2. 增值税专用发票
3. 运费发票
4. 转账支票存根
5. 销售出库单
6. 银行进账单

## 三、实训内容和步骤

### （一）发生应收账款

1.确认“应收账款”：按买卖双方成交时应收债权的金额计量。

2.确认“主营业务收入”或“其他业务收入”等：按主营业务或者其他业务活动实现的收入计量。

3.确认“应交税费——应交增值税（销项税额）”：若发生交易费用开出增值税专用发票，则按其注明的增值税税额计量。

借：应收账款

　　贷：主营业务收入（或其他业务收入）

　　　　应交税费——应交增值税（销项税额）

### （二）收回应收账款

1.确认“银行存款”或“库存现金”等资产：按照实际收到的回款金额进行计量。

2.确认“财务费用”：按照客户享受的现金折扣计量。

3.确认“应收账款”：按照收回应收账款的金额计量。

借：银行存款（或库存现金等）

　　财务费用

　　贷：应收账款

## 四、实训注意事项

1.如果在初始确认应收账款时存在商业折扣，此时需要按照商业折扣后的实际售价进行收入的确认，进而再确认应收账款的入账金额。

2.如果在初始确认应收账款时存在现金折扣，此时需要按照我国《企业会计准则》的规定按照总价法进行初始确认，即将未享受现金折扣前的交易金额作为实际售价，相应的记为应收账款的入账金额。现金折扣只有客户在折扣期内支付款项时方可予以确认。销售企业给予客户现金折扣时，从融资的角度考虑，属于企业的一种理财费用，会计上作为期间费用计入财务费用，即实际收到回款的金额与账上回款金额之差为企业的一种融资费用，计入财务费用。

3.预收账款不多的企业，可以不设置“预收账款”科目，而将预收的货款记入“应收账款”的贷方，这样会使“应收账款”某些明细科目出现贷方余额。期末编制资产负债表时，“应收账款”总账科目所属明细账科目有贷方余额的，应列示于资产负债表中的“预收款项”项目中。

## 五、实训任务

业务10：2021年12月3日，企业销售给山东万益经贸有限公司轻巧型电热水壶、经典型电热水壶和豪华型电热水壶，款项未收，同时以银行存款支付代垫的运费。

原始凭证10-1

# 付款申请单

申请日期：2021年12月03日

| | | | | | |
|---|---|---|---|---|---|
| 申请部门 | 销售部 | | | 申请人 | 白斌 |
| 申请事由 | 销售货物代垫运费 | | | | |
| 收款单位 | 北京货运运输有限公司 | | | 收款人 | |
| 申请付款金额 | ¥1 765.80 | | | | |
| 付款方式 | □现 | ☑转 | □其他 | 大写 | 人民币壹仟柒佰陆拾伍元捌角整 |
| 备注 | | | | | |

单位负责人 葛文学　　财务负责人 周　吉　　部门负责人 朱建国

原始凭证10-2

1100153130　　**北京增值税专用发票**　　№78942347

全国统一发票监制章

机器编号：499910936509　　此联不作报销、扣税凭证使用　　开票日期：2021年12月03日

| | | | |
|---|---|---|---|
| 购买方 | 名　　称：山东万益经贸有限公司<br>纳税人识别号：110114745862897011<br>地 址 、电 话：山东省淄博市张店区柳泉路19号0533-2828679<br>开户行及账号：中国工商银行山东分行1603000283627302717 | 密码区 | 035926>3>2<0230937-8>1*26906<br>374*91/- +588247>>/*6+>-89233<br>785926>3>2<0230937*57+89>097<br>4/737-++690195*6067//42+2-72 |

| 货物或应税劳务、服务名称 | 规格型号 | 单位 | 数量 | 单价 | 金额 | 税率 | 税额 |
|---|---|---|---|---|---|---|---|
| *家用厨房电器具*轻巧型电热水壶 | 轻巧型 | 件 | 2 000 | 85.00 | 170 000.00 | 13% | 22 100.00 |
| *家用厨房电器具*经典型电热水壶 | 经典型 | 件 | 1 000 | 120.00 | 120 000.00 | 13% | 15 600.00 |
| *家用厨房电器具*豪华型电热水壶 | 豪华型 | 件 | 240 | 255.00 | 61 200.00 | 13% | 7 956.00 |
| 合计 | | | | | ¥351 200.00 | | ¥45 656.00 |
| 价税合计（大写） | ⊗叁拾玖万陆仟捌佰伍拾陆元整 | | | | （小写）¥396 856.00 | | |

| | | | |
|---|---|---|---|
| 销售方 | 名　　称：北京新锐电器有限公司<br>纳税人识别号：110114745862904015<br>地 址 、电 话：北京市昌平区光明路16号010-26674938<br>开户行及账号：中国工商银行北京市分行昌平支行0200000283627392724 | 备注 | 北京新锐电器有限公司<br>110114745862904015<br>发票专用章 |

第一联：记账联　销售方记账凭证

收款人：邓丽丽　　复核：薛小双　　开票人：王芳　　销售方：（章）

原始凭证10-3

1100158521　　**北京增值税专用发票**　　№68942251

发　票　联

机器编号：488810936510　　　　开票日期：2021年12月03日

| | | | |
|---|---|---|---|
| 购买方 | 名　　　称：山东万益经贸有限公司<br>纳税人识别号：110114745862897011<br>地 址 、电 话：山东省淄博市张店区柳泉路19号0533-2828679<br>开户行及账号：中国工商银行山东分行1603000283627302717 | 密码区 | 035926>3>2<0230937-8>1*26906<br>374*91/- +588247>>/*6+>-89233<br>785926>3>2<0230937*57+89>097<br>4/ 737-++690195*6067//42+2-72 |

| 货物或应税劳务、服务名称 | 规格型号 | 单位 | 数量 | 单价 | 金额 | 税率 | 税额 |
|---|---|---|---|---|---|---|---|
| *运输服务*运费 | | 件 | 3 240 | 0.50 | 1 620.00 | 9% | 145.80 |
| 合计 | | | | | ¥1 620.00 | | ¥145.80 |
| 价税合计（大写） | ⊗壹仟柒佰陆拾伍元捌角整 | | | | （小写）¥1 765.80 | | |

| | | | |
|---|---|---|---|
| 销售方 | 名　　　称：北京货运运输有限公司<br>纳税人识别号：110114745862807965<br>地 址 、电 话：北京市大兴区永丰路20号010-26674938<br>开户行及账号：中国建设银行北京市分行大兴区支行0400000283627387365 | 备注 | 北京货运运输有限公司<br>110114745862807965<br>发票专用章 |

收款人：云义　　复核：云山　　开票人：王芳　　销售方：（章）

第三联：发票联　购买方记账凭证

原始凭证10-4

## 销售出库单

日期：2021年12月03日　　　　编号：XS-0002

| 序号 | 名称 | 规格 | 单位 | 应发数量 | 实发数量 | 备注 |
|---|---|---|---|---|---|---|
| 1 | 轻巧型电热水壶 | 轻巧型 | 件 | 2 000 | 2 000 | 销售给山东万益经贸有限公司 |
| 2 | 经典型电热水壶 | 经典型 | 件 | 1 000 | 1 000 | 销售给山东万益经贸有限公司 |
| 3 | 豪华型电热水壶 | 豪华型 | 件 | 240 | 240 | 销售给山东万益经贸有限公司 |
| | | | | | | |
| | | | | | | |

制单：胡平　　复核：林瑞　　经办人：白斌

第三联：财务部

原始凭证10-5

北京仲裁印刷有限公司2020年印制

**中国工商银行**
**转账支票存根**

$\frac{B}{0}\frac{0}{8}$ 90000002

附加信息

出票日期　2021年12月3日

| | |
|---|---|
| 收款人： | 北京货运运输有限公司 |
| 金　额： | ¥1 765.80 |
| 用　途： | 代垫运费 |

单位主管　　　　会计

业务 11：2021 年 12 月 3 日，企业收到昆明经贸大市场一张转账支票并送存银行，用于偿还前欠货款，现金折扣为 5 120.22 元。

原始凭证11-1

**中国工商银行　进账单（收账通知）　3**

2021 年 12 月 03 日　　№22400356

| | | | | |
|---|---|---|---|---|
| 出票人 | 全　称 | 昆明经贸大市场 | 收款人 全　称 | 北京新锐电器有限公司 |
| | 账　号 | 2502000283627392719 | 账　号 | 0200000283627392724 |
| | 开户银行 | 中国工商银行昆明分行 | 开户银行 | 中国工商银行北京市分行昌平支行 |
| 金额 | 人民币（大写） | 伍拾万陆仟玖佰零壹元柒角捌分 | | |

| 亿 | 千 | 百 | 十 | 万 | 千 | 百 | 十 | 元 | 角 | 分 |
|---|---|---|---|---|---|---|---|---|---|---|
| | | ¥ | 5 | 0 | 6 | 9 | 0 | 1 | 7 | 8 |

| | | | |
|---|---|---|---|
| 票据种类 | 转账支票 | 票据张数 | 1 |
| 票据号码 | 02223334 | | |

中国工商银行北京市分行昌平支行 2021.12.03 转讫

复核　　记账　　收款人开户银行签章

此联是收款人开户银行交给收款人的收账通知

## 技能点2　核算应收票据

### 一、实训目标

1. 能正确理解“应收票据”科目核算要点
2. 能正确描述应收票据业务的核算流程
3. 能正确进行应收票据业务的会计核算

### 二、实训材料

1. 增值税专用发票
2. 销售出库单
3. 银行承兑汇票复印件
4. 运费专用发票
5. 付款申请书
6. 转账支票存根
7. 银行托收凭证
8. 贴现凭证

## 三、实训内容和步骤

### （一）应收票据的取得

1.确认“应收票据”：企业销售商品、提供劳务取得商业汇票时，按照票面金额计量。

2.确认“主营业务收入/其他业务收入”：按主营业务或其他业务活动实现的收入计量。

3.确认“应交税费——应交增值税（销项税额）”：按现行增值税规章制度计算的销项税额计量。

借：应收票据

　　贷：主营业务收入/其他业务收入

　　　　应交税费——应交增值税（销项税额）

### （二）持有期间应收票据的计息

1.确认“应收利息”：按照每期期末计算的票据利息进行计量。

2.确认“财务费用”：按照每期期末计算的票据利息金额冲减。

借：应收利息

　　贷：财务费用

### （三）持有期间应收票据的背书

1.确认“原材料”：按照原材料的采购成本计量，包括买价、运杂费、运输途中的合理损耗、入库前的挑选整理费、相关税费及其他可归属于存货采购的费用。

2.确认“应交税费——应交增值税（进项税额）”：若发生交易时取得增值税专用发票的，按其注明的增值税进项税额计量。

3.确认“应收票据”：按照应收票据票面的金额进行冲减。

借：原材料

　　应交税费——应交增值税（进项税额）

　　贷：应收票据

### （四）持有期间应收票据的贴现

1.确认“银行存款”：按照贴现实际收到的款项金额计量。

2.确认“财务费用”：按照贴现时企业实际收到的贴现款金额与贴现时票据冲减的面值和预提利息之和之间的差额进行计量。

3.确认“应收票据”：按照贴现的票据的面值金额冲减。

4.确认“应收利息”：如果是带息票据，按照已经预提的票据利息金额进行计量；如果是不带息票据，此科目可以省略。

借：银行存款

　　财务费用

　　贷：应收票据

　　　　应收利息（若有则写，没有可以不写）

### （五）非贴现应收票据的到期（足额支付）

1.确认“银行存款”：按照付款人足额支付的票据的到期值金额进行计量。

2.确认“应收票据”：按照票据的到期值金额进行确认。

借：银行存款

　　贷：应收票据

### （六）非贴现应收票据的到期（付款人账户金额不足以支付到期票据时）

1.确认“应收账款”：如果付款人账户金额不足以支付到期票据，此时收款企业收到银行退回的承兑汇票时，按照票据的到期值金额进行确认。

2.确认“应收票据”：按照票据的到期值金额进行确认。

借：应收账款

　　贷：应收票据

### （七）贴现应收票据的到期

1.确认“应收账款”：如果贴现企业贴现的票据，在到期时承兑人不能兑付，此时按照票据的到期值金额进行应收账款计量。

2.确认“银行存款”：如果贴现企业贴现的票据，在到期时承兑人不能兑付，且申请贴现企业有足额的银行存款支付，此时按照票据的到期值金额冲减。

3.确认“短期借款”：如果贴现企业贴现的票据，在到期时承兑人不能兑付，且申请贴现企业没有足额的银行存款支付，此时按照票据的到期值金额进行短期借款计量。

4.票据到期时承兑人不能兑付且申请贴现企业银行存款账户足额支付的账务处理如下：

借：应收账款

　　贷：银行存款

票据到期时承兑人不能兑付且申请贴现企业银行存款账户不能足额支付的账务处理如下：

借：应收账款

　　贷：短期借款

## 四、实训注意事项

1.带息应收票据应在每期期末计算票据利息，其公式为：

应收票据利息=应收票据面值×票面利率×期限

式中：票面利率即票据上所列的利率，一般用年利率表示。期限指票据签发日至计息日（中期期末、年度终了或票据到期日）的时间间隔。

若商业汇票的期限按月数表示，应收票据利息计算公式为：

应收票据利息=应收票据面值×票面利率×月数÷12

若商业汇票的期限按天数表示，应收票据利息计算公式为：

应收票据利息=应收票据面值×票面利率×天数÷360

2.若应收票据利息金额较大，则按月计提利息；若应收票据利息金额不大，则可于年末计提利息。

## 五、实训任务

业务 12：2021 年 12 月 3 日，企业销售给北京城乡贸易城轻巧型电热水壶、经典型电热水壶和豪华型电热水壶，收到一张银行承兑汇票。

原始凭证12-1

1100153130　　**北京增值税专用发票**　　№78942348

机器编号：499910936509　　此联不作报销、扣税凭证使用　　开票日期：2021 年 12 月 03 日

| | | | |
|---|---|---|---|
| 购买方 | 名　　称：北京城乡贸易城<br>纳税人识别号：110114745862896010<br>地 址 、电 话：北京市大兴亦庄工业园区新兴路351号010-26687845<br>开户行及账号：中国工商银行北京市分行昌平支行0200000283627392716 | 密码区 | 035926>3>2<0230937-8>1*26906<br>374*91/- +588247>>/*6+>-89233<br>785926>3>2<0230937*57+89>097<br>4/ 737-++690195*6067//42+2-72 |

| 货物或应税劳务、服务名称 | 规格型号 | 单位 | 数量 | 单价 | 金额 | 税率 | 税额 |
|---|---|---|---|---|---|---|---|
| *家用厨房电器具*轻巧型电热水壶 | 轻巧型 | 件 | 8 200 | 85.00 | 697 000.00 | 13% | 90 610.00 |
| *家用厨房电器具*经典型电热水壶 | 经典型 | 件 | 4 340 | 120.00 | 520 800.00 | 13% | 67 704.00 |
| *家用厨房电器具*豪化型电热水壶 | 豪化型 | 件 | 1 000 | 255.00 | 255 000.00 | 13% | 33 150.00 |
| 合计 | | | | | ¥1 472 800.00 | | ¥191 464.00 |
| 价税合计（大写） | ⊗壹佰陆拾陆万肆仟贰佰陆拾肆元整 | | | | （小写）¥1 664 264.00 | | |

| | | | |
|---|---|---|---|
| 销售方 | 名　　称：北京新锐电器有限公司<br>纳税人识别号：110114745862904015<br>地 址 、电 话：北京市昌平区光明路16号010-26674938<br>开户行及账号：中国工商银行北京市分行昌平支行0200000283627392724 | 备注 | 北京新锐电器有限公司<br>110114745862904015<br>发票专用章 |

收款人：邓丽丽　　复核：薛小双　　开票人：邵宇　　销售方：（章）

第一联：记账联　销售方记账凭证

原始凭证12-2

**销售出库单**

日期：2021 年 12 月 03 日　　编号：XS-0003

| 序号 | 名称 | 规格 | 单位 | 应发数量 | 实发数量 | 备注 |
|---|---|---|---|---|---|---|
| 1 | 轻巧型电热水壶 | 轻巧型 | 件 | 8 200 | 8 200 | 销售给北京城乡贸易城 |
| 2 | 经典型电热水壶 | 经典型 | 件 | 4 340 | 4 340 | 销售给北京城乡贸易城 |
| 3 | 豪华型电热水壶 | 豪华型 | 件 | 1 000 | 1 000 | 销售给北京城乡贸易城 |
| | | | | | | |
| | | | | | | |

制单：胡平　　复核：林瑞　　经办人：白斌

第三联：财务部

原始凭证12-3

复印件

## 中国工商银行 银行承兑汇票 2

10200050
53071909

出票日期（大写） 贰零贰壹 年 壹拾贰 月 零叁 日

| | | | | |
|---|---|---|---|---|
| 出票人全称 | 北京城乡贸易城 | 收款人 | 全称 | 北京新锐电器有限公司 |
| 出票人账号 | 0200000283627392716 | | 账号 | 0200000283627392724 |
| 付款行全称 | 中国工商银行北京市分行昌平支行 | | 开户银行 | 中国工商银行北京市分行昌平支行 |
| 出票金额 | 人民币（大写） 壹佰陆拾陆万肆仟贰佰陆拾肆元整 | | 亿千百十万千百十元角分 | ¥ 1 6 6 4 2 6 4 0 0 |
| 汇票到期日（大写） | 贰零贰贰年零叁月零叁日 | 付款行 | 行号 | 102100020655 |
| 承兑协议编号 | 26697067 | | 地址 | 北京市大兴亦庄新兴路58号 |
| 本汇票请你行承兑，到期无条件付款。<br>（北京城乡贸易城 财务专用章）（梅韩印梅）<br>出票人签章 | | 本汇票已经承兑，到期日由本行付款。<br>（中国工商银行股份有限公司 102100020655 汇票专用章）<br>承兑行签章<br>承兑日期2021年12月03日 | | |
| | | 备注： | | 复核 经办 |

此联收款人开户行随托收凭证寄付款行作借方凭证附件

业务13：2021年12月3日，企业为销售电热水壶支付运费。

原始凭证13-1

## 付款申请单

申请日期：2021年12月03日

| | | | | |
|---|---|---|---|---|
| 申请部门 | 销售部 | | 申请人 | 白斌 |
| 申请事由 | 销售货物支付运费 | | | |
| 收款单位 | 北京货运运输有限公司 | | 收款人 | |
| 申请付款金额 | ¥7 379.30 | | | |
| 付款方式 | □现 ☑转 | □其他 | 大写 | 人民币柒仟叁佰柒拾玖元叁角整 |
| 备注 | | | | |

单位负责人 葛文学　　财务负责人 周 吉　　部门负责人 朱建国

原始凭证13-2

1100158521　　**北京增值税专用发票**　　№68942259

发　票　联

机器编号：488810936510　　　　开票日期：2021年12月03日

| | | | | | | | | |
|---|---|---|---|---|---|---|---|---|
| 购买方 | 名　　称：北京新锐电器有限公司<br>纳税人识别号：110114745862904015<br>地 址 、电 话：北京市昌平区光明路16号010-26674938<br>开户行及账号：中国工商银行北京市分行昌平支行0200000283627392724 | | | | 密码区 | 035926>3>2<0230937-8>1*26906<br>374*91/- +588247>>/*6+>-89233<br>785926>3>2<0230937*57+89>097<br>4/737-++690195*6067//42+2-72 | | |
| 货物或应税劳务、服务名称 | 规格型号 | 单位 | 数量 | 单价 | 金额 | 税率 | 税额 | |
| *运输服务*运费 | | 件 | 13 540 | 0.50 | 6 770.00 | 9% | 609.30 | |
| 合计 | | | | | ¥6 770.00 | | ¥609.30 | |
| 价税合计（大写） | ⊗柒仟叁佰柒拾玖元叁角整 | | | | （小写）¥7 379.30 | | | |
| 销售方 | 名　　称：北京货运运输有限公司<br>纳税人识别号：110114745862807965<br>地 址 、电 话：北京市大兴区永丰路20号010-26674938<br>开户行及账号：中国建设银行北京市分行大兴区支行0400000283627387365 | | | | 备注 | 北京货运运输有限公司<br>110114745862807965<br>发票专用章 | | |

收款人：云义　　复核：云山　　开票人：王芳　　销售方：（章）

第三联：发票联　购买方记账凭证

原始凭证13-3

北京仲裁印刷有限公司2020年印制

**中国工商银行**
**转账支票存根**

B0/08　90000003

附加信息

出票日期　2021年12月3日

| | |
|---|---|
| 收款人： | 北京货运运输有限公司 |
| 金　额： | ¥7 379.30 |
| 用　途： | 销售运费 |

单位主管　　会计

业务14：2021年12月4日，天津万润贸易公司9月4日签发给企业的一张银行承兑汇票到期，银行收到托收款项。

原始凭证14-1

**中国工商银行** 托收凭证（汇款依据或收账通知）

4 № 632923

委托日期 2021年12月04日 付款期限 2021年12月04日

| | | | | | | |
|---|---|---|---|---|---|---|
| 业务类型 | 委托收款（□邮划、☑电划） | | 托收承付（□邮划、□电划） | | | |
| 付款人 | 全称 | 天津万润贸易公司 | 收款人 | 全称 | 北京新锐电器有限公司 | |
| | 账号 | 0302000283627392720 | | 账号 | 0200000283627392724 | |
| | 地址 | 天津省 市/县 开户行 中国工商银行天津市分行 | | 地址 | 北京省 市/县 开户行 中国工商银行北京市分行昌平支行 | |
| 金额 | 人民币（大写） | 伍拾壹万玖仟捌佰元整 | 亿千百十万千百十元角分 | ¥ 5 1 9 8 0 0 0 0 | | |
| 款项内容 | 货款 | 托收凭据名称 | 银行承兑汇票 | 附寄单证张数 | | |
| 商品发运情况 | 已发运 | | 合同名称号码 | 2020002 | | |
| 备注： 复核 记账 | 上列款项已划回收入你方账户内。 年 月 日 | | | | | |

中国工商银行北京市分行昌平支行 2021.12.04 转讫

此联付款人开户银行凭以汇款或收款人开户银行作收账通知

业务15：2021年12月4日，企业将昆明经贸大市场在11月7日签发的一张不带息商业承兑汇票向开户银行申请贴现。

原始凭证15-1

**贴现凭证（收账通知）** 4

申请日期 2021年12月04日 第029号

| | | | | | | |
|---|---|---|---|---|---|---|
| 贴现汇票 | 种类 | 商业承兑汇票 号码 00100045 | 持票人 | 种类 | 北京新锐电器有限公司 | |
| | 出票日 | 2021年11月07日 | | 出票日 | 0200000283627392724 | |
| | 到期日 | 2022年01月08日 | | 开户银行 | 中国工商银行北京市分行昌平支行 | |
| 汇票承兑人 | 名称 | 昆明经贸大市场 | 账号 | | 开户银行 | |
| 汇票金额 | 人民币（大写） | 壹拾贰万叁仟壹佰柒拾元整 | | | 千百十万千百十元角分 | ¥ 1 2 3 1 7 0 0 0 |
| 贴现率每月 | 6.67‰ | 贴现利息 | 千百十万千百十元角分 ¥ 1 0 4 0 6 2 | 实付贴现金额 | 千百十万千百十元角分 | ¥ 1 2 2 1 2 9 3 8 |
| 上述款项已入你单位账户。银行盖章 年 月 日 | | | | 备注： | | |

中国工商银行北京市分行昌平支行 2021.12.04 转讫

此联银行给贴现申请人的收账通知

## 技能点3　核算预付账款

### 一、实训目标

1.能正确理解“预付账款”科目核算要点
2.能正确描述预付账款业务的核算流程
3.能正确进行预付账款业务的会计核算

### 二、实训材料

1.增值税专用发票
2.采购入库单
3.付款申请单
4.转账支票存根

### 三、实训内容和步骤

#### （一）发生预付账款

1.确认“预付账款”：按买卖双方合同中规定的预付货款的金额计量。

2.确认“银行存款”：按支付预付货款的金额计量。

借：预付账款
　　贷：银行存款

#### （二）使用预付账款

1.确认“原材料”或“库存商品”等资产：按主营业务或者其他业务活动实现的收入计量。

2.确认“应交税费——应交增值税（进项税额）”：若发生交易时取得增值税专用发票，按其注明的增值税税额计量。

3.确认“预付账款”：根据实际购进货物时应结算的金额进行计量。

借：原材料（或库存商品等）
　　应交税费——应交增值税（进项税额）
　　贷：预付账款

#### （三）补付货款或退回货款

1.确认“银行存款”：按照实际退回的预付款金额或者补付货款的金额进行计量。

2.确认“预付账款”：按照退回的预付款金额冲减或者按照补付货款的金额进行确认。

退回预付款时：

借：银行存款

贷：预付账款

补付货款时：

借：预付账款

贷：银行存款

## 四、实训注意事项

1. 如果进行采购时初始使用预付款方式进行，那么整个采购过程都要使用“预付账款”进行核算，采购完成后，根据整个过程的采购对“预付账款”科目进行多退少补。

2. 预付账款不多的企业，可以不设置“预付账款”科目，而将预付的货款记入“应付账款”的借方，这样会使“应付账款”某些明细科目出现借方余额。期末编制资产负债表时，“应付账款”总账科目所属明细账科目有借方余额的，应列示于资产负债表中的“预付款项”项目中。

## 五、实训任务

业务16：2021年12月4日，企业向北京京亿不锈钢有限公司购买201和304不锈钢板材，款项上月已经预付60%，材料已经验收入库。

原始凭证16-1

1100153130　　北京增值税专用发票　　№76654421

发票联

机器编号：499910936509　　开票日期：2021年12月04日

| | | | | | | | | |
|---|---|---|---|---|---|---|---|---|
| 购买方 | 名称：北京新锐电器有限公司<br>纳税人识别号：110114745862904015<br>地址、电话：北京市昌平区光明路16号010-26674938<br>开户行及账号：中国工商银行北京市分行昌平支行0200000283627392724 | | | | 密码区 | 035926>3>2<0230937-8>1*26906<br>374*91/- +588247>>/*6+>-89233<br>785926>3>2<0230937*57+89>097<br>4/ 737-++690195*6067//42+2-72 | | |
| 货物或应税劳务、服务名称 | 规格型号 | 单位 | 数量 | 单价 | 金额 | 税率 | 税额 | |
| *黑色金属冶炼压延品*201不锈钢板材 | 0.5mm×1 250mm×2 500mm | 张 | 500 | 128.00 | 64 000.00 | 13% | 8 320.00 | |
| *黑色金属冶炼压延品*304不锈钢板材 | 0.5mm×1 250mm×2 500mm | 张 | 200 | 198.00 | 39 600.00 | 13% | 5 148.00 | |
| 合计 | | | | | ¥103 600.00 | | ¥13 468.00 | |
| 价税合计（大写） | ⊗壹拾壹万柒仟零陆拾捌元整 | | | | （小写）¥117 068.00 | | | |
| 销售方 | 名称：北京京亿不锈钢有限公司<br>纳税人识别号：110114745862890001<br>地址、电话：北京市昌平区永定路112号010-26687662<br>开户行及账号：中国工商银行北京市分行昌平支行0200000283627392710 | | | | 备注 | 北京京亿不锈钢有限公司 110114745862890001 发票专用章 | | |

第三联：发票联　购买方记账凭证

收款人：京义　　复核：京山　　开票人：周立阳　　销售方：（章）

原始凭证16-2

## 采购入库单

2021年12月04日　　　　编号：CG-0003

| 序号 | 名称 | 规格 | 单位 | 数量 | 供应商 |
|---|---|---|---|---|---|
| 1 | 不锈钢板材201 | 0.5mm*1 250mm*2 500mm | 张 | 500 | 北京京亿不锈钢有限公司 |
| 2 | 不锈钢板材304 | 0.5mm*1 250mm*2 500mm | 张 | 200 | 北京京亿不锈钢有限公司 |
| | | | | | |
| | | | | | |
| | | | | | |
| | | | | | |
| | | | | | |

第三联：财务部

制单：胡平　　　　复核：林瑞

业务17：2021年12月4日，企业向北京京亿不锈钢有限公司支付剩余40%的货款。

原始凭证17-1

## 付款申请单

申请日期：2021年12月04日

| 申请部门 | 采购部 | | | 申请人 | 张亮 |
|---|---|---|---|---|---|
| 申请事由 | 补付货款 | | | | |
| 收款单位 | 北京京亿不锈钢有限公司 | | | 收款人 | |
| 申请付款金额 | ¥46 827.20 | | | | |
| 付款方式 | □现 | ☑转 | □其他 | 大写 | 人民币肆万陆仟捌佰贰拾柒元贰角整 |
| 备注 | | | | | |

单位负责人 葛文学　　财务负责人 周　吉　　部门负责人 蔡浩民

原始凭证17-2

北京仲裁印刷有限公司 2020 年印制

**中国工商银行**
**转账支票存根**

$\frac{B}{0}\frac{0}{8}$ 90000004

附加信息

出票日期 2021 年 12 月 4 日

| | |
|---|---|
| 收款人： | 北京京亿不锈钢有限公司 |
| 金　额： | ￥46 827.20 |
| 用　途： | 补付货款 |

单位主管　　　　会计

## 技能点4　核算应收利息

### 一、实训目标

1.能正确理解“应收利息”科目核算要点

2.能正确描述应收利息业务的核算流程

3.能正确进行应收利息业务的会计核算

### 二、实训材料

银行利息收账通知单

### 三、实训内容和步骤

#### （一）计提利息

1.确认“应收利息”：按照企业对外进行债券投资期间已到付息期但尚未领取的利息金额，或者银行存款应确认的利息金额进行计量。

2.确认“投资收益”：按照企业对外进行债券投资期间已到付息期应领未领的利息金额进行计量。

3.确认“财务费用”：按照银行存款应确认的利息金额进行计量。

借：应收利息

　　贷：投资收益

　　　　财务费用

#### （二）收到利息

1.确认“银行存款”或“其他货币资金”：按照收到的利息计量。

2. 确认“应收利息”：按已收到的利息冲减。

借：银行存款（或其他货币资金）

　　贷：应收利息

## 四、实训注意事项

1. 企业应该在宣告发放利息时确认应收利息，而不是实际发放日进行确认。

2. 应收利息对应的是债权投资获得的相应收益。

3. 如果涉及实际利率法进行后续计量的债权性投资，其应收利息金额按照票面金额乘以票面利率进行相关的确认计量。

## 五、实训任务

业务 18：2021 年 12 月 4 日，企业收到 11 月银行利息凭证。

原始凭证18-1

**中国工商银行北京市分行昌平支行**　计付利息（收账通知）

2021 年 12 月 04 日

| | | | |
|---|---|---|---|
| 客户号 5137113043 | | 结算账号 4531525626643126251 | |
| 单位名称：北京新锐电器有限公司 | | | |
| 计息起讫日期 | 2021 年 11 月 01 日 | 至 | 2021 年 11 月 30 日 |
| 正常本金/积数 | 400 000.00 | 利率 6% | 利息 2 000.00 |
| 逾期本金/积数 | | 利率 | 利息 |
| 欠　息/积数 | | 利率 | 利息 |
| 币　种 | 人民币 | 利息总金额 | 2 000.00 |

客户联

中国工商银行北京市分行昌平支行 2021.12.04 转讫

银行盖章：

## 技能点 5　核算应收股利

## 一、实训目标

1. 能正确理解“应收股利”科目核算要点

2. 能正确描述应收股利业务的核算流程

3. 能正确进行应收股利业务的会计核算

## 二、实训材料

1. 分红公告

2. 股票交割单

## 三、实训内容和步骤

### （一）宣告发放现金股利

1.确认“应收股利”：按照投资方在持有期间被投资单位宣告发放的现金股利中所占份额部分进行计量。

2.确认“投资收益”：按照投资方在持有期间被投资单位宣告发放的现金股利中所占份额部分进行计量。

借：应收股利

　　贷：投资收益

### （二）收到现金股利

1.确认“银行存款”或“其他货币资金”：按照收到的现金股利计量。

2.确认“应收股利”：按已收到的现金股利冲减。

借：银行存款（或其他货币资金）

　　贷：应收股利

## 四、实训注意事项

1.企业应该在宣告发放现金股利时确认应收股利，而不是实际发放日进行确认。

2.应收股利对应的是股权投资获得的相应收益，如果出现债权投资获得的相应收益，则需要通过“应收利息”等科目进行核算。

## 五、实训任务

业务19：2021年12月4日，中国石油天然气有限公司2021年年度末期A股分红派息。

原始凭证19-1

**中国石油天然气股份有限公司2021年年度末期A股分红派息**
**实施公告**

| |
|---|
| 本公司董事会及全体董事保证本公告内容不存在任何虚假记载、误导性陈述或者重大遗漏，并对其内容的真实性、准确性和完整性承担个别及连带责任 |

一、通过分配方案的股东大会届次和日期

本次利润分配方案经公司2021年12月5日的2021年年度股东大会审议通过。

二、分配方案

1.发放年度：2021年度

2.分派对象：

截至2021年11月30日下午上海证券交易所收市后，在中登上海分公司登记在册的公司全体A股股东。

3.分配方案：

为回报股东，以2021年11月30日公司总股本为基数，向全体股东派发2021年年度末期股息每股人民币0.8元。

三、相关日期

股权登记日为2021年12月4日，除权（息）日为2021年12月5日，股利发放日为2021年12月6日。

特此公告

中国石油天然气股份有限公司
2021年12月4日（盖章）

业务20：2021年12月6日，企业收到中国石油天然气股份有限公司派发的现金股利。

原始凭证20-1

**股票交割单**

| | |
|---|---|
| 营业部名：华泰证券有限责任公司 | 发生日期：20211206 |
| 股东名称：北京新锐电器有限公司 | 买卖标志：发放股利 |
| 股东代码：A530097808 | 证券代码：601857 |
| 席位代码：30948 | 证券名称：中国石油 |
| 委托编号：38341 | 成交数量：200 000 |
| 成交编号：1345253 | 成交价格：0.80 |
| | 成交金额：160 000 |
| | 标准佣金：0.00 |
| | 印花税：0.00 |
| | 过户费：0.00 |
| | 其他费：0.00 |
| | 发生金额：160 000 |
| | 证券数量：0 |

## 技能点6　核算其他应收款

### 一、实训目标

1.能正确理解“其他应收款”科目核算要点

2.能正确描述其他应收款业务的核算流程

3.能正确进行其他应收款业务的会计核算

### 二、实训材料

员工借款单

### 三、实训内容和步骤

#### （一）发生其他应收款时

1.确认“其他应收款”：按照企业应收、暂付其他单位和个人的各种款项的金额进行计量。

2.确认“库存现金”：按照实际支付的企业应收、暂付其他单位和个人的各种款项的库存现金金额进行计量。

3.确认“银行存款”：按照实际支付的企业应收、暂付其他单位和个人的各种款项的银行存款金额进行计量。

借：其他应收款

　　贷：库存现金（或银行存款）

### （二）报销使用其他应收款

1.确认“管理费用”：按照实际报销金额进行计量。

2.确认“其他应收款”：按已使用的其他应收款金额进行计量。

3.确认“库存现金”：按实际收回或支付的现金金额进行确认或冲减。

借：管理费用

　　库存现金（也可能在贷方）

　　贷：其他应收款

### （三）退回其他应收款

1.确认“银行存款（或库存现金）”：按照实际退回的银行存款或库存现金金额进行确认。

2.确认“其他应收款”：按照实际退回其他应收款金额进行冲减。

借：银行存款（或库存现金）

　　贷：其他应收款

## 四、实训注意事项

1.其他应收款在发生或者退回时，要根据实际收到（支付）的银行存款或者库存现金金额采用“银行存款”或“库存现金”科目进行计量，有的时候可能是两个科目都需要确认或者冲减。

2.“其他应收款”科目按照债务人进行明细账的设置。

## 五、实训任务

业务21：2021年12月5日，企业采购部业务员张亮预借差旅费，以现金付讫。

原始凭证21-1

**借款单**

部门：采购部　　　　2021年12月05日

借款用途：　采购原材料

借款金额：

人民币（大写）叁仟元整　　　　小写：￥3 000.00

☑现金　　□支票　　□电汇

财务部经理：周吉　　复核：薛小双　　部门经理：蔡浩民　　借款人：张亮

现金付讫

# 技能点7　核算坏账准备

## 一、实训目标

1.能正确理解“坏账准备”科目核算要点

2. 能正确描述坏账准备业务的核算流程
3. 能正确进行坏账准备业务的会计核算

## 二、实训材料

1. 破产告知函
2. 银行进账单

## 三、实训内容和步骤

### （一）计提坏账准备

1. 确认“资产减值损失”：按照企业本期应计提坏账准备的方法计算的金额进行计量。

2. 确认“坏账准备”：按企业本期应计提坏账准备的方法计算的金额进行计量。

借：资产减值损失

　　贷：坏账准备

### （二）冲减坏账准备

1. 确认“资产减值损失”：按多计提的坏账金额进行冲减。

2. 确认“坏账准备”：按多计提的坏账金额进行冲减。

借：坏账准备

　　贷：资产减值损失

### （三）实际发生坏账

1. 确认“坏账准备”：按实际发生坏账的金额进行计量。

2. 确认“应收账款”：按实际不能收回的金额进行计量。

借：坏账准备

　　贷：应收账款

### （四）已冲销坏账恢复时

1. 确认“坏账准备”：按实际恢复坏账的金额进行计量。

2. 确认“应收账款”：按实际收回的金额进行计量。

3. 确认“银行存款”：按照实际收到存入银行的款项进行计量。

借：应收账款

　　贷：坏账准备

借：银行存款

　　贷：应收账款

## 四、实训注意事项

1. 企业按照应保持的坏账余额作为计提或者冲销坏账的基础，计提前，如果已有坏账余额小于应保持余额，按照两者之差进行计提；反之，则按照两者之差进行冲减。

2. “坏账准备”是应收款项的备抵账户，与“应收账款”科目联合反映应收款项的账面价值。

## 五、实训任务

业务22：2021年12月6日，企业收到北京商贸有限公司破产告知函，应收的货款102 000元只能收回97 000元，剩余5 000元无力偿还。

原始凭证22-1

**破产告知函**

北京新锐电器有限公司：

我司很遗憾地通知贵司，我司因长期经营不善导致财务困难，已经资不抵债，并已向当地人民法院申请破产，现法院已成立清算小组进行资产清算。经查往来账簿，我司于2020年7月7日，向贵公司赊购400件豪华型热水壶，价款合计为人民币壹拾万贰仟元整（￥102 000.00），税款已经支付。清算后的变现资产只够归还人民币玖万柒仟元整（￥97 000.00），剩余的人民币伍仟元整（￥5 000.00）无力偿还。

告知人：北京商贸有限公司

法定代表人：刘雷

业务23：2021年12月6日，企业收到山东济南经贸大市场前期已经确认为坏账的货款10 000元。

原始凭证23-1

**中国工商银行 进账单（收账通知） 3**

2021年12月06日　　№42183755

| | | | | | | | | | | | | | | | | |
|---|---|---|---|---|---|---|---|---|---|---|---|---|---|---|---|---|
| 出票人 | 全称 | 山东济南经贸大市场 | 收款人 | 全称 | 北京新锐电器有限公司 | | | | | | | | | | | |
| | 账号 | 1502000283627392773 | | 账号 | 0200000283627392724 | | | | | | | | | | | |
| | 开户银行 | 中国工商银行昆明分行 | | 开户银行 | 中国工商银行北京市分行昌平支行 | | | | | | | | | | | |
| 金额 | 人民币(大写) | 壹万元整 | | | | 亿 | 千 | 百 | 十 | 万 | 千 | 百 | 十 | 元 | 角 | 分 |
| | | | | | | | | | ￥ | 1 | 0 | 0 | 0 | 0 | 0 | 0 |
| 票据种类 | 转账支票 | 票据张数 | 1 | | | | | | | | | | | | | |
| 票据号码 | 04128406 | | | | | | | | | | | | | | | |
| 复核 | 记账 | | | 收款人开户银行签章 | | | | | | | | | | | | |

中国工商银行北京市分行昌平支行 2021.12.06 转讫

此联是收款人开户银行交给收款人的收账通知

# 任务三　核算存货

## 技能点1　核算原材料

### 一、实训目标

1.能正确理解“原材料”科目核算要点

2.能正确描述原材料业务的核算流程

3.能正确进行原材料业务的会计核算

### 二、实训材料

1.付款申请单

2.增值税专用发票

3.采购入库单

4.转账支票存根

5.运费发票

6.材料运费分配表

7.领料单

### 三、实训内容和步骤

#### （一）单货同到款付

1.确认“原材料”：按照原材料的采购成本计量，包括买价、运杂费、运输途中的合理损耗、入库前的挑选整理费、相关税费及其他可归属于存货采购的费用。

2.确认“应交税费——应交增值税（进项税额）”：按该材料取得的增值税专用发票的进项税额计量。

3.确认“银行存款”或“其他货币资金”：按照实际支付的金额计量。

借：原材料

　　应交税费——应交增值税（进项税额）

　　贷：银行存款（或其他货币资金）

#### （二）单货同到款未付

1.确认“原材料”：按照原材料的采购成本计量，包括买价、运杂费、运输途中的合理损耗、入库前的挑选整理费、相关税费及其他可归属于存货采购的费用。

2.确认“应交税费——应交增值税（进项税额）”：按该材料取得的增值税专用发票的进项税额计量。

3.确认“应付账款”：按照实际发生的金额计量。

借：原材料

　　应交税费——应交增值税（进项税额）

　　贷：应付账款

### （三）货到单未到

1.确认“原材料”：月末发票账单仍未到达时，按照合同价暂估入账。

2.确认“应付账款”：按照合同价计量。

借：原材料

　　贷：应付账款

### （四）领用材料

1.确认“生产成本/制造费用/管理费用/销售费用”等：按照生产产品、车间、管理部门、专设销售机构等部门领用的原材料成本计量。

2.确认“原材料”：按各部门实际领用的原材料成本计量。

借：生产成本/制造费用/管理费用/销售费用等

　　贷：原材料

## 四、实训注意事项

1.原材料是指企业在生产过程中经过加工改变其形态或性质并构成产品主要实体的各种原料、主要材料和外购半成品，以及不构成产品实体但有助于产品形成的辅助材料。原材料具体包括原料及主要材料、辅助材料、外购半成品、修理用备件、包装材料、燃料等。

2.原材料的日常收入、发出及结存可以采用实际成本核算，也可以采用计划成本核算。

3.在同时采购多种材料需分摊运杂费时，需注意分配标准。

## 五、实训任务

业务24：2021年12月6日，企业向九江塑电科技有限公司购入底座、加热底盘和套件若干，材料已经验收入库，款项通过签发转账支票支付。

原始凭证24-1

**付款申请单**

申请日期：2021年12月06日

| 申请部门 | 采购部 | | | 申请人 | 张亮 |
|---|---|---|---|---|---|
| 申请事由 | 付材料款 | | | | |
| 收款单位 | 九江塑电科技有限公司 | | | 收款人 | 九江塑电科技有限公司 |
| 申请付款金额 | ￥919 820.00 | | | | |
| 付款方式 | □现 | ☑转 | □其他 | 大写 | 人民币玖拾壹万玖仟捌佰贰拾元整 |
| 备注 | | | | | |

单位负责人 葛文学　　财务负责人 周吉　　部门负责人 蔡浩民

原始凭证24-2

1100153130 江西增值税专用发票 №62455809

发票联

机器编号：499910936509 开票日期：2021年12月06日

| | | | | | | | |
|---|---|---|---|---|---|---|---|
| 购买方 | 名　　称：北京新锐电器有限公司<br>纳税人识别号：110114745862904015<br>地 址、电 话：北京市昌平区光明路16号010-26674938<br>开户行及账号：中国工商银行北京市分行昌平支行0200002836273927 24 | | | | 密码区 | 035926>3>2<0230937-8>1*26906<br>374*91/-+588247>>/*6+>-89233<br>785926>3>2<0230937*57+89>097<br>4/737-++690195*6067//42+2-72 | |
| 货物或应税劳务、服务名称 | 规格型号 | 单位 | 数量 | 单价 | 金额 | 税率 | 税额 |
| *家用电器配件*轻巧、经典型底座 | 通用：定制 | 件 | 22 000.00 | 20.00 | 440 000.00 | 13% | 57 200.00 |
| *家用电器配件*豪华型底座 | 豪华型：定制 | 件 | 2 000.00 | 35.00 | 70 000.00 | 13% | 9 100.00 |
| *家用电器配件*轻巧、经典型加热底盘 | 通用：定制 | 件 | 15 000.00 | 12.00 | 180 000.00 | 13% | 23 400.00 |
| *家用电器配件*豪华型加热底盘 | 豪华型：定制 | 件 | 1 250.00 | 18.00 | 22 500.00 | 13% | 2 925.00 |
| *家用电器配件*轻巧型辅材套件 | 轻巧型：定制 | 套 | 15 000.00 | 4.00 | 60 000.00 | 13% | 7 800.00 |
| *家用电器配件*经典型辅材套件 | 经典型：定制 | 套 | 7 000.00 | 4.50 | 31 500.00 | 13% | 4 095.00 |
| *家用电器配件*豪华型辅材套件 | 豪华型：定制 | 套 | 2 000.00 | 5.00 | 10 000.00 | 13% | 1 300.00 |
| 合计 | | | | | ¥814 000.00 | | ¥105 820.00 |
| 价税合计（大写） | ⊗玖拾壹万玖仟捌佰贰拾元整 | | | | （小写）¥919 820.00 | | |
| 销售方 | 名　　称：九江塑电科技有限公司<br>纳税人识别号：110114745862892003<br>地 址、电 话：江西省九江市开发区九瑞大道96号0792-88573212<br>开户行及账号：中国工商银行九江分行1507000283627392712 | | | | 备注 | 九江塑电科技有限公司 110114745862892003 发票专用章 | |

收款人：江义　　复核：江山　　开票人：张兰　　销售方：（章）

第三联：发票联 购买方记账凭证

原始凭证24-3

## 采购入库单

2021年12月06日　　编号：CG-0004

| 序号 | 名称 | 规格 | 单位 | 数量 | 供应商 |
|---|---|---|---|---|---|
| 1 | 轻巧、经典型底座 | 通用：定制 | 件 | 22 000 | 九江塑电科技有限公司 |
| 2 | 豪华型底座 | 豪华型：定制 | 件 | 2 000 | 九江塑电科技有限公司 |
| 3 | 轻巧、经典型加热底盘 | 通用：定制 | 件 | 15 000 | 九江塑电科技有限公司 |
| 4 | 豪华型加热底盘 | 豪华型：定制 | 件 | 1 250 | 九江塑电科技有限公司 |
| 5 | 轻巧型辅材套件 | 轻巧型：定制 | 套 | 15 000 | 九江塑电科技有限公司 |
| 6 | 经典型辅材套件 | 经典型：定制 | 套 | 7 000 | 九江塑电科技有限公司 |
| 7 | 豪华型辅材套件 | 豪华型：定制 | 套 | 2 000 | 九江塑电科技有限公司 |

制单：胡平　　复核：林瑞

第三联：财务部

原始凭证24-4

北京仲裁印制有限公司 2016 年印制

**中国工商银行**
**转账支票存根**

B 0 / 0 2 90000005

附加信息

出票日期 2021 年 12 月 6 日

收款人：九江塑造电科技有限公司

金 额：¥919,880.00

用 途：支付材料款

单位主管 会计

业务25：2021年12月6日，企业向北京京亿不锈钢有限公司购入201、304不锈钢板材若干，材料已经验收入库，款项未付，同时签发转账支票支付运费（运费需按购入两种不锈钢板材的数量进行分摊）。

原始凭证25-1

**付款申请单**

申请日期：2021年12月06日

| | | | | | |
|---|---|---|---|---|---|
| 申请部门 | 采购部 | | | 申请人 | 张亮 |
| 申请事由 | 购买材料 | | | | |
| 收款单位 | 北京货运运输有限公司 | | | 收款人 | 鲁禾 |
| 申请付款金额 | ¥1 744.00 | | | | |
| 付款方式 | □现 | ☑转 | □其他 | 大写 | 人民币壹仟柒佰肆拾肆元整 |
| 备注 | | | | | |

单位负责人 葛文学　　财务负责人 周 吉　　部门负责人 蔡浩民

原始凭证25-2

1100153130 **北京增值税专用发票** №62451009

发 票 联

机器编号：499910936509 开票日期：2021年12月06日

| | | | |
|---|---|---|---|
| 购买方 | 名　　称：北京新锐电器有限公司<br>纳税人识别号：110114745862904015<br>地 址 、电 话：北京市昌平区光明路16号010-26674938<br>开户行及账号：中国工商银行北京市分行昌平支行0200000283627392724 | 密码区 | 035926>3>2<0230937-8>1*26906<br>374*91/- +588247>>/*6+>-89233<br>785926>3>2<0230937*57+89>097<br>4/ 737-++690195*6067//42+2-72 |

| 货物或应税劳务、服务名称 | 规格型号 | 单位 | 数量 | 单价 | 金额 | 税率 | 税额 |
|---|---|---|---|---|---|---|---|
| *黑色金属冶炼压延品*201不锈钢板材 | 0.5mm×1 250mm×2 500mm | 张 | 600 | 126.00 | 75 600.00 | 13% | 9 828.00 |
| *黑色金属冶炼压延品*304不锈钢板材 | 0.5mm×1 250mm×2 500mm | 张 | 200 | 196.00 | 39 200.00 | 13% | 5 096.00 |
| 合计 | | | | | ¥114 800.00 | | ¥14 924.00 |
| 价税合计（大写） | ⊗壹拾贰万玖仟柒佰贰拾肆元整 | | | | （小写）¥129 724.00 | | |

| | | | |
|---|---|---|---|
| 销售方 | 名　　称：北京京亿不锈钢有限公司<br>纳税人识别号：110114745862890001<br>地 址 、电 话：北京市昌平区永定路112号010-26687662<br>开户行及账号：中国工商银行北京市分行昌平支行0200000283627392710 | 备注 | |

收款人：京义 复核：京山 开票人：周立阳 销售方：（章）

第三联：发票联 购买方记账凭证

原始凭证25-3

1100153130 **北京增值税专用发票** №62451010

发 票 联

机器编号：499910936509 开票日期：2021年12月06日

| | | | |
|---|---|---|---|
| 购买方 | 名　　称：北京新锐电器有限公司<br>纳税人识别号：110114745862904015<br>地 址 、电 话：北京市昌平区光明路16号010-26674938<br>开户行及账号：中国工商银行北京市分行昌平支行0200000283627392724 | 密码区 | 035926>3>2<0230937-8>1*26906<br>374*91/- +588247>>/*6+>-89233<br>785926>3>2<0230937*57+89>097<br>4/ 737-++690195*6067//42+2-72 |

| 货物或应税劳务、服务名称 | 规格型号 | 单位 | 数量 | 单价 | 金额 | 税率 | 税额 |
|---|---|---|---|---|---|---|---|
| *运输服务*运费 | | 件 | 3 200 | 0.50 | 1 600.00 | 9% | 144.00 |
| 合计 | | | | | ¥1 600.00 | | ¥144.00 |
| 价税合计（大写） | ⊗壹仟柒佰肆拾肆元整 | | | | （小写）¥1 744.00 | | |

| | | | |
|---|---|---|---|
| 销售方 | 名　　称：北京货运运输有限公司<br>纳税人识别号：110114745862807965<br>地 址 、电 话：北京市大兴区永丰路20号010-26674938<br>开户行及账号：中国建设银行北京市分行大兴区支行0400000283627387365 | 备注 | |

收款人：云义 复核：云山 开票人：丁柳 销售方：（章）

第三联：发票联 购买方记账凭证

原始凭证25-4

## 采购入库单

2021年12月06日　　　　编号：CG-0005

| 序号 | 名称 | 规格 | 单位 | 数量 | 供应商 |
|---|---|---|---|---|---|
| 1 | 不锈钢板材201 | 0.5mm*1 250mm*2 500mm | 张 | 600 | 北京京亿不锈钢有限公司 |
| 2 | 不锈钢板材304 | 0.5mm*1 250mm*2 500mm | 张 | 200 | 北京京亿不锈钢有限公司 |
| | | | | | |
| | | | | | |
| | | | | | |
| | | | | | |
| | | | | | |

第三联：财务部

制单：胡平　　　　复核：林瑞

原始凭证25-5

## 材料运费分配表

2021年12月06日

| 原材料 | 分配标准（数量） | 材料运费 | |
|---|---|---|---|
| | | 分配率 | 金额 |
| 201不锈钢板材 | | | |
| 304不锈钢板材 | | | |
| 合计 | | | |

原始凭证25-6

北京仲裁印制有限公司2020年印制

**中国工商银行**
**转账支票存根**

$\frac{B}{0}\frac{0}{2}$ 90000006

附加信息

出票日期 2021年12月6日

| | |
|---|---|
| 收款人： | 北京货运运输有限公司 |
| 金　额： | ¥1 744.00 |
| 用　途： | 支付运输 |

单位主管　　　　会计

业务 26：2021 年 12 月 7 日，企业生产车间领用材料进行生产。

原始凭证26-1

## 领料单

领料部门：生产车间

用　　途：生产轻巧型电热水壶　　日期：2021年12月07日　　CL-0001号

| 材料 | | | 单位 | 数量 | | 成本 | | | | | | | | | | |
|---|---|---|---|---|---|---|---|---|---|---|---|---|---|---|---|---|
| | | | | | | 单价 | 总价 | | | | | | | | | |
| 编号 | 名称 | 规格 | | 请领 | 实发 | | 百 | 十 | 万 | 千 | 百 | 十 | 元 | 角 | 分 |
| HF-0004 | 轻巧、经典型壶盖 | 通用：定制 | 件 | 12 208 | 12 208 | | | | | | | | | | |
| HF-0005 | 轻巧、经典型底座 | 通用：定制 | 件 | 12 208 | 12 208 | | | | | | | | | | |
| HF-0001 | 201不锈钢板材 | 0.5mm*1 250mm*2 500mm | 张 | 436 | 436 | | | | | | | | | | |
| HF-0002 | 国产温控器 | 国产BB3 | 件 | 12 208 | 12 208 | | | | | | | | | | |
| HA-0003 | 轻巧型手柄 | 轻巧型：定制 | 件 | 12 208 | 12 208 | | | | | | | | | | |
| HF-0006 | 轻巧、经典型加热底盘 | 通用：定制 | 件 | 12 208 | 12 208 | | | | | | | | | | |
| HA-0007 | 轻巧型辅材套件 | 轻巧型：定制 | 套 | 12 208 | 12 208 | | | | | | | | | | |

会计联

仓库保管员：胡平　　领料人：李丹丹　　记账：薛小双

原始凭证26-2

## 领料单

领料部门：生产车间

用　　途：生产经典型电热水壶　　日期：2021年12月07日　　CL-0002号

| 材料 | | | 单位 | 数量 | | 成本 | | | | | | | | | | |
|---|---|---|---|---|---|---|---|---|---|---|---|---|---|---|---|---|
| | | | | | | 单价 | 总价 | | | | | | | | | |
| 编号 | 名称 | 规格 | | 请领 | 实发 | | 百 | 十 | 万 | 千 | 百 | 十 | 元 | 角 | 分 |
| HF-0004 | 轻巧、经典型壶盖 | 通用：定制 | 件 | 9 216 | 9 216 | | | | | | | | | | |
| HF-0005 | 轻巧、经典型底座 | 通用：定制 | 件 | 9 216 | 9 216 | | | | | | | | | | |
| HF-0001 | 201不锈钢板材 | 0.5mm*1 250mm*2 500mm | 张 | 368 | 368 | | | | | | | | | | |
| HF-0002 | 国产温控器 | 国产BB3 | 件 | 9 216 | 9 216 | | | | | | | | | | |
| HB-0003 | 经典型手柄 | 经典型：定制 | 件 | 9 216 | 9 216 | | | | | | | | | | |
| HF-0006 | 轻巧、经典型加热底盘 | 通用：定制 | 件 | 9 216 | 9 216 | | | | | | | | | | |
| HB-0007 | 经典型辅材套件 | 经典型：定制 | 套 | 9 216 | 9 216 | | | | | | | | | | |

会计联

仓库保管员：胡平　　领料人：李丹丹　　记账：薛小双

原始凭证26-3

## 领料单

领料部门：生产车间

用　　途：生产豪华型电热水壶　　日期：2021年12月07日　　CL-0003号

| 材料 | | | 单位 | 数量 | | 成本 | | | | | | | | | |
|---|---|---|---|---|---|---|---|---|---|---|---|---|---|---|---|
| | | | | | | 单价 | 总价 | | | | | | | | |
| 编号 | 名称 | 规格 | | 请领 | 实发 | | 百 | 十 | 万 | 千 | 百 | 十 | 元 | 角 | 分 |
| HC-0004 | 豪华型壶盖 | 豪华型：定制 | 件 | 3 000 | 3 000 | | | | | | | | | | |
| HC-0005 | 豪华型底座 | 豪华型：定制 | 件 | 3 000 | 3 000 | | | | | | | | | | |
| HC-0001 | 304不锈钢板材 | 0.5mm*1 250mm*2 500mm | 张 | 150 | 150 | | | | | | | | | | |
| HC-0002 | 进口温控器 | SKE903 | 件 | 3 000 | 3 000 | | | | | | | | | | |
| HC-0003 | 豪华型手柄 | 豪华型：定制 | 件 | 3 000 | 3 000 | | | | | | | | | | |
| HC-0006 | 豪华型加热底盘 | 豪华型：定制 | 件 | 3 000 | 3 000 | | | | | | | | | | |
| HC-0007 | 豪华型辅材套件 | 豪华型：定制 | 套 | 3 000 | 3 000 | | | | | | | | | | |

会计联

仓库保管员：胡平　　领料人：李丹丹　　记账：薛小双

## 技能点2　核算在途物资

### 一、实训目标

1.能正确理解“在途物资”科目核算要点

2.能正确描述在途物资业务的核算流程

3.能正确进行在途物资业务的会计核算

### 二、实训材料

1.采购入库单

2.增值税专用发票

## 三、实训内容和步骤

### （一）实际成本：单先到

1. 确认“在途物资”：按该材料取得时的实际成本计量。

2. 确认“应交税费——应交增值税（进项税额）”：按该材料取得时的增值税专用发票的进项税额计量。

3. 确认“应付账款”：按照实际需要支付的金额计量。

借：在途物资

　　应交税费——应交增值税（进项税额）

　　贷：应付账款

### （二）货后到

1. 确认“原材料”：按该材料取得时的实际成本计量。

2. 结转“在途物资”：按照实际记录的金额结转。

借：原材料

　　贷：在途物资

## 四、实训注意事项

1. 已经付款或已开出商业承兑汇票，但材料尚未到达或尚未验收入库的采购业务，应通过“在途物资”科目核算；待材料到达、入库后再根据收料单由“在途物资”科目转入“原材料”科目核算。

2. 外购材料在运输途中发生短缺和毁损时，应根据造成短缺和毁损的原因分别处理：

（1）属于定额内合理损耗，计入材料的采购成本。

（2）如能确定由供货单位、运输单位、保险公司或其他过失人赔偿的，应向有关单位或责任人索赔，由“在途物资”转入“应付账款”或“其他应收款”。

（3）如尚未查明原因或需报经批准才能转销处理的损失，先从“在途物资”转为“待处理财产损溢”，等查明原因后再做相关处理。

## 五、实训任务

业务 27：2021 年 12 月 7 日，企业向九江塑电科技有限公司购买温控器、手柄、壶盖、底座、加热底盘、套件若干，材料尚未验收入库，货款暂欠。

原始凭证27-1

1100153130　　**江西增值税专用发票**　　№62455709

发　票　联

机器编号：499910936509　　开票日期：2021年12月07日

| 购买方 | 名　　称：北京新锐电器有限公司<br>纳税人识别号：110114745862904015<br>地 址、电 话：北京市昌平区光明路16号010-26674938<br>开户行及账号：中国工商银行北京市分行昌平支行0200000283627392724 | 密码区 | 035926>3>2<0230937-8>1*26906<br>374*91/- +588247>>/*6+>-89233<br>785926>3>2<0230937*57+89>097<br>4/ 737-++690195*6067//42+2-72 |
|---|---|---|---|

| 货物或应税劳务、服务名称 | 规格型号 | 单位 | 数量 | 单价 | 金额 | 税率 | 税额 |
|---|---|---|---|---|---|---|---|
| *家用电器配件*国产温控器 | | 件 | 600.00 | 20.00 | 12 000.00 | 13% | 1 560.00 |
| *家用电器配件*进口温控器 | | 件 | 500.00 | 40.00 | 20 000.00 | 13% | 2 600.00 |
| *家用电器配件*轻巧型手柄 | | 件 | 4 000.00 | 5.00 | 20 000.00 | 13% | 2 600.00 |
| *家用电器配件*经典型手柄 | | 件 | 2 000.00 | 7.00 | 14 000.00 | 13% | 1 820.00 |
| *家用电器配件*豪华型手柄 | | 套 | 500.00 | 10.00 | 5 000.00 | 13% | 650.00 |
| *家用电器配件*轻巧、经典型壶盖 | | 套 | 9 000.00 | 5.00 | 45 000.00 | 13% | 5 850.00 |
| *家用电器配件*豪华型壶盖 | | 套 | 8 000.00 | 8.00 | 64 000.00 | 13% | 8 320.00 |
| 合计 | | | | | ¥180 000.00 | | ¥23 400.00 |
| 价税合计（大写） | ⊗贰拾万叁仟肆佰元整 | | | | （小写）¥203 400.00 | | |

| 销售方 | 名　　称：九江塑电科技有限公司<br>纳税人识别号：110114745862892003<br>地 址、电 话：江西省九江市开发区九瑞大道96号0792-88573212<br>开户行及账号：中国工商银行九江分行1507000283627392712 | 备注 | 九江塑电科技有限公司<br>110114745862892003<br>发票专用章 |
|---|---|---|---|

收款人：江义　　复核：江山　　开票人：张兰　　销售方：（章）

第三联：发票联　购买方记账凭证

原始凭证27-2

1100153130　　**江西增值税专用发票**　　№62455710

发　票　联

机器编号：499910936509　　开票日期：2021年12月07日

| 购买方 | 名　　称：北京新锐电器有限公司<br>纳税人识别号：110114745862904015<br>地 址、电 话：北京市昌平区光明路16号010-26674938<br>开户行及账号：中国工商银行北京市分行昌平支行0200000283627392724 | 密码区 | 035926>3>2<0230937-8>1*26906<br>374*91/- +588247>>/*6+>-89233<br>785926>3>2<0230937*57+89>097<br>4/ 737-++690195*6067//42+2-72 |
|---|---|---|---|

| 货物或应税劳务、服务名称 | 规格型号 | 单位 | 数量 | 单价 | 金额 | 税率 | 税额 |
|---|---|---|---|---|---|---|---|
| *家用电器配件*轻巧、经典型底座 | | 件 | 7 480.00 | 20.00 | 149 600.00 | 13% | 19 448.00 |
| *家用电器配件*豪华型底座 | | 件 | 680.00 | 35.00 | 23 800.00 | 13% | 3 094.00 |
| *家用电器配件*轻巧、经典型加热底盘 | | 件 | 5 100.00 | 12.00 | 61 200.00 | 13% | 7 956.00 |
| *家用电器配件*豪华型底座加热底盘 | | 件 | 425.00 | 18.00 | 7 650.00 | 13% | 994.50 |
| *家用电器配件*轻巧型辅材套件 | | 套 | 5 100.00 | 4.00 | 20 400.00 | 13% | 2 652.00 |
| *家用电器配件*经典型辅材套件 | | 套 | 2 380.00 | 4.50 | 10 710.00 | 13% | 1 392.30 |
| *家用电器配件*豪华型辅材套件 | | 套 | 4 000.00 | 5.00 | 20 000.00 | 13% | 2 600.00 |
| 合计 | | | | | ¥293 360.00 | | ¥38 136.80 |
| 价税合计（大写） | ⊗叁拾叁万壹仟肆佰玖拾陆元捌角整 | | | | （小写）¥331 496.80 | | |

| 销售方 | 名　　称：九江塑电科技有限公司<br>纳税人识别号：110114745862892003<br>地 址、电 话：江西省九江市开发区九瑞大道96号0792-88573212<br>开户行及账号：中国工商银行九江分行1507000283627392712 | 备注 | 九江塑电科技有限公司<br>110114745862892003<br>发票专用章 |
|---|---|---|---|

收款人：江义　　复核：江山　　开票人：张兰　　销售方：（章）

第三联：发票联　购买方记账凭证

业务28：2021年12月8日，企业向九江塑电科技有限公司购买的温控器、手柄、壶盖、壶底、加热底盘、套件验收入库。

原始凭证28-1

**采购入库单**

2021年12月08日　　　　编号：CG-0006

| 序号 | 名称 | 规格 | 单位 | 数量 | 供应商 |
|---|---|---|---|---|---|
| 1 | 国产温控器 | 国产BB3 | 件 | 600 | 九江塑电科技有限公司 |
| 2 | 进口温控器 | SKE903 | 件 | 500 | 九江塑电科技有限公司 |
| 3 | 轻巧型手柄 | 轻巧型：定制 | 件 | 4 000 | 九江塑电科技有限公司 |
| 4 | 经典型手柄 | 经典型：定制 | 件 | 2 000 | 九江塑电科技有限公司 |
| 5 | 豪华型手柄 | 豪华型：定制 | 件 | 500 | 九江塑电科技有限公司 |
| 6 | 轻巧、经典型壶盖 | 通用：定制 | 件 | 9 000 | 九江塑电科技有限公司 |
| 7 | 豪华型壶盖 | 豪华型：定制 | 件 | 8 000 | 九江塑电科技有限公司 |
| 8 | 轻巧、经典型底座 | 通用：定制 | 件 | 7 480 | 九江塑电科技有限公司 |
| 9 | 豪华型底座 | 豪华型：定制 | 件 | 680 | 九江塑电科技有限公司 |
| 10 | 轻巧、经典型加热底盘 | 通用：定制 | 件 | 5 100 | 九江塑电科技有限公司 |
| 11 | 豪华型加热底盘 | 豪华型：定制 | 件 | 425 | 九江塑电科技有限公司 |
| 12 | 轻巧型辅材套件 | 轻巧型：定制 | 套 | 5 100 | 九江塑电科技有限公司 |
| 13 | 经典型辅材套件 | 经典型：定制 | 套 | 2 380 | 九江塑电科技有限公司 |
| 14 | 豪华型辅材套件 | 豪华型：定制 | 套 | 4 000 | 九江塑电科技有限公司 |

第三联：财务部

制单：胡平　　　　复核：林瑞

## 技能点3　核算委托加工物资

### 一、实训目标

1. 能正确理解“委托加工物资”科目核算要点
2. 能正确描述委托加工物资业务的核算流程
3. 能正确进行委托加工物资业务的会计核算

### 二、实训材料

1. 领料单
2. 付款申请单
3. 增值税专用发票
4. 转账支票存根
5. 委托加工入库单

## 三、实训内容和步骤

### （一）发出材料

1.确认“委托加工物资”：按发给外单位委托加工的材料成本金额计量。

2.确认“原材料”：按照发给外单位委托加工领用的材料成本金额计量。

借：委托加工物资

　　贷：原材料

### （二）支付加工费和支付运杂费

1.确认“委托加工物资”：按委托加工时发生的加工费和运杂费总金额计量。

2.确认“应交税费——应交增值税（进项税额）”：按该委托加工物资加工取得的增值税专用发票的进项税额计量。

3.确认“应付账款/银行存款”：按照实际发生的金额计量。

借：委托加工物资

　　应交税费——应交增值税（进项税额）

　　贷：应付账款/银行存款

### （三）收回后作为原材料/库存商品/周转材料

1.确认“原材料/库存商品/周转材料”：委托加工物资加工完成并验收入库，按收回的实际成本计量。

2.确认“委托加工物资”：按照委托加工物资实际发生的金额结转。

借：原材料/库存商品/周转材料

　　贷：委托加工物资

## 四、实训注意事项

1.委托加工物资是指企业委托外单位加工的各种材料、商品等物资。与材料或商品销售不同，委托加工材料发出后，虽然其保管地点发生位移，但材料或商品仍属于企业存货范畴。经过加工，材料或商品不仅实物形态、性能和使用价值可能发生变化，加工过程中也要消耗其他材料，发生加工费、税费，导致被加工材料或商品的成本增加。

2.企业委托外单位加工物资的成本包括加工中实际耗用物资的成本、支付的加工费用及应负担的运杂费、支付的税费等。

3.委托加工物资也可以采用计划成本或售价进行核算，其方法与库存商品相关业务会计处理基本相同。

## 五、实训任务

业务29：2021年12月8日，企业领用夹具材料，委托北京有方加工厂加工周转材料（夹具）。

业务30：2021年12月8日，企业向北京有方加工厂支付加工费，以转账支票支付。

原始凭证29-1

## 领料单

领料部门：生产车间
用　　途：委托加工　　　　日期：2021年12月08日　　　　CL-0004号

| 材料 | | | 单位 | 数量 | | 成本 | | | | | | | | | | |
|---|---|---|---|---|---|---|---|---|---|---|---|---|---|---|---|---|
| | | | | | | 单价 | 总价 | | | | | | | | | |
| 编号 | 名称 | 规格 | | 请领 | 实发 | | 百 | 十 | 万 | 千 | 百 | 十 | 元 | 角 | 分 | 会计联 |
| 01 | 夹具材料 | | 件 | 100 | 100 | 32.6 | | | | 3 | 2 | 6 | 0 | 0 | 0 | |
| | | | | | | | | | | | | | | | | |
| | | | | | | | | | | | | | | | | |
| 合计 | | | | | | | | | | 3 | 2 | 6 | 0 | 0 | 0 | |

仓库保管员：胡平　　　　领料人：李丹丹　　　　记账：薛小双

原始凭证30-1

## 付款申请单

申请日期：2021年12月08日

| 申请部门 | 生产车间 | | | 申请人 | 李丹丹 |
|---|---|---|---|---|---|
| 申请事由 | 支付加工费 | | | | |
| 收款单位 | 北京有方加工厂 | | | 收款人 | 王兰 |
| 申请付款金额 | ¥2 825.00 | | | | |
| 付款方式 | ☐现 | ☑转 | ☐其他 | 大写 | 人民币贰仟捌佰贰拾伍元整 |
| 备注 | | | | | |

单位负责人 葛文学　　　　财务负责人 周　吉　　　　部门负责人 蔡浩民

原始凭证30-2

1100153130　　　　北京增值税专用发票　　　　№62452010

全国统一发票监制 北京市税务局

发　票　联

机器编号：499910936509　　　　开票日期：2021年12月08日

| 购买方 | 名　　称：北京新锐电器有限公司<br>纳税人识别号：110114745862904015<br>地 址 、电 话：北京市昌平区光明路16号010-26674938<br>开户行及账号：中国工商银行北京市分行昌平支行0200000283627392724 | 密码区 | 035926>3>2<0230937-8>1*26906<br>374*91/- +588247>>/*6+>-89233<br>785926>3>2<0230937*57+89>097<br>4/ 737-++690195*6067//42+2-72 |
|---|---|---|---|

| 货物或应税劳务、服务名称 | 规格型号 | 单位 | 数量 | 单价 | 金额 | 税率 | 税额 |
|---|---|---|---|---|---|---|---|
| *劳务*加工费 | | 次 | 1 | 2 500.00 | 2 500.00 | 13% | 325.00 |
| 合计 | | | | | ¥2 500.00 | | ¥325.00 |
| 价税合计（大写） | ⊗贰仟捌佰贰拾伍元整 | | | | （小写）¥2 825.00 | | |

| 销售方 | 名　　称：北京有方加工厂<br>纳税人识别号：110116547764887002<br>地 址 、电 话：北京市海淀区南方路372号010-27369777<br>开户行及账号：中国工商银行北京市分行昌平支行0200000286542876509 | 备注 | 北京有方加工厂 110116547764887002 发票专用章 |
|---|---|---|---|

第三联：发票联　购买方记账凭证

收款人：方义　　　　复核：方山　　　　开票人：唐伟　　　　销售方：（章）

原始凭证30-3

北京仲裁印刷有限公司 2020 年印制

中国工商银行
转账支票存根

$\frac{B}{0}\frac{0}{2}$ 90000007

附加信息

出票日期 2021 年 12 月 8 日

| | |
|---|---|
| 收款人：北京有方加工厂 | |
| 金　额：¥2 825.00 | |
| 用　途：支付加工费 | |

单位主管　　　会计

业务31：2021年12月9日，企业委托北京有方加工厂加工的周转材料（夹具）完工入库。

原始凭证31-1

委托加工入库单

2021 年 12 月 09 日　　　　编号：CG-0007

| 序号 | 名称 | 规格 | 单位 | 数量 | 单价 | 金额 | 供应商 |
|---|---|---|---|---|---|---|---|
| 1 | 夹具 | | 件 | 100 | 57.60 | 5 760 | 北京有方加工厂 |
| | | | | | | | |
| | | | | | | | |
| | | | | | | | |
| | | | | | | | |

第三联：财务部

制单：胡平　　　　复核：林瑞

## 技能点4　核算周转材料

### 一、实训目标

1. 能正确理解“周转材料”科目核算要点
2. 能正确描述周转材料业务的核算流程
3. 能正确进行周转材料业务的会计核算

## 二、实训材料

1.采购入库单

2.增值税专用发票

## 三、实训内容和步骤

### （一）购入周转材料

1.确认“周转材料”：按购买周转材料时的实际成本计量。

2.确认“应交税费——应交增值税（进项税额）”：按购买周转材料取得的增值税专用发票的进项税额计量。

3.确认“应付账款/银行存款”：按照实际发生的金额计量。

借：周转材料<br>
　　应交税费——应交增值税（进项税额）<br>
　　贷：应付账款/银行存款

### （二）生产领用周转材料

1.确认“生产成本/制造费用”等：按各部门领用周转材料时的实际成本计量。

2.确认“周转材料”：按各部门领用周转材料时的实际成本计量。

借：生产成本/制造费用等<br>
　　贷：周转材料

### （三）随同产品出售周转材料

1.确认“销售费用”：按随同商品出售不单独计价的周转材料的实际成本计量。

2.确认“其他业务成本”：按随同商品出售单独计价的周转材料的实际成本计量。

3.确认“周转材料”：按各部门领用周转材料时的实际成本计量。

借：销售费用<br>
　　其他业务成本<br>
　　贷：周转材料

### （四）出租或出借周转材料

1.确认“销售费用”：按出借周转材料的实际成本计量。

2.确认“其他业务成本”：按出租周转材料的实际成本计量。

3.确认“周转材料”：按各部门领用周转材料时的实际成本计量。

借：销售费用<br>
　　其他业务成本<br>
　　贷：周转材料

## 四、实训注意事项

1.周转材料，是指企业能够多次使用、逐渐转移其价值但仍保持原有形态不确认为固定资产的材料，包括包装物、低值易耗品，以及建造承包商的钢模板、木模板、脚手架等。

2.包装物是指为包装产品而储备的各种包装容器，如桶、箱、瓶、坛、袋等用于储存和保管产品的材料。作为存货核算的低值易耗品，通常划分为一般工具、专业工具、替换设备、管理用具、劳动保护用品和其他用品等。

## 五、实训任务

业务 32：2021 年 12 月 9 日，企业向北京超越设备有限公司购买模具若干，材料已经验收入库，货款暂欠。

原始凭证32-1

1100153130　　**北京增值税专用发票**　　№62452039

（全国统一发票监制章 北京市税务局）

发　票　联

机器编号：499910936509　　开票日期：2021年12月09日

| 购买方 | | 密码区 | |
|---|---|---|---|
| 名　　称：北京新锐电器有限公司 | | 035926>3>2<0230937-8>1*26906 | |
| 纳税人识别号：110114745862904015 | | 374*91/- +588247>>/*6+>-89233 | |
| 地 址 、电 话：北京市昌平区光明路16号010-26674938 | | 785926>3>2<0230937*57+89>097 | |
| 开户行及账号：中国工商银行北京市分行昌平支行0200000283627392724 | | 4/ 737-++690195*6067//42+2-72 | |

| 货物或应税劳务、服务名称 | 规格型号 | 单位 | 数量 | 单价 | 金额 | 税率 | 税额 |
|---|---|---|---|---|---|---|---|
| *模具*金属模具 | | 个 | 100 | 500.00 | 50 000.00 | 13% | 6 500.00 |
| 合计 | | | | | ￥50 000.00 | | ￥6 500.00 |
| 价税合计（大写） | ⊗伍万陆仟伍佰元整 | | | | （小写）￥56 500.00 | | |

| 销售方 | 备注 |
|---|---|
| 名　　称：北京超越设备有限公司 | （北京超越设备有限公司 110114745862342568 发票专用章） |
| 纳税人识别号：110114745862342568 | |
| 地 址 、电 话：北京市海淀区清华路23号010-28794872 | |
| 开户行及账号：中国工商银行北京市分行昌平支行0200000345432123499 | |

收款人：超义　　复核：超山　　开票人：郭云　　销售方：（章）

第三联：发票联　购买方记账凭证

原始凭证32-2

**采购入库单**

2021 年 12 月 09 日　　编号：CG-0008

| 序号 | 名称 | 规格 | 单位 | 数量 | 供应商 |
|---|---|---|---|---|---|
| 1 | 模具 | | 个 | 100 | 北京超越设备有限公司 |
| | | | | | |
| | | | | | |
| | | | | | |

第三联：财务部

制单：胡平　　复核：林瑞

业务33：2021年12月9日，企业向河北尚嘉纸制品有限公司购买纸箱，材料已经验收入库，货款暂欠。

原始凭证33-1

1100153130　　**河北增值税专用发票**　　№62452039

发　票　联

机器编号：499910936509　　开票日期：2021年12月09日

| 购买方 | |
|---|---|
| 名　　称 | 北京新锐电器有限公司 |
| 纳税人识别号 | 110114745862904015 |
| 地址、电话 | 北京市昌平区光明路16号010-26674938 |
| 开户行及账号 | 中国工商银行北京市分行昌平支行020000283627392724 |

密码区：

035926>3>2<0230937-8>1*26906
374*91/- +588247>>/*6+>-89233
785926>3>2<0230937*57+89>097
4/737-++690195*6067//42+2-72

| 货物或应税劳务、服务名称 | 规格型号 | 单位 | 数量 | 单价 | 金额 | 税率 | 税额 |
|---|---|---|---|---|---|---|---|
| *纸制品*纸箱 | | 个 | 63 238 | 1.00 | 63 238.00 | 13% | 8 220.94 |
| 合计 | | | | | ￥63 238.00 | | ￥8 220.94 |
| 价税合计（大写） | ⊗柒万壹仟肆佰伍拾捌元玖角肆分 | | | | （小写）￥71 458.94 | | |

| 销售方 | |
|---|---|
| 名　　称 | 河北尚嘉纸制品有限公司 |
| 纳税人识别号 | 110114745862894005 |
| 地址、电话 | 河北省石家庄市槐安路60号0310-82376884 |
| 开户行及账号 | 中国工商银行河北分行0402000283627392714 |

备注：河北尚嘉纸制品有限公司 110114745862894005 发票专用章

收款人：尚义　　复核：尚山　　开票人：王大有　　销售方：（章）

第三联：发票联　购买方记账凭证

原始凭证33-2

**采购入库单**

2021年12月09日　　编号：CG-0009

| 序号 | 名称 | 规格 | 单位 | 数量 | 供应商 |
|---|---|---|---|---|---|
| 1 | 纸箱 | | 个 | 63 238 | 河北尚嘉纸制品有限公司 |
| | | | | | |
| | | | | | |
| | | | | | |

制单：胡平　　复核：林瑞

第三联：财务部

## 技能点5 核算库存商品

### 一、实训目标

1.能正确理解“库存商品”科目核算要点
2.能正确描述库存商品业务的核算流程
3.能正确进行库存商品业务的会计核算

### 二、实训材料

产品入库单

### 三、实训内容和步骤

#### （一）库存商品完工入库

1.确认“库存商品”：按企业自制产品生产完工并验收入库的实际成本计量。
2.确认“生产成本”：按企业自制产品生产完工并验收入库的实际成本计量。
借：库存商品
　　贷：生产成本

#### （二）库存商品销售出库

1.确认“主营业务成本”：按企业销售发出产品的实际成本计量。
2.确认“库存商品”：按企业销售发出产品的实际成本计量。
借：主营业务成本
　　贷：库存商品

### 四、实训注意事项

1.仓库保管部门要依据商品出库凭证（发货单）发出商品，商品出库凭证一般由销售部门或领用部门填制。商品出库凭证一式多联，一联由填制部门留存，一联作为仓库的发货凭证并登记保管账，一联送会计部门作为核算的依据。仓库按库存商品的品种、规格设置一套数量明细账，由仓库保管员根据库存商品的出、入库凭证逐笔登记数量，并及时结算其结存余额。

2.企业一般在月末计算产品成本，所以，平时只在“库存商品明细账”上登记库存产品的收入、发出和结存数量，期末才能计算出完工入库产品成本并登记入账。为了加强对完工入库产品的管理，及时办理产品入库手续并登记入账，企业应在仓库和会计部门各设一套明细账。

### 五、实训任务

业务34：2021年12月10日，企业一批电热水壶生产完工，验收入库。

原始凭证34-1

产品入库单

2021 年 12 月 10 日　　　　编号：SC-00001

| 序号 | 名称 | 规格 | 单位 | 数量 | 备注 |
|---|---|---|---|---|---|
| 1 | 轻巧型电热水壶 | 轻巧型 | 个 | 19 792 | |
| 2 | 经典型电热水壶 | 经典型 | 个 | 10 784 | |
| 3 | 豪华型电热水壶 | 豪华型 | 个 | 2 000 | |
| | | | | | |
| | | | | | |

第三联：财务部

制单：胡平　　　　复核：林瑞

# 任务四　核算交易性金融资产

## 一、实训目标

1. 能正确理解“交易性金融资产”科目核算要点
2. 能正确描述交易性金融资产业务的核算流程
3. 能正确进行交易性金融资产业务的会计核算

## 二、实训材料

1. 公司董事会决议
2. 证券公司买入交割单
3. 证券公司卖出交割单

## 三、实训内容和步骤

### （一）取得交易性金融资产

1. 确认“交易性金融资产——成本”：按该金融资产取得日的公允价值计量。

2. 确认“应收利息”或“应收股利”：按已到付息期但尚未领取的利息或已宣告但尚未发放的现金股利计量。

3. 确认“投资收益”：按照发生的交易费用冲减。

4. 确认“应交税费——应交增值税（进项税额）”：若发生交易费用取得增值税专用发票的，按其注明的增值税进项税额计量。

5. 确认“银行存款”或“其他货币资金”：按照实际支付的金额计量。

借：交易性金融资产——成本

　　应收股利（或应收利息）

　　应交税费——应交增值税（进项税额）

　　投资收益

贷：银行存款（或其他货币资金）

### （二）持有期间宣告发放现金股利或确认利息

1.确认“应收股利”或“应收利息”：按照交易性金融资产在持有期间被投资单位宣告发放的现金股利，或已到付息期应领未领的利息计量。

2.确认“投资收益”：按照宣告发放的现金股利或利息计量。

借：应收股利（或应收利息）

贷：投资收益

### （三）持有期间收到现金股利或利息

1.确认“银行存款”或“其他货币资金”：按照收到的现金股利或利息计量。

2.确认“应收股利”或“应收利息”：按已收到的现金股利或利息冲减。

借：银行存款（或其他货币资金）

贷：应收股利（或应收利息）

### （四）期末公允价值变动

1.确认“交易性金融资产——公允价值变动”：按照交易性金融资产公允价值高于其账面余额的差额记入借方；按照交易性金融资产公允价值低于其账面余额的差额记入贷方。

2.确认“公允价值变动损益”：按照交易性金融资产公允价值高于其账面余额的差额记入贷方；按照交易性金融资产公允价值低于其账面余额的差额记入借方。

公允价值高于其账面余额时：

借：交易性金融资产——公允价值变动

贷：公允价值变动损益

公允价值低于其账面余额时：

借：公允价值变动损益

贷：交易性金融资产——公允价值变动

### （五）出售交易性金融资产

1.确认“银行存款”或“其他货币资金”：按实际收到的金额计量。

2.确认“交易性金融资产——成本”：按该交易性金融资产的初始成本冲减。

3.确认“交易性金融资产——公允价值变动”：按照该交易性金融资产公允价值变动部分记入借方或贷方。

4.确认“投资收益”：按其差额记入借方或贷方。

借：银行存款（或其他货币资金）

贷：交易性金融资产——成本

——公允价值变动（或借方）

投资收益（或借方）

### （六）转让金融商品应交增值税

1.确认“投资收益”：转让金融商品当月月末，如产生转让收益，按应纳税额记入借方；如产生转让损失，则按可结转下月抵扣税额记入贷方。

2.确认“应交税费——转让金融商品应交增值税”：如产生转让收益，按应纳税额记入贷方；如产生转让损失，则按可结转下月抵扣税额记入借方。

产生转让收益：

借：投资收益

　　贷：应交税费——转让金融商品应交增值税

产生转让损失：

借：应交税费——转让金融商品应交增值税

　　贷：投资收益

## 四、实训注意事项

1. 以公允价值计量且其变动计入当期损益的金融资产称为“交易性金融资产”，指企业为近期出售而持有的金融资产，包括以赚取差价为目的从二级市场购入的股票、债券、基金等。

2. 企业对交易性金融资产进行账务处理时，要充分评估交易性金融资产与其所在的金融市场的关联度，对交易性金融资产所进行的会计处理过程和结果要能充分反映金融市场相关变量的变化对交易性金融资产价值的影响，进而反映出对企业财务状况和经营成果的影响。

3. 转让金融商品应交增值税计算公式为：

$$\text{转让金融商品应交增值税}=\frac{\text{卖出价}-\text{买入价}}{1+6\%}\times 6\%$$

其中，买入价不需要扣除已宣告但尚未发放的现金股利或已到付息期但尚未领取的利息。

## 五、实训任务

业务35：2021年12月10日，企业召开董事会决议，审议通过以不高于19.50元/股的价格购入上汽集团30 000股的股票，作为以公允价值计量且其变动计入当期损益的金融资产。

原始凭证35-1

**北京新锐电器有限公司董事会决议**

本公司董事会于2021年12月10日在公司会议室召开了第一届董事会第四次会议，会议由董事长葛文学主持。会议应到董事7人，实到7人。会议的召开符合有关法律及《公司章程》的规定。监事及其他高层管理人员列席了会议，会议审议并通过了以下决议。

该议案7票赞成，0票反对，0票弃权。

董事会决议：

1. 授权总经理组织投资部、财务部等部门于近期通过证券市场以不高于19.50元/股的价格购入上汽集团（600104）股票30 000股。购入的上汽集团股票作为以公允价值计量且其变动计入当期损益的金融资产。

……

北京新锐电器有限公司董事会

2021年12月10日（盖章）

原始凭证35-2

## 股票交割单

| | |
|---|---|
| 营业部名：华泰证券有限责任公司 | 发生日期：20211210 |
| 股东名称：北京新锐电器有限公司 | 买卖标志：买入 |
| 股东代码：A530097808 | 证券代码：600104 |
| 席位代码：30948 | 证券名称：上汽集团 |
| 委托编号：3552 | 成交数量：30 000 |
| 成交编号：1493794 | 成交价格：19.40 |
| | 成交金额：582 000 |
| | 标准佣金：58.20 |
| | 印花税：0.00 |
| | 过户费：8.00 |
| | 其他费：0.00 |
| | 发生金额：−582 066.2 |
| | 证券数量：30 000 |

业务36：2021年12月10日，企业召开董事会决议，审议通过以不低于5.50元/股的价格出售中国石油20万股的股票。

原始凭证36-1

## 北京新锐电器有限公司董事会决议

本公司董事会于2021年12月10日在公司会议室召开了第一届董事会第四次会议，会议由董事长葛文学主持。会议应到董事7人，实到7人。会议的召开符合有关法律及《公司章程》的规定。监事及其他高层管理人员列席了会议，会议审议并通过了以下决议。

该议案7票赞成，0票反对，0票弃权。

董事会决议：

……

2.授权总经理组织投资部、财务部等部门于近期通过证券市场以不低于5.50元/股的价格出售中国石油（601857）股票20万股。

……

北京新锐电器有限公司董事会

2021年12月10日（盖章）

原始凭证36-2

**股票交割单**

| | |
|---|---|
| 营业部名：华泰证券有限责任公司 | 发生日期：20211210 |
| 股东名称：北京新锐电器有限公司 | 买卖标志：卖出 |
| 股东代码：A530097808 | 证券代码：601857 |
| 席位代码：30948 | 证券名称：中国石油 |
| 委托编号：38341 | 成交数量：200 000 |
| 成交编号：1345253 | 成交价格：5.50 |
| | 成交金额：1 100 000 |
| | 标准佣金：110 |
| | 印花税：0.00 |
| | 过户费：15.00 |
| | 其他费：0.00 |
| | 发生金额：1 099 875 |
| | 证券数量：0 |

# 任务五　核算长期股权投资

## 技能点1　核算长期股权投资(成本法)

### 一、实训目标

1.能正确理解成本法下“长期股权投资”科目核算要点
2.能正确描述成本法下长期股权投资的核算流程
3.能正确进行成本法下长期股权投资业务的会计核算

### 二、实训材料

1.公司董事会决议
2.证券公司卖出交割单

### 三、实训内容和步骤

#### （一）取得长期股权投资

**1.同一控制下合并方以支付现金、转让非现金资产或承担债务方式作为合并对价**

（1）确认“长期股权投资”：按照被合并方所有者权益在最终控制方合并财务报表中的账面价值的份额作为初始投资成本计量。

（2）确认“应收股利”：按照应享有被合并方已宣告但尚未发放的现金股利或利润计量。

（3）确认“盈余公积/未分配利润”：若资本公积不足以冲减初始投资成本与支付对价账面价值的差额，按不足部分计量。

（4）确认“银行存款/原材料/应交税费”等：按照实际支付对价的账面价值计量。

（5）确认“资本公积——资本溢价/股本溢价”：按照初始投资成本与支付对价账面价值之间的差额计量。

借：长期股权投资（被合并方所有者权益账面价值的份额）

　　应收股利

　　盈余公积/未分配利润

　　贷：银行存款/原材料/应交税费等

　　　　资本公积——资本溢价/股本溢价（或借记）

**2.同一控制下合并方以发行权益性证券作为合并对价**

（1）确认“长期股权投资”：按照被合并方所有者权益在最终控制方合并财务报表中的账面价值的份额作为初始投资成本计量。

（2）确认“应收股利”：按照应享有被合并方已宣告但尚未发放的现金股利或利润计量。

（3）确认“盈余公积/未分配利润”：若资本公积不足以冲减初始投资成本与支付对价账面价值的差额，按不足部分计量。

（4）确认“实收资本/股本”：按照合并方发行股票数乘以票面值的金额计量。

（5）确认“资本公积——资本溢价/股本溢价”：按照初始投资成本与发行股票面值总额之间的差额计量。

**3.非同一控制下控股合并形成长期股权投资**

（1）确认“长期股权投资”：按照确定的企业合并成本作为初始投资成本计量，企业合并成本主要包括购买方为进行企业合并支付的现金或非现金资产、发行或承担的债务、发行的权益性证券等在购买日的公允价值。

（2）确认“应收股利”：按照应享有被合并方已宣告但尚未发放的现金股利或利润计量。

（3）确认“银行存款”等：按照实际支付的金额计量。

（4）确认“管理费用”：按照购买过程中产生的佣金、手续费等直接费用（不包括发行权益性证券的相关费用）计量。

（5）确认“银行存款”：按照实际支付的金额计量。

借：长期股权投资

　　应收股利

　　贷：银行存款等

发生的直接相关费用：

借：管理费用

　　贷：银行存款

### （二）长期股权投资持有期间的核算

**1.持有期间宣告发放现金股利或利润**

（1）确认“应收股利”：按照被投资单位宣告的现金股利或利润中投资单位应享有的份额计量。

（2）确认“投资收益”：按照投资单位应享有的份额计量。

借：应收股利

　　贷：投资收益

**2.收到现金股利或利润**

（1）确认“银行存款”：按照实际收到的金额计量。

（2）确认“应收股利”：按照被投资单位确认的应收股利金额计量。

借：银行存款

　　贷：应收股利

**3.资产负债表日发生减值**

（1）确认“资产减值损失”：按照可收回金额低于长期股权投资账面价值的差额计量。

（2）确认“长期股权投资减值准备”：按照可收回金额低于长期股权投资账面价值的差额计量。

借：资产减值损失

　　贷：长期股权投资减值准备

### （三）处置长期股权投资

1.确认“银行存款”：按照实际收到的价款计量。

2.确认“长期股权投资”：按照处置的长期股权投资的账面价值计量。

3.确认“投资收益”：按照实际收到的价款与长期股权投资的账面价值之间的差额计量，或在借方。

借：银行存款

　　贷：长期股权投资

　　　　投资收益（或借记）

## 四、实训注意事项

1.根据《企业会计准则第2号——长期股权投资》第七条的规定，投资方能够对被投资单位实施控制的长期股权投资应当采用成本法核算。控制是指投资方拥有对被投资方的权力，通过参与被投资方的相关活动而享有可变回报，并且有能力运用对被投资方的权力影响其回报金额。

2.投资成本中包含的已宣告但尚未发放的现金股利或利润对于投资方而言并不是投资，因为一般情况下已宣告但尚未发放的现金股利或利润会在很短时期内以现金的方式流入投资企业，从经济意义上来说，它属于垫付性质的资金，不具备投资所固有的风险性和收益性。

## 五、实训任务

业务37：2021年12月10日，企业召开董事会决议，审议通过出售全部久远互联网软件公司股份，于12月11日出售300万股。

原始凭证37-1

**北京新锐电器有限公司董事会决议（部分）**

本公司董事会于2021年12月10日在公司会议室召开了第一届董事会第四次会议，会议由董事长葛文学主持。会议应到董事7人，实到7人。会议的召开符合有关法律及《公司章程》的规定。监事及其他高层管理人员列席了会议，会议审议并通过了以下决议。

该议案7票赞成，0票反对，0票弃权。

董事会决议：

……

3.授权总经理组织投资部、财务部等部门于近期通过公开市场出售久远互联网软件公司股份300万股。

……

北京新锐电器有限公司董事会

2021年12月10日（盖章）

原始凭证37-2

**股票交割单**

| | |
|---|---|
| 营业部名：华泰证券有限责任公司 | 发生日期：20211210 |
| 股东名称：北京新锐电器有限公司 | 买卖标志：卖出 |
| 股东代码：A530097808 | 证券代码：60065* |
| 席位代码：30948 | 证券名称：久远软件 |
| 委托编号：3553 | 成交数量：3 000 000 |
| 成交编号：2593183 | 成交价格：3.27 |
| | 成交金额：9 810 000 |
| | 标准佣金：981 |
| | 印花税：0.00 |
| | 过户费：135 |
| | 其他费：0.00 |
| | 发生金额：9 808 884 |
| | 本次余股：0 |

## 技能点2　核算长期股权投资（权益法）

### 一、实训目标

1.能正确理解权益法下“长期股权投资”明细科目核算要点
2.能正确描述权益法下长期股权投资的核算流程
3.能正确进行权益法下长期股权投资业务的会计核算

### 二、实训材料

1.公司董事会决议
2.股票交割单
3.付款申请单
4.应收现金股利计算表

### 三、实训内容和步骤

#### （一）取得长期股权投资

**1.通过库存现金、银行存款等货币性资产购入的长期股权投资**

（1）确认“长期股权投资”：按照实际支付的价款作为初始投资成本计量，包括购买价款、相关税费及其他必要支出。

（2）确认“应收股利”：按照应享有被投资单位已宣告但尚未发放的现金股利计量。

（3）确认“银行存款”等：按照实际支付的价款计量。

借：长期股权投资
　　应收股利
　　贷：银行存款

**2.通过发行权益性证券取得的长期股权投资**

（1）确认“长期股权投资”：按照发行权益性证券的公允价值作为初始投资成本计量，但是不包括被投资单位已宣告但尚未发放的现金股利。

（2）确认“实收资本/股本”：按照权益性证券的面值计量。

（3）确认“资本公积”等：按照权益性证券的公允价值与其面值之间的差额计量。

借：长期股权投资
　　贷：实收资本/股本
　　　　资本公积——资本溢价/股本溢价

**3.发行权益性证券相关的税费及其他手续费、佣金等费用**

（1）确认“资本公积”：按照发行权益性证券税费及其他手续费、佣金等费用计量。

（2）确认“银行存款”等：按照实际支付的价款计量。

借：资本公积——资本溢价/股本溢价

贷：银行存款

### （二）初始投资成本的调整

1.如果投资方长期股权投资的初始投资成本大于投资时应享有被投资单位可辨认净资产公允价值份额，不需要对长期股权投资的账面价值进行调整。

2.如果投资方长期股权投资的初始投资成本小于投资时应享有被投资单位可辨认净资产公允价值份额时：

（1）确认“长期股权投资——投资成本”：按照初始投资成本小于投资时应享有被投资单位可辨认净资产公允价值份额的差额计量。

（2）确认“营业外收入”：按照两者的差额计量。

借：长期股权投资——投资成本

贷：营业外收入

### （三）被投资单位实现净损益时

1.确认“长期股权投资——损益调整”：按照应享有的被投资单位实现的净利润的份额计量。

2.确认“投资收益”：按照应享有的被投资单位实现的净利润的份额计量。

借：长期股权投资——损益调整

贷：投资收益

（亏损编制相反的分录）

### （四）被投资单位其他综合收益发生变动时

1.确认“长期股权投资——其他综合收益”：按照应享有被投资单位增加的其他综合收益的份额计量。

2.确认“其他综合收益”：按照应享有被投资单位增加的其他综合收益的份额计量。

借：长期股权投资——其他综合收益

贷：其他综合收益

（被投资单位其他综合收益减少编制相反的分录）

### （五）持有期间被投资单位宣告发放现金股利

1.确认“应收股利”：按照被投资单位宣告发放的现金股利或利润中投资单位应享有的份额计量。

2.确认“长期股权投资——损益调整”：按照投资单位应享有的份额计量。

借：应收股利

贷：长期股权投资——损益调整

### （六）被投资单位除净损益、其他综合收益和利润分配以外所有者权益发生变动

1.确认“长期股权投资——其他权益变动”：按照应享有被投资单位增加的其他权益的份额计量。

2. 确认"资本公积——其他资本公积"：按照应享有被投资单位增加的其他权益的份额计量。

借：长期股权投资——其他权益变动

　　贷：资本公积——其他资本公积

### （七）处置长期股权投资

1. 确认"银行存款"：按照实际收到的价款计量。

2. 确认"长期股权投资"：按照处置的长期股权投资的账面价值计量。

3. 确认"投资收益"：按照实际收到的价款与长期股权投资的账面价值之间的差额计量，或在借方。

4. 确认"资本公积——其他资本公积"：按照原计入资本公积的部分计量。

5. 确认"其他综合收益"：按照原计入其他综合收益的部分计量。

6. 确认"投资收益"：按照原计入资本公积和其他综合收益的部分计量。

借：银行存款

　　贷：长期股权投资——投资成本

　　　　　　　　　　——损益调整（或借记）

　　　　　　　　　　——其他权益变动（或借记）

　　　　　　　　　　——其他综合收益（或借记）

　　　　投资收益（或借记）

同时（或做相反分录）：

借：资本公积——其他资本公积

　　其他综合收益

　　贷：投资收益

## 四、实训注意事项

1. 根据《企业会计准则第2号——长期股权投资》第九条的规定，投资方对联营企业和合营企业的长期股权投资，应当采用权益法核算，即投资方对被投资方具有重大影响或共同控制的长期股权投资，应当采用权益法核算。

2. 共同控制是指对某项安排所共有的控制，该安排的相关活动必须经过分享控制权的参与方一致同意后才能决策。投资方对被投资方有重大影响是指投资方有参与被投资方财务与经营政策制定的权力，但是投资方不能单独或通过与其他方合作共同控制这些财务与经营政策的制定的情形。

3. 权益法下投资方长期股权投资的账面价值始终要与被投资单位的所有者权益保持联动。权益法的核心在于：投资方长期股权投资的账面价值=被投资单位可辨认净资产的公允价值×持股比例。任何影响被投资单位所有者权益的交易或事项都会对投资方的长期股权投资产生影响。

## 五、实训任务

业务38：2021年12月11日，企业根据业务拓展需要，取得北京卓远科技有限公司

30%的股权，参与卓远科技公司的财务与经营政策的制定，对该公司具有重大影响。北京卓远科技有限公司可辨认净资产公允价值为2 900万元。

原始凭证38-1

## 北京新锐电器有限公司董事会决议（部分）

本公司董事会于2021年12月10日在公司会议室召开了第一届董事会第四次会议，会议由董事长葛文学主持。会议应到董事7人，实到7人。会议的召开符合有关法律及《公司章程》的规定。监事及其他高层管理人员列席了会议，会议审议并通过了以下决议。

该议案7票赞成，0票反对，0票弃权。

董事会决议：

……

4. 充分论证之后，在遵循公司对外投资内部控制有关制度的前提下，经投资部门购买北京卓远科技有限公司股票200万股，占其总股份的30%。

5. 本公司购买北京卓远科技有限公司股票符合公司多元化发展战略，公司决定长期持有该公司股份。

……

北京新锐电器有限公司董事会

2021年12月10日（盖章）

经济业务38-2

## 付款申请单

申请日期：2021年12月11日

| | | | | | |
|---|---|---|---|---|---|
| 申请部门 | 财务部 | | | 申请人 | 薛小双 |
| 申请事由 | 通过证券市场购买北京卓远科技有限公司股票200万股 | | | | |
| 收款单位 | 华泰证券有限责任公司 | | | 收款人 | |
| 申请付款金额 | ￥8 032 000.00 | | | | |
| 付款方式 | □现 | ☑转 | □其他 | 大写 | 人民币捌佰零叁万贰仟元整 |
| 备注 | | | | | |

单位负责人 葛文学　　财务负责人 周　吉　　部门负责人 周　吉

原始凭证38-3

**股票交割单**

| | |
|---|---|
| 营业部名：华泰证券有限责任公司 | 发生日期：20211211 |
| 股东名称：北京新锐电器有限公司 | 买卖标志：买入 |
| 股东代码：A530097808 | 证券代码：60032* |
| 席位代码：30948 | 证券名称：卓远科技 |
| 委托编号：1053 | 成交数量：2 000 000 |
| 成交编号：1093160 | 成交价格：4.00 |
| | 成交金额：8 000 000 |
| | 标准佣金：24 000.00 |
| | 印花税：0.00 |
| | 过户费：8 000.00 |
| | 其他费：0.00 |
| | 发生金额：8 032 000.00 |
| | 本次余股：2 000 000 |

业务39：2021年12月12日，北京卓远科技有限公司宣告发放现金股利0.06元/股。

原始凭证39-1

**长期股权投资应收现金股利计算表**

2021年12月12日

| 长期股权投资 | 购入日期 | 持股数量（股） | 持股比例 | 每股现金股利（元/股） | 应收现金股利合计（元） | 股利发放时间 |
|---|---|---|---|---|---|---|
| 卓远科技 | 2021.12.11 | 2 000 000 | 30% | 0.06 | 120 000 | 2022.1.12 |
| | | | | | | |

# 任务六　核算固定资产及在建工程

## 技能点1　核算固定资产

### 一、实训目标

1. 能正确理解“固定资产”科目核算要点
2. 能正确描述固定资产的核算流程

3.能正确进行外购不需要安装的固定资产业务的会计核算

## 二、实训材料

1.增值税专用发票
2.付款申请单
3.转账支票存根
4.固定资产验收单

## 三、实训内容和步骤

### （一）外购固定资产

1.确认“固定资产”：按照外购固定资产的实际成本计量，包括实际支付的购买价款、相关税费、使固定资产达到预定可使用状态前发生的可归属于该项资产的运输费、装卸费、安装费和专业人员服务费等。

2.确认“应交税费——应交增值税（进项税额）”：按照取得增值税专用发票上注明的可抵扣的进项税额计量。

3.确认“银行存款/应付账款/应付票据”等：按照实际支付、应付或签发的商业汇票金额计量。

借：固定资产
　　应交税费——应交增值税（进项税额）
　　贷：银行存款/应付账款/应付票据等

### （二）固定资产计提折旧

1.确认“制造费用/管理费用/销售费用”等：根据各部门固定资产计提的折旧金额计量。

2.确认“累计折旧”：按固定资产计提的折旧金额计量。

借：制造费用/管理费用/销售费用等
　　贷：累计折旧

## 四、实训注意事项

1.企业取得固定资产的方式一般包括购买、自行建造等，取得方式不同，初始计量的方法也各不相同。

2.临时经营租入的固定资产，应当另设备查簿登记，不在“固定资产”账户核算。

3.在实际工作中，企业可能以一笔款项购入多项没有单独标价的固定资产。此时，应当按照各项固定资产的公允价值比例对总成本进行分配，分别确定各项固定资产的成本。

4.企业由于安全或环保的要求购入设备等，虽然不能直接给企业带来未来经济利益，但有助于企业从其他相关资产的使用中获得未来经济利益或者获得更多的未来经济利益，也应确认为固定资产。

## 五、实训任务

业务40：2021年12月13日，企业向华美达科技有限公司购入切割机一台，已经验收入库，款项通过转账支票支付。

原始凭证40-1

**付款申请单**

申请日期：2021年12月13日

| | | | | |
|---|---|---|---|---|
| 申请部门 | 采购部 | | 申请人 | 张亮 |
| 申请事由 | 购买切割机 | | | |
| 收款单位 | 华美达科技有限公司 | | 收款人 | |
| 申请付款金额 | ￥14 690.00 | | | |
| 付款方式 | □现 | ☑转 | □其他 | 大写 | 人民币壹万肆仟陆佰玖拾元整 |
| 备注 | | | | |

单位负责人 葛文学　　财务负责人 周　吉　　部门负责人 蔡浩民

原始凭证40-2

1100153130　　**山东增值税专用发票**　　№539423518

发　票　联

机器编号：499910936509　　开票日期：2021年12月13日

| | | |
|---|---|---|
| 购买方 | 名　　称：北京新锐电器有限公司<br>纳税人识别号：110114745862904015<br>地 址 、电 话：北京市昌平区光明路16号010-26674938<br>开户行及账号：中国工商银行北京市分行昌平支行0200000283627392724 | 密码区：035926>3>2<0230937-8>1*26906<br>374*91/- +588247>>/*6+>-89233<br>785926>3>2<0230937*57+89>097<br>4/737-++690195*6067//42+2-72 |

| 货物或应税劳务、服务名称 | 规格型号 | 单位 | 数量 | 单价 | 金额 | 税率 | 税额 |
|---|---|---|---|---|---|---|---|
| *机床*切割机 | A311 | 台 | 1 | 13 000.00 | 13 000.00 | 13% | 1 690.00 |
| 合计 | | | | | ￥13 000.00 | | ￥1 690.00 |
| 价税合计（大写） | ⊗壹万肆仟陆佰玖拾元整 | | | | （小写）￥14 690.00 | | |

| | | |
|---|---|---|
| 销售方 | 名　　称：华美达科技有限公司<br>纳税人识别号：210119345862892003<br>地 址 、电 话：山东省威海市文化西路245号0631-25732120<br>开户行及账号：中国工商银行文化西路分行1603000283627393603 | 备注 |

收款人：华义　　复核：华山　　开票人：张兰　　销售方：（章）

第三联：发票联　购买方记账凭证

原始凭证40-3

**固定资产交接（验收）单**

2021 年 12 月 13 日　　　　编号：00062

<table>
<tr><td>固定资产编号</td><td>名称</td><td>规格型号</td><td>单位</td><td>数量</td><td>来源</td><td colspan="2">建造单位</td><td>建造编号</td></tr>
<tr><td>200024</td><td>切割机</td><td>A311</td><td>台</td><td>1</td><td>外购</td><td colspan="2">华美达科技有限公司</td><td></td></tr>
<tr><td rowspan="2">总价（净值）</td><td>土建工程费</td><td>设备费</td><td>安装费</td><td>其他</td><td>合计</td><td>预计年限</td><td>月折旧率</td><td>净残值率</td></tr>
<tr><td></td><td>13 000.00</td><td></td><td></td><td>13 000.00</td><td>10</td><td>0.7917%</td><td>5%</td></tr>
<tr><td>验收及管理部门</td><td>生产车间</td><td colspan="2">验收人员</td><td colspan="2">沈运</td><td colspan="2">管理人员</td><td>李丹丹</td></tr>
<tr><td>备注</td><td colspan="8"></td></tr>
</table>

审核：黄杰　　　　制单：严格物

原始凭证40-4

北京仲裁印刷有限公司 2020 年印制

**中国工商银行**
**转账支票存根**

$\frac{B\ 0}{0\ 2}$ 90000008

附加信息

出票日期 2021 年 12 月 13 日

| | |
|---|---|
| 收款人： | 华美达科技有限公司 |
| 金　额： | ￥14 690.00 |
| 用　途： | 购买切割机 |

单位主管　　　会计

## 技能点2　核算在建工程

### 一、实训目标

1. 能正确理解“在建工程”科目核算要点
2. 能正确描述在建工程的核算流程
3. 能正确进行在建工程业务的会计核算

## 二、实训材料

1.增值税专用发票
2.付款申请单
3.转账支票存根
4.固定资产验收单

## 三、实训内容和步骤

### （一）外购需安装的固定资产

1.确认“在建工程”：企业购入需要安装的固定资产时，按照购入固定资产时实际支付的买价、运输费、保险费等作为实际成本计量。

2.确认“应交税费——应交增值税（进项税额）”：按照取得增值税专用发票上注明的可抵扣的进项税额计量。

3.确认“银行存款/应付账款/应付票据”等：按照实际支付、应付或签发的商业汇票金额计量。

借：在建工程
　　应交税费——应交增值税（进项税额）
　　贷：银行存款/应付账款/应付票据等

### （二）为自营方式建造固定资产购入工程物资时

1.确认“工程物资”：企业为自营方式建造固定资产购入各种物资时按照实际支付的买价、运输费、保险费等作为实际成本计量。

2.确认“应交税费——应交增值税（进项税额）”：按照取得增值税专用发票上注明的可抵扣的进项税额计量。

3.确认“银行存款/应付账款/应付票据”等：按照实际支付、应付或签发的商业汇票金额计量。

借：工程物资
　　应交税费——应交增值税（进项税额）
　　贷：银行存款/应付账款/应付票据等

### （三）领用工程物资、原材料、计提职工薪酬或支付其他费用用于安装或建造固定资产时

1.确认“在建工程”：按照企业实际领用的工程物资成本、原材料成本、应支付的职工工资、支付的其他费用之和计量。

2.确认“工程物资/原材料/应付职工薪酬/银行存款”等：按照企业实际领用的工程物资成本、原材料成本、应支付的职工工资、支付的其他费用之和计量。

借：在建工程
　　贷：工程物资/原材料/应付职工薪酬/银行存款等

**（四）出包工程支付进度款时**

1.确认“在建工程”：企业根据合理估计的发包工程进度，按照合同规定向建造承包商结算的进度款计量。

2.确认“应交税费——应交增值税（进项税额）”：按照取得的增值税专用发票上注明的可抵扣的进项税额计量。

3.确认“银行存款”：按照实际支付的银行存款金额计量。

借：在建工程

　　应交税费——应交增值税（进项税额）

　　贷：银行存款

**（五）安装完毕或工程竣工（自营工程/出包工程），达到预计可使用状态时**

1.确认“固定资产”：按照该固定资产的入账价值计量。

2.确认“在建工程”等：按照该项固定资产的“在建工程”借方余额冲减计量。

借：固定资产

　　贷：在建工程

## 四、实训注意事项

1.“在建工程”账户核算企业基建、更新改造等在建工程发生的支出。其借方登记工程发生的实际支出；贷方结转完工工程的实际成本；期末余额在借方，反映企业期末尚未完工的工程发生的各项实际支出。

2.“在建工程”账户应设置“建筑工程”“安装工程”“技术改造工程”“大修理工程”“其他支出”等明细账户，进行明细分类核算。

## 五、实训任务

业务41：2021年12月13日，企业向铨力机械有限公司购入需要安装的机床一台，款项通过转账支票支付。

原始凭证41-1

**付款申请单**

申请日期：2021年12月13日

| | | | | | |
|---|---|---|---|---|---|
| 申请部门 | 采购部 | | | 申请人 | 张亮 |
| 申请事由 | 购买金属切削机床 | | | | |
| 收款单位 | 铨力机械有限公司 | | | 收款人 | 李一白 |
| 申请付款金额 | ￥79 100.00 | | | | |
| 付款方式 | □现 | ☑转 | □其他 | 大写 | 人民币柒万玖仟壹佰元整 |
| 备注 | | | | | |

单位负责人 葛文学　　财务负责人 周　吉　　部门负责人 蔡浩民

原始凭证41-2

1100153130　　**河北增值税专用发票**　　№609423519

发票联

机器编号：499910936509　　　　开票日期：2021年12月13日

| | | | | | | | | |
|---|---|---|---|---|---|---|---|---|
| 购买方 | 名　　称：北京新锐电器有限公司<br>纳税人识别号：110114745862904015<br>地址、电话：北京市昌平区光明路16号010-26674938<br>开户行及账号：中国工商银行北京市分行昌平支行0200000283627392724 | | | | | 密码区 | 035926>3>2<0230937-8>1*26906<br>374*91/- +588247>>/*6+>-89233<br>785926>3>2<0230937*57+89>097<br>4/737-++690195*6067//42+2-72 | |
| 货物或应税劳务、服务名称 | 规格型号 | 单位 | 数量 | 单价 | 金额 | 税率 | 税额 | |
| *机床*金属切削机床 | C401 | 台 | 1 | 70 000.00 | 70 000.00 | 13% | 9 100.00 | |
| 合计 | | | | | ¥70 000.00 | | ¥9 100.00 | |
| 价税合计（大写） | ⊗柒万玖仟壹佰元整 | | | | （小写）¥79 100.00 | | | |
| 销售方 | 名　　称：铨力机械有限公司<br>纳税人识别号：370600010143200327<br>地址、电话：石家庄市中山南路672号0311-25832126<br>开户行及账号：中国工商银行中山路分行1603000289000193251 | | | | | 备注 | 铨力机械有限公司<br>370600010143200327<br>发票专用章 | |

第三联：发票联　购买方记账凭证

收款人：力义　　复核：力山　　开票人：张兰　　销售方：（章）

原始凭证41-3

**中国工商银行**
**转账支票存根**

B 0 / 0 2　90000009

附加信息

出票日期　2021年12月13日

| | |
|---|---|
| 收款人： | 铨力机械有限公司 |
| 金　额： | ¥79 100.00 |
| 用　途： | 购买金属切削机床 |

单位主管　　　　会计

北京仲裁印制有限公司2020年印制

业务42：2021年12月13日，企业向利达安装公司支付安装费，通过转账支票支付。

原始凭证42-1

# 付款申请单

申请日期：2021年12月13日

| | | | | | |
|---|---|---|---|---|---|
| 申请部门 | 采购部 | | | 申请人 | 张亮 |
| 申请事由 | 支付金属切削机床安装款 | | | | |
| 收款单位 | 利达安装公司 | | | 收款人 | 黄贝 |
| 申请付款金额 | ¥1 199.00 | | | | |
| 付款方式 | □现 | ☑转 | □其他 | 大写 | 人民币壹仟壹佰玖拾玖元整 |
| 备注 | | | | | |

单位负责人 葛文学　　财务负责人 周 吉　　部门负责人 蔡浩民

原始凭证42-2

1100153130　　河北增值税专用发票　　№609423520

机器编号：499910936509　　发票联　　开票日期：2021年12月13日

| | | | | | | | |
|---|---|---|---|---|---|---|---|
| 购买方 | 名称：北京新锐电器有限公司<br>纳税人识别号：110114745862904015<br>地址、电话：北京市昌平区光明路16号010-26674938<br>开户行及账号：中国工商银行北京市分行昌平支行0200000283627392724 | | | | 密码区 | 035926>3>2<0230937-8>1*26906<br>374*91/- +588247>>/*6+>-89233<br>785926>3>2<0230937*57+89>097<br>4/ 737-++690195*6067//42+2-72 | |
| 货物或应税劳务、服务名称 | 规格型号 | 单位 | 数量 | 单价 | 金额 | 税率 | 税额 |
| *建筑服务*设备安装费 | C401 | 台 | 1 | 1 100.00 | 1 100.00 | 9% | 99.00 |
| 合计 | | | | | ¥1 100.00 | | ¥99.00 |
| 价税合计（大写） | ⊗壹仟壹佰玖拾玖元整 | | | | （小写）¥1 199.00 | | |
| 销售方 | 名称：利达安装公司<br>纳税人识别号：370600010154213564<br>地址、电话：石家庄市黄河路61号0311-87398490<br>开户行及账号：中国工商银行黄河路分行1603000289111193118 | | | | 备注 | 利达安装公司<br>370600010154213564<br>发票专用章 | |

收款人：利义　　复核：利山　　开票人：张 兰　　销售方：（章）

第三联：发票联　购买方记账凭证

原始凭证42-3

转账支票存根

北京仲裁印刷有限公司 2020 年印制

**中国工商银行**
**转账支票存根**

$\frac{B}{0}\frac{0}{2}$ 90000010

附加信息

出票日期 *2021 年 12 月 13 日*

| | |
|---|---|
| 收款人： | 利达安装公司 |
| 金　额： | ¥1 199.00 |
| 用　途： | 支付金属切削机床安装款 |

单位主管　　　　会计

业务43：2021年12月14日，机床安装完工，交付使用。

原始凭证43-1

**固定资产交接（验收）单**

2021年12月14日　　　　编号：00063

| 固定资产编号 | 名称 | 规格型号 | 单位 | 数量 | 来源 | 建造单位 | | 建造编号 |
|---|---|---|---|---|---|---|---|---|
| 200025 | 金属切削机床 | C401 | 台 | 1 | 外购 | 铨力机械有限公司 | | |
| 总价（净值） | 土建工程费 | 设备费 | 安装费 | 其他 | 合计 | 预计年限 | 月折旧率 | 净残值率 |
| | | 70 000.00 | 1 100.00 | | 71 100.00 | 10 | 0.7917% | 5% |
| 验收及管理部门 | 生产车间 | 验收人员 | | 沈运 | | 管理人员 | 李丹丹 | |
| 备注 | | | | | | | | |

审核：黄杰　　　　制单：严格物

## 技能点3　核算固定资产清理

### 一、实训目标

1. 能正确理解“固定资产清理”科目核算要点
2. 能正确描述固定资产清理的核算流程
3. 能正确进行固定资产清理业务的会计核算

### 二、实训材料

1. 固定资产处置申请单

2.增值税专用发票
3.银行进账单

## 三、实训内容和步骤

### （一）固定资产转入清理时

1.确认“固定资产清理”：按照该项固定资产的账面价值计量。

2.确认“累计折旧/固定资产减值准备”：按照该固定资产已计提的累计折旧或固定资产减值准备金额计提。

3.确认“固定资产”：按照该固定资产的原始价值计量。

借：固定资产清理
　　累计折旧/固定资产减值准备
　　贷：固定资产

### （二）结算清理费用时

1.确认“固定资产清理”：按照应支付的清理费用计量。

2.确认“应交税费——应交增值税（进项税额）”：按照取得增值税专用发票上注明的可抵扣的进项税额计量。

3.确认“银行存款/应付职工薪酬”：按照实际支付的银行存款或应付的职工薪酬计量。

借：固定资产清理
　　应交税费——应交增值税（进项税额）
　　贷：银行存款/应付职工薪酬

### （三）收回出售收入和残料时

1.确认“银行存款/原材料”：按照收到的价税款或收回的残料价值计量。

2.确认“固定资产清理”：按照增值税专用发票上注明的价款或收回的残料价值计量。

3.确认“应交税费——应交增值税（销项税额）”：按照增值税专用发票上注明的增值税销项税额计量。

借：银行存款/原材料
　　贷：固定资产清理
　　　　应交税费——应交增值税（销项税额）

### （四）确认保险公司或责任人赔偿时

1.确认“其他应收款/银行存款”：按照应收或已收保险公司或责任人的赔偿金额计量。

2.确认“固定资产清理”：按照应收或已收保险公司或责任人的赔偿金额计量。

借：其他应收款/银行存款
　　贷：固定资产清理

### （五）结转净损益时

1.确认“营业外支出”：因自然灾害发生毁损、已丧失使用功能等原因而报废的，按固定资产报废清理产生的处理净损失计量。

2.确认“资产处置损益”：因出售、转让等原因清理的，按该固定资产处置净损失计量。

3.确认“固定资产清理”：按照“固定资产清理”的账面余额计量。

借：营业外支出

　　资产处置损益

　　贷：固定资产清理

若清理完后为净收益时：

借：固定资产清理

　　贷：营业外收入/资产处置损益

## 四、实训注意事项

1.固定资产出售申请经批准后，固定资产管理部门对该固定资产进行处置，并对固定资产卡片登记出售日期，台账做固定资产减少。财务部根据已经批准的出售申请表，开具发票及收款，并对固定资产进行相应的账务处理。

2.固定资产报废，固定资产管理部门对实物进行处理。处理后对台账及固定资产卡片进行更新，并将处理结果书面通知财务部。财务部依据经批准的固定资产报废申请和实物处理结果，进行账务处理。

## 五、实训任务

业务44：2021年12月14日，企业根据需要，申请将两台配置老旧的电脑作出售处理。

原始凭证44-1

**固定资产处置申请单**

单位名称：北京新锐电器有限公司　　日期：2021年12月14日

| | | | | | | | |
|---|---|---|---|---|---|---|---|
| 固定资产名称 | 台式电脑 | 单位 | 财务部 | 型号 | 华硕A1023 | 数量 | 2 |
| 资产编号 | 300001，300002 | 停用时间 | 2021年12月14日 | 购建时间 | 2016年07月01日 | 存放地点 | 财务部 |
| 已提折旧月数 | 53 | 原值 | 10 000.00 | 累计折旧 | | 8 391.49 | |
| 有效使用年限 | 5 | 月折旧额 | 158.33 | 净值 | | 1 608.51 | |
| 处置原因 | 配置老旧，出售 | | | | | | |
| 财务部门意见 | 同意　周吉 | | | 公司领导意见 | 同意 | | |

（印章：北京新锐电器有限公司）

编制人：严格物　　单位负责人：葛文学

业务45：2021年12月14日，企业向大洋有限责任公司出售两台电脑，收到转账支票存入银行，同时结转净损益。

原始凭证45-1

1100153130　　**北京增值税专用发票**　　№78942349

全国统一发票监制章

机器编号：499910936509　　此联不作报销、扣税凭证使用　　开票日期：2021年12月14日

| | | | |
|---|---|---|---|
| 购买方 | 名　　称：大洋有限责任公司<br>纳税人识别号：110112564362904128<br>地 址 、电 话：北京市香江路216号010-28774132<br>开户行及账号：中国工商银行北京市分行香江支行0200000229627242730 | 密码区 | 035926>3>2<0230937-8>1*26906<br>374*91/- +588247>>/*6+>-89233<br>785926>3>2<0230937*57+89>097<br>4/ 737-++690195*6067//42+2-72 |

| 货物或应税劳务、服务名称 | 规格型号 | 单位 | 数量 | 单价 | 金额 | 税率 | 税额 |
|---|---|---|---|---|---|---|---|
| *电子计算机*台式计算机 | A1023 | 台 | 2 | 1 400.00 | 2 800.00 | 13% | 364.00 |
| 合计 | | | | | ¥2 800.00 | | ¥364.00 |
| 价税合计（大写） | ⊗叁仟壹佰陆拾肆元整 | | | | （小写）¥3 164.00 | | |

| | | | |
|---|---|---|---|
| 销售方 | 名　　称：北京新锐电器有限公司<br>纳税人识别号：110114745862904015<br>地 址 、电 话：北京市昌平区光明路16号010-26674938<br>开户行及账号：中国工商银行北京市分行昌平支行0200000283627392724 | 备注 | 北京新锐电器有限公司<br>110114745862904015<br>发票专用章 |

收款人：邓丽丽　　复核：薛小双　　开票人：王芳　　销售方：（章）

第一联：记账联　销售方记账凭证

原始凭证45-2

**中国工商银行　进账单（收账通知）　3**

2021年12月14日　　№42183755

| | | | | | |
|---|---|---|---|---|---|
| 出票人 | 全　　称 | 大洋有限责任公司 | 收款人 | 全　　称 | 北京新锐电器有限公司 |
| | 账　　号 | 0200000229627242730 | | 账　　号 | 0200000283627392724 |
| | 开户银行 | 中国工商银行北京市分行香江支行 | | 开户银行 | 中国工商银行北京市分行昌平支行 |

| 金额 | 人民币（大写） | 叁仟壹佰陆拾肆元整 | 亿 | 千 | 百 | 十 | 万 | 千 | 百 | 十 | 元 | 角 | 分 |
|---|---|---|---|---|---|---|---|---|---|---|---|---|---|
| | | | | | | | ¥ | 3 | 1 | 6 | 4 | 0 | 0 |

| | | | |
|---|---|---|---|
| 票据种类 | 转账支票 | 票据张数 | 1 |
| 票据号码 | 80392830 | | |

复核　　记账　　收款人开户银行签章

中国工商银行北京市分行昌平支行　2021.12.14　转讫

此联是收款人开户银行交给收款人的收账通知

# 任务七　核算无形资产

## 一、实训目标

1.能正确理解“无形资产”科目核算要点
2.能正确描述无形资产的核算流程
3.能正确进行无形资产业务的会计核算

## 二、实训材料

1.增值税专用发票
2.付款申请单
3.转账支票

## 三、实训内容和步骤

### （一）外购无形资产

1.确认“无形资产”：按照购买价款及直接归属于使该项资产达到预定用途所发生的其他支出计量。

2.确认“应交税费——应交增值税（进项税额）”：按照取得增值税专用发票上注明的可抵扣的进项税额计量。

3.确认“银行存款”：按照实际支付的银行存款数额计量。

借：无形资产
　　应交税费——应交增值税（进项税额）
　　贷：银行存款

### （二）自行研发无形资产发生支出时

1.确认“研发支出——费用化支出”：按照自行开发无形资产在研究阶段发生的全部支出以及开发阶段不符合资本化条件的支出金额计量。

2.确认“研发支出——资本化支出”：按照自行开发无形资产在开发阶段符合资本化条件的支出金额计量。

3.确认“原材料/应付职工薪酬/银行存款”等：按照领用的原材料、应付的职工工资或实际支付的银行存款数额计量。

借：研发支出——费用化支出
　　　　　　——资本化支出
　　贷：原材料/应付职工薪酬/银行存款等

### （三）自行研发无形资产达到预定用途时

1.确认“管理费用”：按照发生支出时计入“研发支出——费用化支出”的金额

计量。

2.确认“无形资产”等：按照达到预定用途时“研究支出——资本化支出”的余额计量。

3.确认“研发支出——费用化支出/资本化支出”：按照研究阶段和开发阶段发生的支出数额计量。

借：管理费用

　　无形资产

　　贷：研发支出——费用化支出/资本化支出

（四）无形资产计提摊销时

1.确认“管理费用”：按照自用无形资产计提的摊销金额计量。

2.确认“其他业务成本”：按照出租无形资产计提的摊销金额计量。

3.确认“累计摊销”：按照无形资产计提的摊销金额计量。

借：管理费用

　　其他业务成本

　　贷：累计摊销

（五）无形资产出售时

1.确认“银行存款”：按照出售该无形资产实际收到的银行存款金额计量。

2.确认“累计摊销”：按照该无形资产已经计提的全部摊销额计量。

3.确认“无形资产减值准备”：按照该无形资产已经计提的全部无形资产减值准备金额计量。

4.确认“无形资产”：按照该无形资产的原始价值计量。

5.确认“应交税费——应交增值税（销项税额）”：按照现行增值税规章制度计算的销项税额计量。

6.确认“资产处置损益”：按照取得的价款扣除该无形资产账面价值以及出售相关税费后的差额计量，若小于0，则为损失，计入借方。

借：银行存款

　　累计摊销

　　无形资产减值准备

　　资产处置损益——处置非流动资产损失

　　贷：无形资产

　　　　应交税费——应交增值税（销项税额）

　　　　资产处置损益——处置非流动资产利得

（六）无形资产报废时

1.确认“累计摊销”：按照该无形资产已经计提的全部摊销额计量。

2.确认“无形资产减值准备”：按照该无形资产已经计提的全部无形资产减值准备金额计量。

3.确认“营业外支出”：按照该无形资产的原值扣除已计提的累计摊销额和无形资产减值准备金额的差额计量。

4.确认“无形资产”：按照该无形资产的原始价值计量。

借：累计摊销

　　无形资产减值准备

　　营业外支出

　　贷：无形资产

## 四、实训注意事项

1.无形资产主要包括：专利权、非专利技术、商标权、著作权、土地使用权、特许权等。商誉及企业内部产生的品牌、报刊名等不确认为无形资产。

2.自行开发的无形资产成本包括自满足无形资产确认条件后至达到预定用途前所发生的支出总额，包括在开发过程中发生的材料费、直接参与开发人员的工资及福利费、开发过程中发生的租金、借款费用支出以及依法取得时发生的注册费、聘请律师费等。

3.无法预见无形资产为企业带来未来经济利益期限的，应视为使用寿命不确定的无形资产。按照准则规定，对于使用寿命不确定的无形资产，在持有期间内不需要摊销，但需要至少于每一会计期末进行减值测试。

## 五、实训任务

业务46：2021年12月14日，企业向久远互联网软件公司购买专利权，使用年限为10年，签发转账支票支付。

原始凭证46-1

**付款申请单**

申请日期：2021年12月14日

| 申请部门 | 采购部 | | | 申请人 | 张亮 |
|---|---|---|---|---|---|
| 申请事由 | 购买专利权B | | | | |
| 收款单位 | 久远互联网软件公司 | | | 收款人 | 李小琴 |
| 申请付款金额 | ¥106 000.00 | | | | |
| 付款方式 | □现 | ☑转 | □其他 | 大写 | 人民币壹拾万零陆仟元整 |
| 备注 | | | | | |

单位负责人 葛文学　　财务负责人 周　吉　　部门负责人 蔡浩民

原始凭证46-2

北京仲裁印刷有限公司 2020 年印制

**中国工商银行**

**转账支票存根**

B/0 0/2 90000011

附加信息

出票日期 2021 年 12 月 14 日

| | |
|---|---|
| 收款人： | 久远互联网软件公司 |
| 金　额： | ¥106 000.00 |
| 用　途： | 购买专利 |

单位主管　　会计

原始凭证46-3

2700153130　　**北京增值税专用发票**　　№699423501

全国统一发票监制章 国家税务总局 北京市税务局

发票联

机器编号：499910936509　　开票日期：2021年12月14日

| 购买方 | | 密码区 | |
|---|---|---|---|
| 名　　称：北京新锐电器有限公司 | | | 035926>3>2<0230937-8>1*26906 |
| 纳税人识别号：110114745862904015 | | | 374*91/- +588247>>/*6+>-89233 |
| 地 址 、 电 话：北京市昌平区光明路16号010-26674938 | | | 785926>3>2<0230937*57+89>097 |
| 开户行及账号：中国工商银行北京市分行昌平支行0200000283627392724 | | | 4/ 737-++690195*6067//42+2-72 |

| 货物或应税劳务、服务名称 | 规格型号 | 单位 | 数量 | 单价 | 金额 | 税率 | 税额 |
|---|---|---|---|---|---|---|---|
| *无形资产*专利权B | | 项 | | 100 000.00 | 100 000.00 | 6% | 6 000.00 |
| 合计 | | | | | ¥100 000.00 | | ¥6 000.00 |
| 价税合计（大写） | ⊗壹拾万陆仟元整 | | | | （小写）¥106 000.00 | | |

| 销售方 | 备注 |
|---|---|
| 名　　称：久远互联网软件公司 | 久远互联网软件公司 110114745862924007 发票专用章 |
| 纳税人识别号：110114745862924007 | |
| 地 址 、 电 话：北京市昌平区光明路36号010-26674958 | |
| 开户行及账号：中国工商银行北京市分行昌平支行020000028362739274 | |

收款人：远义　　复核：远山　　开票人：吴方　　销售方：（章）

第三联：发票联　购买方记账凭证

# 任务八　核算以成本计量的投资性房地产

## 一、实训目标

1. 能正确理解“投资性房地产”科目核算要点
2. 能正确描述以成本计量的投资性房地产的核算流程
3. 能正确进行以成本计量的投资性房地产业务的会计核算

## 二、实训材料

1. 付款申请单
2. 房屋买卖合同
3. 增值税专用发票
4. 转账支票存根
5. 进账单回单
6. 房屋租赁合同

## 三、实训内容和步骤

### （一）外购投资性房地产

1. 确认“投资性房地产”：按照取得时的实际成本计量，包括购买价款、相关税费和可直接归属于该资产的其他支出。

2. 确认“应交税费——应交增值税（进项税额）”：按照取得增值税专用发票上注明的可抵扣的进项税额计量。

3. 确认“银行存款”：按照实际支付的金额计量。

借：投资性房地产

　　应交税费——应交增值税（进项税额）

　　贷：银行存款

### （二）按期计提折旧/摊销

1. 确认“其他业务成本”：按照每期计提的折旧/摊销数额计量。

2. 确认“投资性房地产累计折旧/累计摊销”：按照每期计提的折旧/摊销数额计量。

借：其他业务成本

　　贷：投资性房地产累计折旧/累计摊销

### （三）取得租金收入

1. 确认“银行存款”：按照每期实际收到的数额计量。

2. 确认“其他业务收入”：按照每期收到的租金收入数额计量。

3. 确认“应交税费——应交增值税（销项税额）”：按现行增值税规章制度计算的销项税额计量。

借：银行存款

贷：其他业务收入

应交税费——应交增值税（销项税额）

### （四）出售投资性房地产

1.确认“银行存款”：按照实际收到的数额计量。

2.确认“其他业务收入”：按照实际出售该项投资性房地产的价款数额计量。

3.确认“应交税费——应交增值税（销项税额）”：按现行增值税规章制度计算的销项税额计量。

借：银行存款

贷：其他业务收入

应交税费——应交增值税（销项税额）

### （五）结转处置成本

1.确认“其他业务成本”：按照该项投资性房地产的账面价值计量。

2.确认“投资性房地产累计折旧/累计摊销”：按照该项投资性房地产的累计折旧/摊销计量。

3.确认“投资性房地产”：按照该项投资性房地产的账面余额计量。

借：其他业务成本

投资性房地产累计折旧/累计摊销

贷：投资性房地产

## 四、实训注意事项

1.投资性房地产是指为赚取租金或资本增值，或两者兼有而持有的房地产。投资性房地产能够单独计量和出售。投资性房地产主要包括：

① 已出租的土地使用权；

② 持有并准备增值后转让的土地使用权；

③ 已出租的建筑物。

企业自用房地产和作为存货的房地产不属于投资性房地产。

2.采用公允价值模式计量的投资性房地产必须满足两个前提条件：

① 投资性房地产所在地有活跃的房地产交易市场；

② 能够从房地产交易市场上取得同类或类似房地产市场价格及其他相关信息，从而对投资性房地产公允价值能够合理估计。

不满足这两个条件的投资性房地产采用成本模式计量。企业一旦选择采用公允价值模式计量，就应当对其所有的投资性房地产均采用公允价值模式进行后续计量。

3.为保证会计信息的可比性，企业对房地产投资的计量模式一经确定，不得随意变更。直到企业投资性房地产市场成熟时，能够满足变更条件，投资性房地产可以从成本模式转换为公允价值模式计量，但不能反转。

## 五、实训任务

业务47：2021年12月15日，企业从万方房地产有限公司购入写字楼一间，价值8 000 000元，增值税720 000元，款项通过签发转账支票支付，随即将该写字楼出租给北京山来有限公司，并签订租赁合同，故将其作为投资性房地产核算。

原始凭证47-1

**付款申请单**

申请日期：2021年12月15日

| 申请部门 | 企业管理部 | | | 申请人 | 方明 |
|---|---|---|---|---|---|
| 申请事由 | 购买写字楼用于出租 | | | | |
| 收款单位 | 万方房地产有限公司 | | | 收款人 | 刘云 |
| 申请付款金额 | ￥8 720 000.00 | | | | |
| 付款方式 | □现 | ☑转 | □其他 | 大写 | 人民币捌佰柒拾贰万元整 |
| 备注 | | | | | |

单位负责人 葛文学　　财务负责人 周　吉　　部门负责人 蔡浩民

原始凭证47-2

1100153130　　**北京增值税专用发票**　　№78765487

（全国统一发票监制章：国家税务总局 北京市税务局）

发票联

机器编号：499910936509　　开票日期：2021年12月15日

| 购买方 | 名　　称：北京新锐电器有限公司<br>纳税人识别号：110114745862904015<br>地 址 、电 话：北京市昌平区光明路16号010-26674938<br>开户行及账号：中国工商银行北京市分行昌平支行0200000283627392724 | 密码区 | 035926>3>2<0230937-8>1*26906<br>374*91/- +588247>>/*6+>-89233<br>785926>3>2<0230937*57+89>097<br>4/ 737-++690195*6067//42+2-72 |
|---|---|---|---|

| 货物或应税劳务、服务名称 | 规格型号 | 单位 | 数量 | 单价 | 金额 | 税率 | 税额 |
|---|---|---|---|---|---|---|---|
| *不动产*写字楼 | | | | | 8 000 000.00 | 9% | 720 000.00 |
| 合计 | | | | | ￥8 000 000.00 | | ￥720 000.00 |
| 价税合计（大写） | ⊗捌佰柒拾贰万元整 | | | | （小写）￥8 720 000.00 | | |

| 销售方 | 名　　称：万方房地产有限公司<br>纳税人识别号：110114745862925009<br>地 址 、电 话：北京市昌平区光明路110号010-26674960<br>开户行及账号：中国工商银行北京市分行昌平支行0200000283627392743 | 备注 | （万方房地产有限公司 110114745862925009 发票专用章） |
|---|---|---|---|

收款人：万义　　复核：万山　　开票人：高升　　销售方：（章）

第三联：发票联　购买方记账凭证

业务47-3：房屋买卖合同

## 房屋买卖合同

卖方（以下简称甲方）：万方房地产有限公司

买方（以下简称乙方）：北京新锐电器有限公司

甲、乙双方就房屋买卖事项，经协商一致，达成以下合同条款：

一、甲方自愿将坐落在北京市昌平回龙观镇大桥路85号5幢501室（建筑结构：钢结构，建筑总面积：200平方米）房产出卖给乙方，并将与所出卖该房产的相关的土地使用权同时出卖给乙方（附房地产复印件及该房产位置图）。

二、双方议定上述房地产及附属建筑物总价款为人民币捌佰万元整。乙方需于2021年12月15日前向甲方支付该笔款项，付款方式为银行转账。

三、甲方在2021年12月15日将上述房屋交付给乙方。甲方保证该房产合法、权属清楚、有合法的土地使用权（已交纳土地出让金）。

四、办理房产证手续所产生的有关税费由甲方承担。

五、本合同经双方签章并经审查鉴定后生效，并对双方都具有约束力，应严格履行。如一方违反本合同条款，该方应向对方支付人民币伍拾万元的违约金；一方如不能按规定交付房产或按规定支付房款，每逾期一日，应向对方支付人民币伍佰元罚金，逾期30日视为毁约；如因政府及银行规定，本合同涉及房产手续客观上不能办理过户或银行不能办理按揭导致合同解除，不适用本条款。

六、未尽事宜，双方愿按国家有关规定办理。如发生争议，双方协商解决；协商不成的，双方愿向（本市）仲裁委员会申请仲裁。

七、本协议一式两份，具有同等法律效力，自双方签字之日起生效。

甲方：万方房地产有限公司
代表（签字）：刘易锋
签订日期：2021年 12月15日

乙方：北京新锐电器有限公司
代表（签字）：葛文学
签订日期：2021年 12月15日

业务47-4

北京仲裁印制有限公司 2020年印制

**中国工商银行**
**转账支票存根**

$\frac{B}{0}\frac{0}{2}$ 90000012

附加信息

出票日期 2021年12月15日

| | |
|---|---|
| 收款人： | 万方房地产有限公司 |
| 金　额： | ￥8 720 000.00 |
| 用　途： | 购买写字楼 |

单位主管　　　　会计

原始凭证47-5

**中国工商银行　进账单（回　单）　1**

2021年12月15日　　№21230116

<table>
<tr><td rowspan="3">出票人</td><td>全　称</td><td>北京新锐电器有限公司</td><td rowspan="3">收款人</td><td>全　称</td><td colspan="11">万方房地产有限公司</td><td rowspan="7">此联是开户银行交给持（出）票人的回单</td></tr>
<tr><td>账　号</td><td>0200000283627392724</td><td>账　号</td><td colspan="11">0200000283627392743</td></tr>
<tr><td>开户银行</td><td>中国工商银行北京市分行昌平支行</td><td>开户银行</td><td colspan="11">中国工商银行北京市分行昌平支行</td></tr>
<tr><td rowspan="2">金额</td><td rowspan="2">人民币（大写）</td><td rowspan="2" colspan="3">捌佰柒拾贰万元整</td><td>亿</td><td>千</td><td>百</td><td>十</td><td>万</td><td>千</td><td>百</td><td>十</td><td>元</td><td>角</td><td>分</td></tr>
<tr><td></td><td>¥</td><td>8</td><td>7</td><td>2</td><td>0</td><td>0</td><td>0</td><td>0</td><td>0</td><td>0</td></tr>
<tr><td colspan="2">票据种类</td><td>转账支票　票据张数　1</td><td colspan="13" rowspan="2">中国工商银行北京市分行昌平支行 2021.12.15 转讫<br>开户银行签章</td></tr>
<tr><td colspan="2">票据号码</td><td>90000006<br><br>复核　　记账</td></tr>
</table>

业务47-6

## 房屋租赁合同

出租人（以下简称甲方）：北京新锐电器有限公司

承租人（以下简称乙方）：北京山来有限公司

甲、乙双方就房屋租赁事项，经协商一致，达成以下合同条款：

甲方自愿将坐落在北京市昌平回龙观镇大桥路85号5幢501室（建筑结构：钢结构，建筑总面积：200平方米）写字楼出租给乙方作为经营使用。

租赁期限为4年，自2021年12月15日起至2024年12月15日止。以上租赁期限届满后，甲乙双方如无异议，租赁期可自动延长至2025年6月15日。以上租赁期或租赁延长期届满时，双方如有意修改或续订合同，至少应当在期满前90日提出协商，并在期满前60日签订新的租赁合同。双方如在本合同租赁期或租赁延长期满前60日内未就争议达成一致或签订新的租赁合同的，本合同到期即行终止。

本写字楼年租金为人民币陆拾万元整。合同期内，乙方应于每年12月31日之前向甲方支付下一年度租金。

乙方租赁期间，水费、电费、取暖费、燃气费、电话费、物业费以及其他由乙方使用而产生的费用全由乙方负担。租赁结束时，乙方须交清欠费。

租赁期间，任何一方提出终止合同，需提前一个月书面通知对方，经双方协商一致后，签订终止合同书。若一方强行中止合同，须向另一方支付违约金人民币叁拾万元整。

本合同在履行过程中如发生争议，双方协商解决；协商不成的，双方愿向（本市）仲裁委员会申请仲裁。

本协议一式两份，甲、乙双方各执一份，自双方签字盖章之日起生效。

甲方：北京新锐电器有限公司　　　　乙方：北京山来有限公司

代表（签字）：葛文学　　　　代表（签字）：王博民

签订日期：2021年12月15日　　　　签订日期：2021年12月15日

（印章：北京新锐电器有限公司；北京山来有限公司）

# 任务九 核算流动负债

## 技能点1 核算短期借款

### 一、实训目标

1. 能正确理解“短期借款”科目核算要点
2. 能正确描述短期借款业务的核算流程
3. 能正确进行短期借款业务的会计核算

### 二、实训材料

1. 银行借款借据
2. 计付贷款本金及利息

### 三、实训内容和步骤

#### （一）取得借款

1. 确认“银行存款”：按照从银行或其他金融机构取得的短期借款本金计量。
2. 确认“短期借款”：按照从银行或其他金融机构取得的短期借款本金计量。

借：银行存款

　　贷：短期借款

#### （二）支付借款利息

1. 确认“财务费用”：按照短期借款金额乘以相应利率计算得出的当期利息费用计量。
2. 确认“应付利息”：按照前期已计提但尚未支付的利息费用计量。
3. 确认“银行存款”：按照支付给银行或其他金融机构的短期借款利息费用计量。

借：财务费用

　　应付利息

　　贷：银行存款

#### （三）归还借款的本金

1. 确认“银行存款”：按照到期偿还给银行或其他金融机构的短期借款本金计量。
2. 确认“短期借款”：按照到期偿还给银行或其他金融机构的短期借款本金计量。

借：短期借款

　　贷：银行存款

## 四、实训注意事项

1. 企业必须根据业务需要编制借款计划，按借款计划组织借款，取得借款后按规定范围使用，到期必须偿还，并按规定利率支付借款利息。短期借款应按借款对象、种类、金额、利率和偿还期分别进行明细核算。

2. 合理制订还款计划。短期借款归还不及时，一方面会影响企业的资信状况，另一方面也会加重企业的利息支出负担。

## 五、实训任务

业务48：2021年12月15日，企业向银行借入资金20 000元用于生产经营，期限为3个月，到期一次还本付息。

原始凭证48-1

**中国工商银行　借款借据**　第一联　借款回单

银行编号：10200010　　借款日期：2021 年 12 月 15 日　　№ 6275

| | | | | | |
|---|---|---|---|---|---|
| 借款单位名称 | 北京新锐电器有限公司 | 放款账号 | 5759118249924532 | 利率 | 7.2% |
| | | 存款账号 | 2000000283627392000 | | |
| 借款金额（大写） | 贰万元整 | 千百十万千百十元角分 | ¥2000000 | | |
| 约定还款日期 | 2022 年 03 月 15 日 | 借款种类 | 短期借款 | 借款合同号码 | 00448214 |
| 实际放款日期 | 2021 年 12 月 15 日 | | | | |

| 借款直接用途 | | | 还款记录 | 年 | 月 | 日 | 还款金融 | 余额 |
|---|---|---|---|---|---|---|---|---|
| | 1. 经营周转 | 4. | | | | | | |
| | 2. | 5. | | | | | | |
| | 3. | 6. | | | | | | |

根据签订的借款合同和你单位申请借款用途，经审查同意发放上列金额贷款。

批准人：中国工商银行

中国工商银行北京市分行昌平支行 2021.12.15 转讫

（银行转账盖章）

2021 年 12 月 15 日

此联退交借款单位

开户银行：中国工商银行北京市分行昌平支行

业务49：2021年12月15日，企业归还2021年10月16日借入资金30 000元，借款期限为2个月，年利率为6%，到期一次还本付息（利息直接支付，不预提）。

原始凭证49-1

**计付贷款本金及利息（付款通知）**

开户行：中国工商银行北京市分行昌平支行

账号：0200000283627352724　　2021年12月15日　　No.22223112

| 借款人单位名称 | 北京新锐电器有限公司 | | | |
|---|---|---|---|---|
| 借款金额 | 大写：叁万元整 | 小写：¥30 000.00 | 计息总积数 | 30 300.00 |
| 借款期限 | 2021.10.16 | 至 | 2021.12.15 | |
| 行号 | 利率 | 利息金额 | 本息合计 | |
| 387492723 | 6% | 300.00 | 30 300.00 | |

## 技能点2　核算应付账款

### 一、实训目标

1.能正确理解“应付账款”科目核算要点

2.能正确描述应付账款业务的核算流程

3.能正确进行应付账款业务的会计核算

### 二、实训材料

1.增值税专用发票

2.采购入库单

3.转账支票存根

4.付款申请单

5.同城委托收款凭证

### 三、实训内容和步骤

#### （一）企业发生应付账款时

1.确认“原材料/在途物资”：按照该材料的采购成本计量，包括买价、运杂费、运输途中的合理损耗、入库前的挑选整理费、相关税费及其他可归属于存货采购的费用。

2.确认“应交税费——应交增值税（进项税额）”：按照取得增值税专用发票上注明的可抵扣的进项税额计量。

3.确认“应付账款”：按照实际应支付的金额计量。

借：原材料/在途物资

　　应交税费——应交增值税（进项税额）

　　贷：应付账款

### （二）企业偿付应付账款时

1.确认“应付账款”：按照发票上记载的应付账款总值（不扣除折扣）计量。

2.确认“银行存款”：按照实际支付的金额计量。

3.确认“财务费用”：按照计算出的现金折扣金额计量。

借：应付账款

　　贷：银行存款

　　　　财务费用——现金折扣

### （三）企业开出、承兑商业汇票抵付购货款时

1.确认“应付账款”：按照发票上记载的不能及时支付的应付账款金额计量。

2.确认“应付票据”：按照开出抵付应付账款的商业汇票的面值计量。

借：应付账款

　　贷：应付票据

### （四）转销无法支付的应付账款

1.确认“应付账款”：按照发票上记载无法支付的应付账款总值计量。

2.确认“营业外收入”：按照无法支付的应付账款账面余额计量。

借：应付账款

　　贷：营业外收入

## 四、实训注意事项

1.财务人员应依据采购部门对外签订的有效经济合同或协议办理应付款项。有效经济合同应符合下列原则：遵守国家法律，符合国家政策；平等互利，协商一致、等价有偿；合同主体合法，内容真实；所签合同或协议必须包括标的、数量和质量、价格和酬金、履行期限、履约地点和付款方式、违约责任等条款。

2.结算期内主要业务流程：

（1）对账。一般在企业结账日结束后几天内，在此期间集中安排与供应商的账务核对工作。对账结束后，双方应就对账结果予以书面确认。

（2）付款计划提交。一般在月末进行。由采购或用款部门提交下月付款计划，财务部门根据资金状况进行审核并将审核结果反馈给采购或用款部门。

（3）付款申请提交。一般在付款日前一周内，由采购或用款部门根据审批后的付款计划提交具体的付款申请单，按企业付款审批流程进行审批。

（4）发票提交。一般在对账后几天内或付款日前几天，由财务部门通过采购部通知供应商提交发票。

（5）付款。一般每月集中一、两次付款，由财务部门根据付款计划和付款申请单办理货款支付手续。

## 五、实训任务

业务50：2021年12月15日，企业从九江塑电科技有限公司购入底座一批，并验收入库，款项暂未支付。

原始凭证50-1

1100153130　　江西增值税专用发票　　№44775809

发　票　联

机器编号：499910936509　　开票日期：2021年12月15日

| | | | | | | | | |
|---|---|---|---|---|---|---|---|---|
| 购买方 | 名　　称：北京新锐电器有限公司<br>纳税人识别号：110114745862904015<br>地 址、电 话：北京市昌平区光明路16号010-26674938<br>开户行及账号：中国工商银行北京市分行昌平支行0200000283627392724 | | | | | 密码区 | 035926>3>2<0230937-8>1*26906<br>374*91/- +588247>>/*6+>-89233<br>785926>3>2<0230937*57+89>097<br>4/737-++690195*6067//42+2-72 | |
| 货物或应税劳务、服务名称 | 规格型号 | 单位 | 数量 | 单价 | 金额 | 税率 | 税额 | |
| *家用电器配件*轻巧、经典型底座 | 通用：定制 | 件 | 10 000 | 20.00 | 200 000.00 | 13% | 26 000.00 | |
| *家用电器配件*豪华型底座 | 豪华型：定制 | 件 | 4 000 | 35.00 | 140 000.00 | 13% | 18 200.00 | |
| 合计 | | | | | ¥340 000.00 | | ¥44 200.00 | |
| 价税合计（大写） | ⊗叁拾捌万肆仟贰佰元整 | | | | （小写）¥384 200.00 | | | |
| 销售方 | 名　　称：九江塑电科技有限公司<br>纳税人识别号：110114745862892003<br>地 址、电 话：江西省九江市开发区九瑞大道96号0792-89573212<br>开户行及账号：中国工商银行九江分行1507000283627392712 | | | | | 备注 | 九江塑电科技有限公司 110114745862892003 发票专用章 | |

收款人：江义　　复核：江山　　开票人：张兰　　销售方：（章）

第三联：发票联　购买方记账凭证

原始凭证50-2

## 采购入库单

2021年12月15日　　编号：CG-0010

| 序号 | 名称 | 规格 | 单位 | 数量 | 供应商 |
|---|---|---|---|---|---|
| 1 | 轻巧、经典型底座 | 通用:定制 | 件 | 10 000 | 九江塑电科技有限公司 |
| 2 | 豪华型底座 | 豪华型:定制 | 件 | 4 000 | 九江塑电科技有限公司 |
| | | | | | |
| | | | | | |
| | | | | | |

制单：胡平　　复核：林瑞

第三联：财务部

业务51：2021年12月16日，企业签发转账支票支付上笔业务货款。

原始凭证51-1

## 付款申请单

申请日期：2021年12月16日

| | | | | | |
|---|---|---|---|---|---|
| 申请部门 | 采购部 | | 申请人 | 张亮 | |
| 申请事由 | 购买原材料 | | | | |
| 收款单位 | 九江塑电科技有限公司 | | 收款人 | 彭登峰 | |
| 申请付款金额 | ¥384 200.00 | | | | |
| 付款方式 | ☐现 | ☑转 | ☐其他 | 大写 | 人民币叁拾捌万肆仟贰佰元整 |
| 备注 | | | | | |

单位负责人 葛文学　　财务负责人 周　吉　　部门负责人　蔡浩民

原始凭证51-2

北京仲裁印制有限公司 2020 年印制

**中国工商银行**
**转账支票存根**

$\frac{B}{0}\frac{0}{2}$ 90000013

附加信息

出票日期 2021 年 12 月 16 日

| | |
|---|---|
| 收款人： | 九江塑造电科技有限公司 |
| 金　额： | ¥384 200.00 |
| 用　途： | 支付货款 |

单位主管　　　　会计

业务52：企业于2021年12月16日，付清了12月7日九江塑电科技有限公司货款534 896.8元。按购货协议规定，如果在十天内付款，将享受2%的现金折扣（计算现金折扣时不包括增值税）。

原始凭证52-1

## 付款申请单

申请日期：2021年12月16日

| | | | | | |
|---|---|---|---|---|---|
| 申请部门 | 采购部 | | | 申请人 | 张亮 |
| 申请事由 | 购买原材料 | | | | |
| 收款单位 | 九江塑电科技有限公司 | | | 收款人 | 彭登峰 |
| 申请付款金额 | ¥525 429.60 | | | | |
| 付款方式 | □现 | ☑转 | □其他 | 大写 | 人民币伍拾贰万伍仟肆佰贰拾玖元陆角整 |
| 备注 | 支付12月7日向九江塑电科技有限公司购买原材料的货款，享受2%的现金折扣（不考虑增值税） | | | | |

单位负责人 葛文学　　　财务负责人 周　吉　　　部门负责人　蔡浩民

原始凭证52-2

北京仲裁印刷有限公司 2020 年印制

**中国工商银行**
**转账支票存根**

B 0 / 0 2  90000014

附加信息

出票日期 2021 年 12 月 16 日

| | |
|---|---|
| 收款人： | 九江塑造电科技有限公司 |
| 金　额： | ¥525 429.60 |
| 用　途： | 支付货款 |

单位主管　　　　会计

业务53：2021年12月18日，企业支付上月水费。

原始凭证53-1

1100153130　　**北京增值税专用发票**　　№44775809

发票联

机器编号：499910936509　　开票日期：2021年12月18日

| | | | |
|---|---|---|---|
| 购买方 | 名　　称：北京新锐电器有限公司<br>纳税人识别号：110114745862904015<br>地 址 、电 话：北京市昌平区光明路16号010-26674938<br>开户行及账号：中国工商银行北京市分行昌平支行0200000283627392724 | 密码区 | 035926>3>2<0230937-8>1*26906<br>374*91/- +588247>>/*6+>-89233<br>785926>3>2<0230937*57+89>097<br>4/ 737-++690195*6067//42+2-72 |

| 货物或应税劳务、服务名称 | 规格型号 | 单位 | 数量 | 单价 | 金额 | 税率 | 税额 |
|---|---|---|---|---|---|---|---|
| *水冰雪*自来水 | | 米³ | 400 | 5.00 | 2 000.00 | 9% | 180.00 |
| 合计 | | | | | ¥2 000.00 | | ¥180.00 |
| 价税合计（大写） | ⊗贰仟壹佰捌拾元整 | | | | （小写）¥2 180.00 | | |

| | | | |
|---|---|---|---|
| 销售方 | 名　　称：北京市昌平区自来水公司<br>纳税人识别号：110114102621270333<br>地 址 、电 话：北京市昌平区南环路53号<br>开户行及账号：中国工商银行北京市分行昌平支行020000003984045850 | 备注 | 北京市昌平区自来水公司 110114102621270333 发票专用章 |

收款人：昌义　　复核：昌山　　开票人：邵宇　　销售方：（章）

第三联：发票联　购买方记账凭证

原始凭证53-2

## 同城委托收款凭证（付款通知）

委托号码：12390975

特约　委托日期　2021年12月18日　第　号

| | | | | | |
|---|---|---|---|---|---|
| 付款人 | 全称 | 北京新锐电器有限公司 | 收款人 | 全称 | 北京市昌平区自来水公司 |
| | 账号 | 0200000283627392724 | | 账号 | 0200003984045850 |
| | 开户银行 | 中国工商银行北京市分行昌平支行 | | 开户银行 | 中国工商银行北京市分行昌平支行 |

| 金额 | 人民币（大写） | 贰仟壹佰捌拾元整 | 千 | 百 | 十 | 万 | 千 | 百 | 十 | 元 | 角 | 分 |
|---|---|---|---|---|---|---|---|---|---|---|---|---|
| | | | | | | | ¥ | 2 | 1 | 8 | 0 | 0 | 0 |

| 款项内容 | 水费 | 委托收款凭据名称 | 增值税专用发票 | 附寄单证张数 | 1 |
|---|---|---|---|---|---|

备注：

付款后开户行收到日期：2021年12月18日

收款人开户行盖章

2021年12月18日

中国工商银行北京市分行昌平支行 2021.12.18 转讫

此联是付款人开户银行给付款人按时付款的通知

业务54：2021年12月18日，企业支付上月电费。

原始凭证54-1

1100153130　**北京增值税专用发票**　№44775810

发票联

机器编号：499910936509　开票日期：2021年12月18日

| | | |
|---|---|---|
| 购买方 | 名　　称：北京新锐电器有限公司<br>纳税人识别号：110114745862904015<br>地址、电话：北京市昌平区光明路16号010-26674938<br>开户行及账号：中国工商银行北京市分行昌平支行0200000283627392724 | 密码区：035926>3>2<0230937-8>1*26906<br>374*91/- +588247>>/*6+>-89233<br>785926>3>2<0230937*57+89>097<br>4/ 737-++690195*6067//42+2-72 |

| 货物或应税劳务、服务名称 | 规格型号 | 单位 | 数量 | 单价 | 金额 | 税率 | 税额 |
|---|---|---|---|---|---|---|---|
| *供电*电费 | | 度 | 5 000 | 0.80 | 4 000.00 | 13% | 520.00 |
| 合计 | | | | | ¥4 000.00 | | ¥520.00 |
| 价税合计（大写） | ⊗肆仟伍佰贰拾元整 | | | | （小写）¥4 520.00 | | |

| | | |
|---|---|---|
| 销售方 | 名　　称：北京市供电局昌平供电局<br>纳税人识别号：110114745862839048<br>地址、电话：北京市昌平县昌平西关外三角地3号<br>开户行及账号：中国工商银行北京市分行昌平支行20000038479558590 | 备注：北京市供电局昌平供电局 110114745862839048 发票专用章 |

收款人：张义　复核：张山　开票人：刘锐　销售方：（章）

第三联：发票联　购买方记账凭证

原始凭证54-2

**同城委托收款凭证（付款通知）**

委托号码：37039392

特约　委托日期　2021年12月18日　第　号

| | | | | | |
|---|---|---|---|---|---|
| 付款人 | 全称 | 北京新锐电器有限公司 | 收款人 | 全称 | 北京市供电局昌平供电局 |
| | 账号 | 0200000283627392724 | | 账号 | 20000038479558590 |
| | 开户银行 | 中国工商银行北京市分行昌平支行 | | 开户银行 | 中国工商银行北京市分行昌平支行 |
| 金额 | 人民币（大写） | 肆仟伍佰贰拾元整 | | 千 百 十 万 千 百 十 元 角 分 | ¥ 4 5 2 0 0 0 |
| 款项内容 | 电费 | 委托收款凭据名称 | 增值税专用发票 | 附寄单证张数 | 1 |
| 备注：付款后开户行收到日期：2021年12月18日 | | | 收款人开户行盖章 2021年12月18日 | | |

中国工商银行北京市分行昌平支行 2021.12.18 转讫

此联是付款人开户银行给付款人按时付款的通知

## 技能点3　核算应付票据

### 一、实训目标

1.能正确理解“应付票据”科目核算要点

2.能正确描述应付票据业务的核算流程

3.能正确进行应付票据业务的会计核算

### 二、实训材料

1.增值税专用发票

2.银行承兑汇票

3.采购入库单

4.银行托收凭证

5.付款申请单

### 三、实训内容和步骤

#### （一）购买材料，签发商业汇票

1.确认“原材料/在途物资”：按照该材料的采购成本计量，包括买价、运杂费、运输途中的合理损耗、入库前的挑选整理费、相关税费及其他可归属于存货采购的费用。

2.确认“应交税费——应交增值税（进项税额）”：按照取得增值税专用发票上注明的可抵扣的进项税额计量。

3.确认“应付票据”：按照企业开出的商业汇票面值计量。

借：原材料/在途物资

　　应交税费——应交增值税（进项税额）

　　贷：应付票据

### （二）支付银行承兑手续费

1.确认“财务费用”：按照企业开出的银行承兑汇票而支付的承兑手续费计量。

2.确认“银行存款”：按照支付给银行的手续费金额计量。

借：财务费用

　　贷：银行存款

### （三）不带息商业汇票到期，支付票款

1.确认“应付票据”：按照商业汇票面值支付的金额计量。

2.确认“银行存款”：按照商业汇票面值支付的银行存款金额计量。

借：应付票据

　　贷：银行存款

## 四、实训注意事项

1.为了加强对应付票据的管理，企业应设置“应付票据备查簿”，详细登记每一应付票据的种类、号数、签发日期、到期日、票面金额、票面利率、合同交易号、收款人姓名或单位名称，以及付款日期和金额等资料。

2.商业汇票的付款期限最长为6个月，因而应付票据即短期应付票据。

3.应付票据到期结清时，应在备查簿内逐笔注销。

## 五、实训任务

业务55：2021年12月19日，企业向九江塑电有限公司购入原材料一批材料已验收，签发不带息银行承兑汇票一张，票面价值为942 420元。

原始凭证55-1

1100153130　　**江西增值税专用发票**　　№44775809

发　票　联

机器编号：499910936509　　开票日期：2021年12月19日

| | | | |
|---|---|---|---|
| 购买方 | 名　　　称：北京新锐电器有限公司<br>纳税人识别号：110114745862904015<br>地 址 、电 话：北京市昌平区光明路16号010-26674938<br>开户行及账号：中国工商银行北京市分行昌平支行0200000283627392724 | 密码区 | 035926>3>2<0230937-8>1*26906<br>374*91/- +588247>>/*6+>-89233<br>785926>3>2<0230937*57+89>097<br>4/737-++690195*6067//42+2-72 |

| 货物或应税劳务、服务名称 | 规格型号 | 单位 | 数量 | 单价 | 金额 | 税率 | 税额 |
|---|---|---|---|---|---|---|---|
| *家用电器配件*国产温控器 | 国家BB3 | 件 | 9 000 | 20.00 | 180 000.00 | 13% | 23 400.00 |
| *家用电器配件*进品温控器 | SKE903 | 件 | 750 | 40.00 | 30 000.00 | 13% | 3 900.00 |
| *家用电器配件*轻巧型手柄 | 轻巧型：定制 | 件 | 6 000 | 5.00 | 30 000.00 | 13% | 3 900.00 |
| *家用电器配件*经典型手柄 | 经典型：定制 | 件 | 3 000 | 7.00 | 21 000.00 | 13% | 2 730.00 |
| *家用电器配件*豪华型手柄 | 豪华型：定制 | 件 | 750 | 10.00 | 7 500.00 | 13% | 975.00 |
| *家用电器配件*轻巧、经典型壶盖 | 通用：定制 | 件 | 13 500 | 5.00 | 67 500.00 | 13% | 8 775.00 |
| *家用电器配件*豪华型壶盖 | 豪华型：定制 | 件 | 1 200 | 8.00 | 9 600.00 | 13% | 1 248.00 |
| 合计 | | | | | ¥345 600.00 | | ¥44 928.00 |
| 价税合计（大写） | ⊗叁拾玖万零伍佰贰拾捌元整 | | | | （小写）¥390 528.00 | | |

| | | | |
|---|---|---|---|
| 销售方 | 名　　　称：九江塑电科技有限公司<br>纳税人识别号：110114745862892003<br>地 址 、电 话：江西省九江市开发区九瑞大道96号0792-8573212<br>开户行及账号：中国工商银行九江分行1507000283627392712 | 备注 | 九江塑电科技有限公司<br>110114745862892003<br>发票专用章 |

收款人：江义　　复核：江山　　开票人：张兰　　销售方：（章）

第三联：发票联　购买方记账凭证

原始凭证55-2

1100153130　　**江西增值税专用发票**　　№44775809

发　票　联

机器编号：499910936509　　开票日期：2021年12月19日

| | | | |
|---|---|---|---|
| 购买方 | 名　　　称：北京新锐电器有限公司<br>纳税人识别号：110114745862904015<br>地 址 、电 话：北京市昌平区光明路16号010-26674938<br>开户行及账号：中国工商银行北京市分行昌平支行0200000283627392724 | 密码区 | 035926>3>2<0230937-8>1*26906<br>374*91/- +588247>>/*6+>-89233<br>785926>3>2<0230937*57+89>097<br>4/737-++690195*6067//42+2-72 |

| 货物或应税劳务、服务名称 | 规格型号 | 单位 | 数量 | 单价 | 金额 | 税率 | 税额 |
|---|---|---|---|---|---|---|---|
| *家用电器配件*轻巧、经典型底座 | 通用：定制 | 件 | 13 200 | 20.00 | 264 000.00 | 13% | 34 320.00 |
| *家用电器配件*豪华型底座 | 豪华型：定制 | 件 | 1 200 | 35.00 | 42 000.00 | 13% | 5 460.00 |
| *家用电器配件*轻巧、经典型加热底盘 | 通用：定制 | 件 | 9 000 | 12.00 | 108 000.00 | 13% | 14 040.00 |
| *家用电器配件*豪华型加热底盘 | 豪华型：定制 | 件 | 750 | 18.00 | 13 500.00 | 13% | 1 755.00 |
| *家用电器配件*轻巧型辅材套件 | 轻巧型：定制 | 件 | 9 000 | 4.00 | 36 000.00 | 13% | 4 680.00 |
| *家用电器配件*经典型辅材套件 | 经典：定制 | 件 | 4 200 | 4.50 | 18 900.00 | 13% | 2 457.00 |
| *家用电器配件*豪华型套件 | 豪华型：定制 | 件 | 1 200 | 5.00 | 6 000.00 | 13% | 780.00 |
| 合计 | | | | | ¥488 400.00 | | ¥63 492.00 |
| 价税合计（大写） | ⊗伍拾伍万壹仟捌佰玖拾贰元整 | | | | （小写）¥551 892.00 | | |

| | | | |
|---|---|---|---|
| 销售方 | 名　　　称：九江塑电科技有限公司<br>纳税人识别号：110114745862892003<br>地 址 、电 话：江西省九江市开发区九瑞大道96号0792-88573212<br>开户行及账号：中国工商银行九江分行1507000283627392712 | 备注 | 九江塑电科技有限公司<br>110114745862892003<br>发票专用章 |

收款人：江义　　复核：江山　　开票人：张兰　　销售方：（章）

第三联：发票联　购买方记账凭证

原始凭证55-3

## 采购入库单

2021年12月19日　　　　　编号：CG-0011

| 序号 | 名称 | 规格 | 单位 | 数量 | 供应商 |
|---|---|---|---|---|---|
| 1 | 国产温控器 | 国产BB3 | 件 | 9 000 | 九江塑电科技有限公司 |
| 2 | 进口温控器 | SKE903 | 件 | 750 | 九江塑电科技有限公司 |
| 3 | 轻巧型手柄 | 轻巧型：定制 | 件 | 6 000 | 九江塑电科技有限公司 |
| 4 | 经典型手柄 | 经典型：定制 | 件 | 3 000 | 九江塑电科技有限公司 |
| 5 | 豪华型手柄 | 豪华型：定制 | 件 | 750 | 九江塑电科技有限公司 |
| 6 | 轻巧、经典型壶盖 | 通用：定制 | 件 | 13 500 | 九江塑电科技有限公司 |
| 7 | 豪华型壶盖 | 豪华型：定制 | 件 | 1 200 | 九江塑电科技有限公司 |
| 8 | 轻巧、经典型底座 | 通用：定制 | 件 | 13 200 | 九江塑电科技有限公司 |
| 9 | 豪华型底座 | 豪华型：定制 | 件 | 1 200 | 九江塑电科技有限公司 |
| 10 | 轻巧、经典型加热底盘 | 通用：定制 | 件 | 9 000 | 九江塑电科技有限公司 |
| 11 | 豪华型加热底盘 | 豪华型：定制 | 件 | 750 | 九江塑电科技有限公司 |
| 12 | 轻巧型辅材套件 | 轻巧型：定制 | 件 | 9 000 | 九江塑电科技有限公司 |
| 13 | 经典型辅材套件 | 经典型：定制 | 件 | 4 200 | 九江塑电科技有限公司 |
| 14 | 豪华型辅材套件 | 豪华型：定制 | 件 | 1 200 | 九江塑电科技有限公司 |

第三联：财务部

制单：胡平　　　　　复核：林瑞

原始凭证55-4

## 中国工商银行　银行承兑汇票（存根）　3

10201150
78894951

出票日期（大写）　贰零贰壹　年　壹拾贰　月　壹拾玖　日

| | | | | |
|---|---|---|---|---|
| 出票人全称 | 北京新锐电器有限公司 | 收款人 | 全　称 | 九江塑电科技有限公司 |
| 出票人账号 | 0200000283627392724 | 收款人 | 账　号 | 1507000283627392712 |
| 付款行全称 | 中国工商银行北京市分行昌平支行 | 收款人 | 开户银行 | 中国工商银行九江分行 |
| 出票金额 | 人民币（大写）玖拾肆万贰仟肆佰贰拾元整 | 亿千百十万千百十元角分 | | ¥94242000 |
| 汇票到期日（大写） | | 付款行 | 行号 | 200000283627392000 |
| 承兑协议编号 | 26697067 | 付款行 | 地址 | 北京市昌平区光明路17号 |
| | 备注： | | | |

此联由出票人存查

业务56：2021年12月20日，企业签发的一张商业汇票到期，通知开户行向无锡电器科技有限公司支付票款。

原始凭证56-1

## 付款申请单

申请日期：2021年12月20日

| | | | | |
|---|---|---|---|---|
| 申请部门 | 财务部 | | 申请人 | 邓丽丽 |
| 申请事由 | 支付票款 | | | |
| 收款单位 | 无锡电器科技有限公司 | | 收款人 | 张明 |
| 申请付款金额 | ¥232 000.00 | | | |
| 付款方式 | □现 ☑转 | □其他 | 大写 | 人民币贰拾叁万贰仟元整 |
| 备注 | | | | |

单位负责人 葛文学　　财务负责人 周吉　　部门负责人 周吉

原始凭证56-2

**中国工商银行**　　托收凭证（付款通知）

5　№ 530539

委托日期 2021年12月01日　　付款期限 2021年12月20日

| | | | | | |
|---|---|---|---|---|---|
| 业务类型 | 委托收款（□邮划、☑电划）　托收承付（□邮划、□电划） | | | | |
| 付款人 | 全称 | 北京新锐电器有限公司 | 收款人 | 全称 | 无锡电器科技有限公司 |
| | 账号 | 0200000283627392724 | | 账号 | 1103000283027392711 |
| | 地址 | 省 北京 市/县　开户行 中国工商银行北京市分行昌平支行 | | 地址 | 江苏 省 无锡 市/县　开户行 中国工商银行无锡分行 |
| 金额 | 人民币（大写） | 贰拾叁万贰仟元整 | | | 亿 千 百 十 万 千 百 十 元 角 分<br>¥ 2 3 2 0 2 0 0 0 |
| 款项内容 | 货款 | 托收凭据名称 | 商业承兑汇票 | 附寄单证张数 | 1 |
| 商品发运情况 | | | 合同名称号码 | 42285150 | |
| 备注：<br>付款人开户银行收到日期：<br>2021年12月20日<br>复核　记账 | | 付款人开户银行签章<br>2021年12月01日 | | 付款人注意：<br>1.根据支付结算办法，上列委托收款（托收承付）款项在付款期限内未提出拒付，即视为同意付款，以此代付款通知。<br>2.如需提出全部或部分拒付，应在规定期限内，将拒付理由书并附债务证明退交开户银行。 | |

中国工商银行北京分行昌平支行 2021.12.01 转讫

此联付款人开户银行给付款人按期付款通知

# 技能点4 核算应付利息

## 一、实训目标

1.能正确理解“应付利息”科目核算要点

2.能正确描述应付利息业务的核算流程

3.能正确进行应付利息业务的会计核算

## 二、实训材料

贷款利息转账专用传票

## 三、实训内容和步骤

### （一）计提利息

1.确认“在建工程/财务费用/研发支出”等：按照不同借款用途，根据合同约定的利率计算出的利息费用计量。

2.确认“应付利息”：按照借款金额乘以合同利率计算得出的当期应付未付利息费用计量。

借：在建工程/财务费用/研发支出等

　　贷：应付利息

### （二）支付利息

1.确认“应付利息”：按照前期已计提但尚未支付的利息费用计量。

2.确认“银行存款”：按照支付给银行或其他金融机构的借款利息费用计量。

借：应付利息

　　贷：银行存款

## 四、实训注意事项

1.应付利息是指企业按照合同约定应支付的利息，包括短期借款、分期付息到期还本的长期借款和企业债券等应支付的利息。

2.应付利息是总账科目，核算分期付息的当期应付利息；而应计利息是一个二级科目，一般是“应付债券——应计利息”“长期借款——应计利息”等，核算的是一次还本付息的利息。

## 五、实训任务

业务57：2021年12月21日，企业收到银行短期借款利息支付通知单，支付上月利息1 120元。

原始凭证57-1

**中国工商银行 （贷款）利息转账专用传票**

2021年12月21日 字第317108

| | | | | | |
|---|---|---|---|---|---|
| 收入利息单位 | 名称 | 中国工商银行北京市分行昌平支行 | 支付利息单位 | 名称 | 北京新锐电器有限公司 |
| | 账号 | 10200040 | | 账号 | 0200000283627392724 |

| | | | | | | | | | | | | |
|---|---|---|---|---|---|---|---|---|---|---|---|---|
| 利息金额 | 人民币（大写）壹仟壹佰贰拾元整 | 亿 | 千 | 百 | 十 | 万 | 千 | 百 | 十 | 元 | 角 | 分 |
| | | | | | | | ¥ | 1 | 1 | 2 | 0 | 0 |

| | |
|---|---|
| 计息存/贷户账号 0200000283627392724 | 上列利息金额已由贵单位结算账户支付。<br>开户银行盖章 |
| 计算利息 2021年11月01日起 | |
| 起讫时间 2021年11月30日止 | |
| 计息基数：¥200 000.00 利率（年）：6.72 | |
| 备注： | |

（印章：中国工商银行北京市分行昌平支行 2021.12.21 转讫）

第一联 存款利息付款通知联

单位主管： 会计： 复核： 制单：

## 技能点5 核算预收账款

### 一、实训目标

1.能正确理解“预收账款”科目核算要点

2.能正确描述预收账款业务的核算流程

3.能正确进行预收账款业务的会计核算

### 二、实训材料

1.银行进账单

2.增值税专用发票

3.销售出库单

### 三、实训内容和步骤

#### （一）预收货款

1.确认“银行存款”：按照预收购货单位的款项金额计量。

2.确认“预收账款”：按照预收购货单位的款项金额计量。

借：银行存款

　　贷：预收账款

### （二）销售产品，开出销售发票

1. 确认“预收账款”：按照企业实现的销售收入和销项税额之和计量。

2. 确认“主营业务收入”：按照企业确认的销售产品、提供服务等主营业务的收入计量。

3. 确认“应交税费——应交增值税（销项税额）”：按现行增值税规章制度计算的销项税额计量。

借：预收账款

　　贷：主营业务收入

　　　　应交税费——应交增值税（销项税额）

### （三）收到补付的款项

1. 确认“银行存款”：按照企业收到购货单位补付的款项金额计量。

2. 确认“预收账款”：按照企业收到购货单位补付的款项金额计量。

借：银行存款

　　贷：预收账款

### （四）退回多收的款项

1. 确认“预收账款”：按照企业向购货单位退回其多付的款项金额计量。

2. 确认“银行存款”：按照企业向购货单位退回其多付的款项金额计量。

借：预收账款

　　贷：银行存款

## 四、实训注意事项

1. 不单独设“预收账款”科目的企业，预收的账款在“应收账款”科目核算。

2. 预收账款会计科目或是与之相关的会计科目在设立时，应该从企业的角度出发，严格按照合同的要求以及规定向购货人预收相应的款项，同时按预收账款来进行财务核算。

## 五、实训任务

业务58：2021年12月21日，企业与天津万润贸易公司签订供货合同，向其出售一批电热水壶，货款金额共计1 115 000元，应交增值税144 950元，根据购货合同的规定，北京新锐电器有限公司在购货合同签订后即向天津万润贸易公司预收50%货款，剩余货款在交货后付清。

原始凭证58-1

**中国工商银行　进账单（收账通知）　3**

2021年12月21日　　　　№45364900

| | | | | | | |
|---|---|---|---|---|---|---|
| 出票人 | 全　称 | 天津万润贸易公司 | 收款人 | 全　称 | 北京新锐电器有限公司 | 此联是收款人开户银行交给收款人的收账通知 |
| | 账　号 | 0302000283627392720 | | 账　号 | 0200000283627392724 | |
| | 开户银行 | 中国工商银行天津分行 | | 开户银行 | 中国工商银行北京市分行昌平支行 | |
| 金额 | 人民币（大写） | 陆拾贰万玖仟玖佰柒拾伍元整 | | 亿千百十万千百十元角分 | ¥62997500 | |
| 票据种类 | 转账支票 | 票据张数 | 1 | | | |
| 票据号码 | 45364900 | | | 中国工商银行北京市分行昌平支行 2021.12.21 转讫 | | |
| | 复核 | 记账 | | 收款人开户银行签章 | | |

业务59：2021年12月22日，企业将货物发到天津万润贸易公司，并开出增值税专用发票。

原始凭证59-1

**1100153130　　北京增值税专用发票　　№44775809**

机器编号：499910936509　　此联不作报销、扣税凭证使用　　开票日期：2021年12月22日

| | | | | | | | | |
|---|---|---|---|---|---|---|---|---|
| 购买方 | 名　　称：天津万润贸易公司<br>纳税人识别号：110114745862900000<br>地 址 、电 话：天津市北辰区柳滩邯郸道2号022-38717663<br>开户行及账号：中国工商银行天津分行0302000283627392720 | | | | | 密码区 | 035926>3>2<0230937-8>1*26906<br>374*91/- +588247>>/*6+>-89233<br>785926>3>2<0230937*57+89>097<br>4/737-++690195*6067//42+2-72 | 第一联：记账联　销售方记账凭证 |
| 货物或应税劳务、服务名称 | 规格型号 | 单位 | 数量 | 单价 | 金额 | 税率 | 税额 | |
| *家用厨房电器具*轻巧型电热水壶 | 轻巧型 | 件 | 6 200 | 85.00 | 527 000.00 | 13% | 68 510.00 | |
| *家用厨房电器具*经典型电热水壶 | 经典型 | 件 | 3 200 | 120.00 | 384 000.00 | 13% | 49 920.00 | |
| *家用厨房电器具*豪华型电热水壶 | 豪华型 | 件 | 800 | 255.00 | 204 000.00 | 13% | 26 520.00 | |
| 合计 | | | | | ¥1 115 000.00 | | ¥144 950.00 | |
| 价税合计（大写） | ⊗壹佰贰拾伍万玖仟玖佰伍拾元整 | | | | （小写）¥1 259 950.00 | | | |
| 销售方 | 名　　称：北京新锐电器有限公司<br>纳税人识别号：110114745862904015<br>地 址 、电 话：北京市昌平区光明路16号010-26674938<br>开户行及账号：中国工商银行北京市分行昌平支行0200000283627392724 | | | | | 备注 | 北京新锐电器有限公司 110114745862904015 发票专用章 | |

收款人：邓丽丽　　复核：薛小双　　开票人：王芳　　销售方：（章）

原始凭证59-2

**销售出库单**

日期：2021年12月22日　　　　　　　　编号：XS-0004

| 序号 | 名称 | 规格 | 单位 | 应发数量 | 实发数量 | 备注 |
|---|---|---|---|---|---|---|
| 1 | 轻巧型电热水壶 | 轻巧型 | 个 | 6 200 | 6 200 | 销售给天津万润贸易公司 |
| 2 | 经典型电热水壶 | 经典型 | 个 | 3 200 | 3 200 | 销售给天津万润贸易公司 |
| 3 | 豪华型电热水壶 | 豪华型 | 个 | 800 | 800 | 销售给天津万润贸易公司 |
| | | | | | | |
| | | | | | | |

第三联：财务部

制单：胡平　　　　复核：林瑞　　　　经办人：白斌

业务60：2021年12月22日，企业收到天津万润贸易公司的剩余货款。

原始凭证60-1

**中国工商银行　进账单（收账通知）　3**

2021年12月22日　　　　　　　　№45364901

| | | | | | |
|---|---|---|---|---|---|
| 出票人 | 全　称 | 天津万润贸易公司 | 收款人 | 全　称 | 北京新锐电器有限公司 |
| | 账　号 | 0302000283627392720 | | 账　号 | 0200000283627392724 |
| | 开户银行 | 中国工商银行天津分行 | | 开户银行 | 中国工商银行北京市分行昌平支行 |

| 金额 | 人民币（大写） | 亿 | 千 | 百 | 十 | 万 | 千 | 百 | 十 | 元 | 角 | 分 |
|---|---|---|---|---|---|---|---|---|---|---|---|---|
| | 陆拾贰万玖仟玖佰柒拾伍元整 | | | ¥ | 6 | 2 | 9 | 9 | 7 | 5 | 0 | 0 |

| | | | |
|---|---|---|---|
| 票据种类 | 转账支票 | 票据张数 | 1 |
| 票据号码 | 45364901 | | |

中国工商银行北京市分行昌平支行 2021.12.22 转讫

复核　　记账　　　　收款人开户银行签章

此联是收款人开户银行交给收款人的收账通知

## 技能点6　核算应付职工薪酬

### 一、实训目标

1. 能正确理解“应付职工薪酬”科目核算要点
2. 能正确描述应付职工薪酬业务的核算流程
3. 能正确进行应付职工薪酬业务的会计核算

## 二、实训材料

1.同城委托收款凭证

2.社会保险专业基金票据

3.住房公积金汇缴书

## 三、实训内容和步骤

### （一）计提职工薪酬

1.确认“基本生产成本/制造费用/管理费用/销售费用”等：根据职工工资，以及社会保险费、住房公积金、工会经费、职工教育经费、职工福利及非货币性福利等的计提比例，按照受益对象计入产品成本或当期损益。

2.确认“应付职工薪酬”：按职工薪酬各项明细的金额计量。

借：基本生产成本/制造费用/管理费用/销售费用等

　　贷：应付职工薪酬——工资、奖金、津贴和补贴/社会保险费/设定提存计划/住房公积金/职工福利/工会经费/职工教育经费/非货币性福利等

### （二）发放工资，并代扣社会保险、住房公积金及个人所得税

1.确认“应付职工薪酬”：按照应发的工资总额计量。

2.确认“银行存款”：按照实际支付的工资金额计量。

3.确认“其他应付款”：按照从应付工资中代扣的由个人负担的社会保险费和住房公积金计量。

4.确认“应交税费——个人所得税”：按照应付工资中代扣的应交个人所得税金额计量。

借：应付职工薪酬——工资、奖金、津贴和补贴

　　贷：银行存款

　　　　其他应付款——社会保险费/住房公积金

　　　　应交税费——个人所得税

### （三）缴纳社会保险费及住房公积金时

1.确认“应付职工薪酬”：按照由公司承担的社会保险费或住房公积金计量。

2.确认“其他应付款”：按照应付工资中代扣的由个人负担的社会保险费或住房公积金计量。

3.确认“银行存款”：按照企业实际缴纳的社会保险费或住房公积金总额计量。

借：应付职工薪酬——社会保险费/住房公积金

　　其他应付款——社会保险费/住房公积金

　　贷：银行存款

### （四）支付职工福利、工会经费、职工教育经费等

1.确认“应付职工薪酬”：按照应发的职工福利、工会经费或职工教育经费金额计量。

2. 确认"银行存款"：按照企业实际支付的职工福利、工会经费或职工教育经费金额计量。

借：应付职工薪酬——职工福利/工会经费/职工教育经费

　　贷：银行存款/库存现金

## 四、实训注意事项

1. 企业在计量应付职工薪酬时，应当注意国家是否有相关的计提标准而加以区别处理。

2. 财务部门根据批准的工资计划，会同劳动人事部门，严格按照规定掌握工资和奖金的支付，分析工资计划的执行情况。对于违反工资政策，滥发津贴、奖金的，要予以制止并向领导和有关部门报告。

3. 财务部门根据实有职工人数、工资等级和工资标准，审核工资奖金计算表，办理代扣款项（包括计算个人所得税、住房公积金、社会保险费等），计算实发工资。

4. 财务部门按照工资总额的组成和支付工资的来源，进行明细核算。根据管理部门的要求，编制有关工资报表。

## 五、实训任务

业务61：2021年12月22日，企业以银行存款上交社保和住房公积金。

原始凭证61-1

**同城委托收款凭证（付款通知）**

委托号码：00522978

特约　委托日期　2021年12月22日　第　号

| | | | | | |
|---|---|---|---|---|---|
| 付款人 | 全称 | 北京新锐电器有限公司 | 收款人 | 全称 | 北京市社会保险基金管理中心 |
| | 账号 | 0200000283627392724 | | 账号 | 0200000283627392744 |
| | 开户银行 | 中国工商银行北京市分行昌平支行 | | 开户银行 | 中国工商银行北京市分行昌平支行 |
| 金额 | 人民币（大写） | 捌万壹仟捌佰伍拾捌元整 | | 千百十万千百十元角分 | ￥8185800 |
| 款项内容 | 医疗保险费 | 委托收款凭据名称 | | 附寄单证张数 | |
| 备注：2021年11月医疗保险费：81 858元 | | | | 收款人开户行盖章　年　月　日 | |

北京市社会保险基金管理中心 财务专用章（医疗保险收入户）

中国工商银行北京市分行昌平支行 2021.12.22 转讫

此联付款人开户银行给付款人按时付款的通知

原始凭证61-2

# 同城委托收款凭证（付款通知）

委托号码：02502702

特约 委托日期 2021年12月22日 第 号

| | | | | | |
|---|---|---|---|---|---|
| 付款人 | 全称 | 北京新锐电器有限公司 | 收款人 | 全称 | 北京市社会保险基金管理中心 |
| | 账号 | 0200000283627392724 | | 账号 | 0200000283627392744 |
| | 开户银行 | 中国工商银行北京市分行昌平支行 | | 开户银行 | 中国工商银行北京市分行昌平支行 |
| 金额 | 人民币（大写） | 贰拾壹万零捌拾柒元整 | | 千百十万千百十元角分 | ¥ 2 1 0 0 8 7 0 0 |
| 款项内容 | 养老保险费<br>失业保险费<br>工伤保险费<br>生育保险费 | 委托收款凭据名称 | | 附寄单证张数 | |

备注：
收2021年11月
养老保险费：189 756元
失业保险费：8 132.4元
工伤保险费：6 777元
生育保险费：5 421.6元

收款人开户行盖章 年 月 日

（印章：北京市社会保险基金管理中心 财务专用章（医疗保险收入户）；中国工商银行北京市分行昌平支行 2021.12.22 转讫）

此联付款人开户银行给付款人按时付款的通知

原始凭证61-3

# 社会保险专业基金票据

02290413

支票号：

| 付款单位 | 北京新锐电器有限公司 | | | | | | | | | | | |
|---|---|---|---|---|---|---|---|---|---|---|---|---|
| 征缴险种 | 征缴项目 | 亿 | 千 | 百 | 十 | 万 | 千 | 百 | 十 | 元 | 角 | 分 |
| 医疗保险 | | | | | | 8 | 1 | 8 | 5 | 8 | 0 | 0 |
| | | | | | | | | | | | | |
| | | | | | | | | | | | | |
| | | | | | | | | | | | | |
| | | | | | | | | | | | | |
| | 小写金额合计 | | | | ¥ | 8 | 1 | 8 | 5 | 8 | 0 | 0 |
| 大写金额 | 零亿零仟零佰零拾捌万壹仟捌佰伍拾捌元零角零分 | | | | | | | | | | | |

征缴单位（盖章）： 经办人：邵宇 2021年12月22日

（印章：北京市社会保险基金管理中心 财务专用章（医疗保险收入户））

第二联 收据

原始凭证61-4

## 社会保险专业基金票据

02290414

出票号：

| 付款单位 | 北京新锐电器有限公司 | | | | | | | | | | | |
|---|---|---|---|---|---|---|---|---|---|---|---|---|
| 征缴险种 | 征缴项目 | 金额 | | | | | | | | | | |
| | | 亿 | 千 | 百 | 十 | 万 | 千 | 百 | 十 | 元 | 角 | 分 |
| 养老保险 | | | | | 1 | 8 | 9 | 7 | 5 | 6 | 0 | 0 |
| 失业保险 | | | | | | | 8 | 1 | 3 | 2 | 4 | 0 |
| 工伤保险 | | | | | | | 6 | 7 | 7 | 7 | 0 | 0 |
| 生育保险 | | | | | | | 5 | 4 | 2 | 1 | 6 | 0 |
| | | | | | | | | | | | | |
| 小写金额合计 | | | | ¥ | 2 | 1 | 0 | 0 | 8 | 7 | 0 | 0 |
| 大写金额　零亿零仟零佰贰拾壹万零仟零佰捌拾柒元零角零分 | | | | | | | | | | | | |

第二联　收据

征缴单位（盖章）：　　　经办人：邵宇　　　2021年12月22日

原始凭证61-5

## 住房公积金汇缴书

2021年12月22日

附变更清册　　张

| 单位名称（公章） | 北京新锐电器有限公司 | | |
|---|---|---|---|
| 单位登记号 | 63880858 | 资金来源 □财政统发 ☑非财政统发 | 汇缴 2021 年 11 月份 |

| 汇缴金额（大写）：壹拾陆万贰仟陆佰肆拾捌元整 | 千 | 百 | 十 | 万 | 千 | 百 | 十 | 元 | 角 | 分 |
|---|---|---|---|---|---|---|---|---|---|---|
| | | ¥ | 1 | 6 | 2 | 6 | 4 | 8 | 0 | 0 |

| | 上月汇缴 | 本月增加 | 本月减少 | 本月汇缴 |
|---|---|---|---|---|
| 人数 | | | | |
| 金额 | | | | |
| 缴款方式 | □支票 | ☑委托收款 | □现金送款等 | □汇票 |
| 票据号码 | 32452950 | | 备注：2021.12.22 | |
| 付款银行 | 中国工商银行北京市分行昌平支行 | | | |
| 付款账户 | 0200000283627392724 | | | |

北京新锐电器有限公司

中国工商银行北京市分行昌平支行 2021.12.22 转讫

单位财务主管签字（盖章）：　　　复核：袁芳　　　制单：方华

# 技能点7　核算应交税费

## 一、实训目标

1.能正确理解“应交税费”科目核算要点

2.能正确描述应交税费业务的核算流程

3.能正确进行应交税费业务的会计核算

## 二、实训材料

1.增值税专用发票

2.采购入库单

3.付款申请单

4.固定资产验收单

5.转账支票存根

6.银行进账单

7.销售出库单

8.福利发放表

9.电子缴税付款凭证

## 三、实训内容和步骤

### （一）一般纳税人购买材料、固定资产、接受应税劳务等

1.确认“在途物资/原材料/固定资产/管理费用”等：按照购买原材料、固定资产或接受应税劳务的发生额计量。

2.确认“应交税费——应交增值税（进项税额）”：按照取得增值税专用发票上注明的可抵扣的进项税额计量。

3.确认“银行存款”：按照实际支付的银行存款金额计量。

借：在途物资/原材料/固定资产/管理费用等

　　应交税费——应交增值税（进项税额）

　　贷：银行存款

### （二）一般纳税人销售商品或者提供劳务

1.确认“应收账款/银行存款”：按照销售产品或提供服务应收或收到的金额计量。

2.确认“主营业务收入”：按照企业确认的销售产品、提供服务等主营业务的收入计量。

3.确认“应交税费——应交增值税（销项税额）”：按现行增值税规章制度计算的销项税额计量。

借：应收账款/银行存款

　　贷：主营业务收入

　　　　应交税费——应交增值税（销项税额）

### （三）一般纳税人视同销售行为

1. 确认"应付职工薪酬/长期股权投资"等：按照企业确认的销售产品价税合计金额计量。

2. 确认"主营业务收入"：按照企业确认的销售产品收入计量。

3. 确认"应交税费——应交增值税（销项税额）"：按现行增值税规章制度计算的销项税额计量。

借：应付职工薪酬/长期股权投资等

　　贷：主营业务收入

　　　　应交税费——应交增值税（销项税额）

### （四）管理不善等原因造成的外购存货非正常损失

1. 确认"待处理财产损溢"：按照外购存货发生非正常损失的金额和已确认的进项税额之和计量。

2. 确认"原材料/库存商品"：按照外购存货发生非正常损失的金额计量。

3. 确认"应交税费——应交增值税（进项税额转出）"：按外购存货时认定的进项税额金额计量。

借：待处理财产损溢——待处理流动资产损溢

　　贷：原材料/库存商品

　　　　应交税费——应交增值税（进项税额转出）

### （五）转出未交增值税

1. 确认"应交税费——应交增值税（转出未交增值税）"：按照计算出的当月应交未交的增值税金额计量。

2. 确认"应交税费——未交增值税"：按照计算出的当月应交未交的增值税金额计量。

借：应交税费——应交增值税（转出未交增值税）

　　贷：应交税费——未交增值税

### （六）转出多交增值税

1. 确认"应交税费——未交增值税"：按照计算出的当月多交的增值税金额计量。

2. 确认"应交税费——应交增值税（转出多交增值税）"：按照计算出的当月多交的增值税金额计量。

借：应交税费——未交增值税

　　贷：应交税费——应交增值税（转出多交增值税）

### （七）缴纳当月应交增值税

1. 确认"应交税费——应交增值税（已交税金）"：按照当月已缴纳的增值税金额计量。

2. 确认"银行存款"：按照当月已缴纳的增值税金额计量。

借：应交税费——应交增值税（已交税金）

贷：银行存款

### （八）缴纳上月应交增值税

1. 确认“应交税费——未交增值税”：按照缴纳的上月增值税金额计量。

2. 确认“银行存款”：按照缴纳的上月增值税金额计量。

借：应交税费——未交增值税

贷：银行存款

### （九）计算消费税、城市维护建设税、教育费附加、地方教育附加等

1. 确认“税金及附加”：按照计算出的应缴纳的消费税/城市维护建设税/教育费附加/地方教育附加等金额计量。

2. 确认“应交税费——应交消费税/城市维护建设税/教育费附加/地方教育附加”等：按照计算出的应缴纳的消费税/城市维护建设税/教育费附加/地方教育附加等金额计量。

借：税金及附加

贷：应交税费——应交消费税/城市维护建设税/教育费附加/地方教育附加等

## 四、实训注意事项

1. 企业必须按照国家规定履行纳税义务，对其经营所得依法缴纳各种税费。

2. 我国现行增值税属于比例税率，根据应税行为一共分为13%、9%、6%三档税率及5%、3%两档征收率。

3. 增值税发票由财务部出纳员负责从税务局领购和妥善保管，不能遗失和损毁。若发生被盗和遗失应立即登报声明作废，同时追究出纳员的责任。给公司造成损失的要赔偿损失。

4. 增值税发票专用章由财务部分管会计保管和使用，分管会计在严格审核出纳员开具的发票后，符合规定的加盖发票专用章，开具有误或开具错误的有权拒绝盖章。发现出纳员违反规定虚开或代开发票的要及时报告财务部长，财务部长要及时汇报董事长处理。分管会计隐瞒不报给公司造成税务风险和经济损失的，公司有权追究其法律责任。

## 五、实训任务

业务62：2021年12月22日，企业从九江塑电科技有限公司购入原材料一批并验收入库，款项暂未支付。

原始凭证62-1

1100153130　　**江西增值税专用发票**　　№76543209

发 票 联

机器编号：499910936509　　　　开票日期：2021年12月22日

| | | | |
|---|---|---|---|
| 购买方 | 名　　称：北京新锐电器有限公司<br>纳税人识别号：110114745862904015<br>地 址 、电 话：北京市昌平区光明路16号010-26674938<br>开户行及账号：中国工商银行北京市分行昌平支行0200000283627392724 | 密码区 | 035926>3>2<0230937-8>1*26906<br>374*91/- +588247>>/*6+>-89233<br>785926>3>2<0230937*57+89>097<br>4/ 737-++690195*6067//42+2-72 |

| 货物或应税劳务、服务名称 | 规格型号 | 单位 | 数量 | 单价 | 金额 | 税率 | 税额 |
|---|---|---|---|---|---|---|---|
| *家用电器配件*轻巧、经典型底座 | 通用：定制 | 件 | 1 320 | 20.00 | 26 400.00 | 13% | 3 432.00 |
| *家用电器配件*豪华型底座 | 豪华型：定制 | 件 | 120 | 35.00 | 4 200.00 | 13% | 546.00 |
| *家用电器配件*轻巧、经典型加热底盘 | 通用：定制 | 件 | 900 | 12.00 | 10 800.00 | 13% | 1 404.00 |
| *家用电器配件*豪华型加热底盘 | 豪华型：定制 | 件 | 75 | 18.00 | 1 350.00 | 13% | 175.50 |
| *家用电器配件*轻巧型辅材套件 | 轻巧型：定制 | 套 | 900 | 4.00 | 3 600.00 | 13% | 468.00 |
| *家用电器配件*经典型辅材套件 | 经典型：定制 | 套 | 420 | 4.50 | 1 890.00 | 13% | 245.70 |
| *家用电器配件*豪华型辅材套件 | 豪华型：定制 | 套 | 800 | 5.00 | 4 000.00 | 13% | 520.00 |
| 合计 | | | | | ¥52 240.00 | | ¥6 791.20 |
| 价税合计（大写） | ⊗伍万玖仟零叁拾壹元贰角整 | | | | （小写）¥59 031.20 | | |

| | | | |
|---|---|---|---|
| 销售方 | 名　　称：九江塑电科技有限公司<br>纳税人识别号：110114745862892003<br>地 址 、电 话：江西省九江市开发区九瑞大道96号0792-88573212<br>开户行及账号：中国工商银行九江分行1507000283627392712 | 备注 | 九江塑电科技有限公司<br>110114745862892003<br>发票专用章 |

收款人：江义　　复核：江山　　开票人：张兰　　销售方：（章）

第三联：发票联　购买方记账凭证

原始凭证62-2

## 采购入库单

2021年12月22日　　　　编号：CG-0012

| 序号 | 名称 | 规格 | 单位 | 数量 | 供应商 |
|---|---|---|---|---|---|
| 1 | 轻巧、经典型底座 | 通用：定制 | 件 | 1 320 | 九江塑电科技有限公司 |
| 2 | 豪华型底座 | 豪华型：定制 | 件 | 120 | 九江塑电科技有限公司 |
| 3 | 轻巧、经典型加热底盘 | 通用：定制 | 件 | 900 | 九江塑电科技有限公司 |
| 4 | 豪华型加热底盘 | 豪华型：定制 | 件 | 75 | 九江塑电科技有限公司 |
| 5 | 轻巧型辅材套件 | 轻巧型：定制 | 套 | 900 | 九江塑电科技有限公司 |
| 6 | 经典型辅材套件 | 经典型：定制 | 套 | 420 | 九江塑电科技有限公司 |
| 7 | 豪华型辅材套件 | 豪华型：定制 | 套 | 800 | 九江塑电科技有限公司 |

制单：胡平　　　　复核：林瑞

第三联：财务部

业务63：2021年12月23日，企业销售部购入笔记本电脑两台，每台5 000元，已经验收入库。

原始凭证63-1

## 付款申请单

申请日期：2021年12月23日

| 申请部门 | 销售部 | | | 申请人 | 白斌 |
|---|---|---|---|---|---|
| 申请事由 | 购买笔记本电脑两台 | | | | |
| 收款单位 | 北京红日电脑大市场 | | | 收款人 | 李媛 |
| 申请付款金额 | ¥11 300.00 | | | | |
| 付款方式 | □现 | ☑转 | □其他 | 大写 | 人民币壹万壹仟叁佰元整 |
| 备注 | | | | | |

单位负责人 葛文学　　财务负责人 周　吉　　部门负责人　朱建国

原始凭证63-2

1100153130　　**北京增值税专用发票**　　№76543644

发　票　联

机器编号：499910936509　　开票日期：2021年12月23日

| 购买方 | 名　　称：北京新锐电器有限公司<br>纳税人识别号：110114745862904015<br>地 址 、电 话：北京市昌平区光明路16号010-26674938<br>开户行及账号：中国工商银行北京市分行昌平支行0200000283627392724 | | | | | 密码区 | 035926>3>2<0230937-8>1*26906<br>374*91/- +588247>>/*6+>-89233<br>785926>3>2<0230937*57+89>097<br>4/ 737-++690195*6067//42+2-72 |
|---|---|---|---|---|---|---|---|
| 货物或应税劳务、服务名称 | 规格型号 | 单位 | 数量 | 单价 | 金额 | 税率 | 税额 |
| *电子计算机*笔记本电脑 | | 台 | 2 | 5 000.00 | 10 000.00 | 13% | 1 300.00 |
| 合计 | | | | | ¥10 000.00 | | ¥1 300.00 |
| 价税合计（大写） | ⊗壹万壹仟叁佰元整 | | | | （小写）¥11 300.00 | | |
| 销售方 | 名　　称：北京红日电脑大市场<br>纳税人识别号：110387494101827318<br>地 址 、电 话：北京市昌平区南洋路709号010-87393774<br>开户行及账号：中国工商银行北京市分行昌平支行0200000231276480765 | | | | | 备注 | 北京红日电脑大市场<br>110387494101827318<br>发票专用章 |

第三联：发票联　购买方记账凭证

收款人：江义　　复核：江山　　开票人：张兰　　销售方：（章）

原始凭证63-3

## 固定资产交接（验收）单

2021年12月23日　　　　编号：00064

| 固定资产编号 | 名称 | 规格型号 | 单位 | 数量 | 来源 | 建造单位 | | 建造编号 |
|---|---|---|---|---|---|---|---|---|
| 400001，400002 | 笔记本电脑 | PRO14 | 台 | 2 | 外购 | 联想集团有限公司 | | |
| 总价（净值） | 土建工程费 | 设备费 | 安装费 | 其他 | 合计 | 预计年限 | 月折旧率 | 净残值率 |
| | | 10000.00 | | | 10000.00 | 5 | 1.5833% | 5% |
| 验收及管理部门 | 销售部 | 验收人员 | | 白斌 | | 管理人员 | 朱建国 | |
| 备注 | | | | | | | | |

审核：黄杰　　　　制单：严格物

原始凭证63-4

转账支票存根

北京仲裁印制有限公司 2020年印制

**中国工商银行**
**转账支票存根**

$\frac{B}{0}\frac{0}{2}$ 90000015

附加信息

出票日期 2021年12月23日

| | |
|---|---|
| 收款人： | 北京红日电脑大市场 |
| 金　额： | ¥11 300.00 |
| 用　途： | 支付笔记本电脑款 |

单位主管　　　会计

业务64：2021年12月23日，企业与昆明经贸大市场签订供货合同，向其出售一批电热水壶，货款金额共计1 152 000元，应交增值税149 760元，开出增值税专用发票，昆明经贸大市场验收后付清了货款。

原始凭证64-1

1100153130　　　　**北京增值税专用发票**　　　　№789423519

机器编号：499910936509　　此联不作报销、扣税凭证使用　　开票日期：2021年12月23日

| | | | | | | | | |
|---|---|---|---|---|---|---|---|---|
| 购买方 | 名　　称：昆明经贸大市场<br>纳税人识别号：110114745862899000<br>地 址 、电 话：云南省昆明市西册区大商汇灯具A区29号0871-64669022<br>开户行及账号：中国工商银行昆明分行2502000283627392719 | | | | | 密码区 | 035926>3>2<0230937-8>1*26906<br>374*91/- +588247>>/*6+>-89233<br>785926>3>2<0230937*57+89>097<br>4/ 737-++690195*6067//42+2-72 | |
| 货物或应税劳务、服务名称 | 规格型号 | 单位 | 数量 | 单价 | 金额 | 税率 | 税额 | |
| *家用厨房电器具*轻巧型电热水壶 | 轻巧型 | 件 | 9 000 | 85.00 | 765 000.00 | 13% | 99 450.00 | |
| *家用厨房电器具*经典型电热水壶 | 经典型 | 件 | 2 800 | 120.00 | 336 000.00 | 13% | 43 680.00 | |
| *家用厨房电器具*豪华型电热水壶 | 豪华型 | 件 | 200 | 255.00 | 51 000.00 | 13% | 6 630.00 | |
| 合计 | | | | | ¥1 152 000.000 | | ¥149 760.00 | |
| 价税合计（大写） | ⊗壹佰叁拾万壹仟柒佰陆拾元整 | | | | （小写）¥1 301 760.00 | | | |
| 销售方 | 名　　称：北京新锐电器有限公司<br>纳税人识别号：110114745862904015<br>地 址 、电 话：北京市昌平区光明路16号010-26674938<br>开户行及账号：中国工商银行北京市分行昌平支行0200000283627392724 | | | | | 备注 | 北京新锐电器有限公司 110114745862904015 发票专用章 | |

收款人：邓丽丽　　复核：薛小双　　开票人：王芳　　销售方：（章）

第一联：记账联　销售方记账凭证

原始凭证64-2

## 销售出库单

日期：2021年12月23日　　编号：XS-0005

| 序号 | 名称 | 规格 | 单位 | 应发数量 | 实发数量 | 备注 |
|---|---|---|---|---|---|---|
| 1 | 轻巧型电热水壶 | 轻巧型 | 件 | 9 000 | 9 000 | 销售给昆明经贸大市场 |
| 2 | 经典型电热水壶 | 经典型 | 件 | 2 800 | 2 800 | 销售给昆明经贸大市场 |
| 3 | 豪华型电热水壶 | 豪华型 | 件 | 200 | 200 | 销售给昆明经贸大市场 |
| | | | | | | |

制单：胡平　　复核：林瑞　　经办人：白斌

第三联：财务部

原始凭证64-3

**中国工商银行 进账单（收账通知） 3**

2021年12月23日 №45364902

| | | | | | |
|---|---|---|---|---|---|
| 出票人 | 全　　称 | 昆明经贸大市场 | 收款人 | 全　　称 | 北京新锐电器有限公司 |
| | 账　　号 | 2502000283627392719 | | 账　　号 | 0200000283627392724 |
| | 开户银行 | 中国工商银行昆明分行 | | 开户银行 | 中国工商银行北京市分行昌平支行 |

| 金额 | 人民币（大写） | 亿 | 千 | 百 | 十 | 万 | 千 | 百 | 十 | 元 | 角 | 分 |
|---|---|---|---|---|---|---|---|---|---|---|---|---|
| | 壹佰叁拾万零壹仟柒佰陆拾元整 | | ¥ | 1 | 3 | 0 | 1 | 7 | 6 | 0 | 0 | 0 |

| | | | | |
|---|---|---|---|---|
| 票据种类 | 转账支票 | 票据张数 | 1 | 中国工商银行北京市分行昌平支行 2021.12.23 转讫 |
| 票据号码 | 45364902 | | | |
| 复核 | 记账 | | | 收款人开户银行签章 |

此联是收款人开户银行交给收款人的收账通知

业务65：2021年12月23日，企业将其生产的经典型电热水壶发放给职工作为年终福利，该型号的经典型电热水壶售价每个120元（不含增值税，增值税税率为13%），公司职工共178人。

原始凭证65-1

1100153130 **北京增值税专用发票** №78942352

机器编号：499910936509 此联不作报销、扣税凭证使用 开票日期：2021年12月23日

（全国统一发票监制章 国家税务总局 北京市税务局）

| | | | |
|---|---|---|---|
| 购买方 | 名　　称：北京新锐电器有限公司<br>纳税人识别号：110114745862904015<br>地 址 、电 话：北京市昌平区光明路16号010-26674938<br>开户行及账号：中国工商银行北京市分行昌平支行0200000283627392724 | 密码区 | 035926>3>2<0230937-8>1*26906<br>374*91/- +588247>>/*6+>-89233<br>785926>3>2<0230937*57+89>097<br>4/ 737-++690195*6067//42+2-72 |

| 货物或应税劳务、服务名称 | 规格型号 | 单位 | 数量 | 单价 | 金额 | 税率 | 税额 |
|---|---|---|---|---|---|---|---|
| *家用厨房电器具*经典型电热水壶 | 经典型 | 件 | 178 | 120.00 | 21 360.00 | 13% | 2 776.80 |
| 合计 | | | | | ¥21 360.000 | | ¥2 776.80 |
| 价税合计（大写） | ⊗贰万肆仟壹佰叁拾陆元捌角整 | | | | （小写）¥24 136.80 | | |

| | | | |
|---|---|---|---|
| 销售方 | 名　　称：北京新锐电器有限公司<br>纳税人识别号：110114745862904015<br>地 址 、电 话：北京市昌平区光明路16号010-26674938<br>开户行及账号：中国工商银行北京市分行昌平支行0200000283627392724 | 备注 | 北京新锐电器有限公司 110114745862904015 发票专用章 |

收款人：邓丽丽 复核：薛小双 开票人：王芳 销售方：（章）

第一联：记账联 销售方记账凭证

原始凭证65-2

## 销售出库单

日期：2021年12月23日　　　　编号：XS-0006

| 序号 | 名称 | 规格 | 单位 | 应发数量 | 实发数量 | 备注 |
|---|---|---|---|---|---|---|
| 1 | 经典型电热水壶 | 经典型 | 件 | 178 | 178 | 发放职工福利 |
| | | | | | | |
| | | | | | | |
| | | | | | | |
| | | | | | | |

第三联：财务部

制单：胡平　　复核：林瑞　　经办人：白斌

原始凭证65-3

## 福利发放表

2021年12月　　　　单位：元

| 序号 | 部门 | 姓名 | 金额 | 签字 |
|---|---|---|---|---|
| 1 | 企业管理部 | 葛文学 | 135.6 | 葛文学 |
| 2 | 人力行政部 | 赵娟 | 135.6 | 赵娟 |
| 3 | 人力行政部 | 刘丽 | 135.6 | 刘丽 |
| … | | | … | |
| 合计 | | | 24 136.8 | |

制单：胡平　　复核：林瑞　　经办人：白斌

业务66：2021年12月23日，企业缴纳上月未交增值税。

原始凭证66-1

## 中国工商银行

电子缴税付款凭证

缴税日期：2021年12月23日　　凭证字号：20200010

纳税人全称及纳税人识别号：北京新锐电器有限公司 110114745862904015

付款人全称：北京新锐电器有限公司

付款人账号：0200000283627392724　　征收机关名称：北京市昌平区国家税务局第二税务所

付款人开户行：中国工商银行北京市分行昌平支行　　收款国库（银行）名称：北京市中心支库

小写（合计）金额：¥322 599.59　　缴款书交易流水号：39431373

大写（合计）金额：叁拾贰万贰仟伍佰玖拾玖元伍角玖分　　税票号码：872534788185935205

| 税（费）种名称 | 所属日期 | 实缴金额（单位：元） |
|---|---|---|
| 增值税 | 2021.11.01—2021.11.30 | ¥322 599.59 |
| | — | |
| | — | |
| | — | |
| | — | |

中国工商银行北京市分行昌平支行 电子回单专用章

第　　次打印　　　　打印时间：2021年12月23日

客户回单联　　验证码：864667　　复核：　　记账：

业务67：2021年12月23日，企业缴纳上月城市维护建设税、教育费附加、地方教育附加及个人所得税。

原始凭证67-1

**中国工商银行**　　　　凭证

电子缴税付款凭证

缴税日期：2021年12月23日　　　　凭证字号：20200011

纳税人全称及纳税人识别号：北京新锐电器有限公司 110114745862904015

付款人全称：北京新锐电器有限公司 110114745862904015

付款人账号：0200000283627392724　　　　征收机关名称：北京市昌平区国家税务局第二税务所

付款人开户行：中国工商银行北京市分行昌平支行　　　　收款国库（银行）名称：北京市中心支库

小写（合计）金额：¥41 319.74　　　　缴款书交易流水号：18927064

大写（合计）金额：肆万壹仟叁佰壹拾玖元柒角肆分　　　　税票号码：503561456795425132

| 税（费）种名称 | 所属日期 | 实缴金额（单位：元） |
|---|---|---|
| 城市维护建设税 | 2021.11.01—2021.11.30 | ¥22 581.97 |
| 教育费附加 | 2021.11.01—2021.11.30 | ¥9 677.99 |
| 地方教育附加 | 2021.11.01—2021.11.30 | ¥6 451.99 |
| 个人所得税 | 2021.11.01—2021.11.30 | ¥2 607.79 |
| | — | |

第　　次打印　　　　打印时间：2021年12月23日

（印章：中国工商银行北京市分行昌平支行 电子回单专用章）

客户回单联　　　　验证码：660513　　　　复核：　　　　记账：

## 技能点8　核算应付股利

### 一、实训目标

1.能正确理解“应付股利”科目核算要点

2.能正确描述应付股利业务的核算流程

3.能正确进行应付股利业务的会计核算

### 二、实训材料

1.付款申请单

2.电汇凭证

### 三、实训内容和步骤

#### （一）宣告发放现金股利

1.确认“利润分配——应付现金股利”：按向投资单位宣告发放的现金股利计量。

2.确认“应付股利”：按向投资单位宣告发放的现金股利计量。

借：利润分配——应付现金股利

　　贷：应付股利

### （二）支付现金股利

1. 确认“应付股利”：按已支付的现金股利冲减。

2. 确认“银行存款”或“其他货币资金”：按照实际支付的现金股利金额计量。

借：应付股利

  贷：银行存款

## 四、实训注意事项

1. 董事会或类似机构通过的利润分配方案中拟分配的股票股利，不做账务处理，但应在附注中披露。

2. 如果是个人股东还要代扣代缴20%个人所得税，借记“应付股利”，贷记“银行存款”“应交税费——个人所得税”。

## 五、实训任务

业务68：2021年12月23日，企业向长江投资有限公司、南方电器有限公司和宝来房产集团支付已宣告发放的现金股利。

原始凭证68-1

**付款申请单**

申请日期：2021年12月23日

| | | | | | |
|---|---|---|---|---|---|
| 申请部门 | 财务部 | | | 申请人 | 邓丽丽 |
| 申请事由 | 支付股东股利 | | | | |
| 收款单位 | 长江投资有限公司、南方电器有限公司、宝来房产集团 | | | 收款人 | 吴东、张力、杨丹 |
| 申请付款金额 | ¥3 000 000.00 | | | | |
| 付款方式 | □现 | ☑转 | □其他 | 大写 | 人民币叁佰万元整 |
| 备注 | | | | | |

单位负责人 葛文学　　财务负责人 周　吉　　部门负责人 周　吉

原始凭证68-2

**中国工商银行　电汇凭证（回单）**

委托日期2021年12月23日　　第2号

| | | | | | |
|---|---|---|---|---|---|
| 汇款人 | 全　称 | 北京新锐电器有限公司 | 收款人 | 全　称 | 宝来房产集团 |
| | 账　号 | 0200000283627392724 | | 账　号 | 0200000283627392787 |
| | 开户银行 | 中国工商银行北京市分行昌平支行 | | 开户银行 | 中国工商银行北京市分行昌平支行 |

| 金额 | 人民币（大写） | 亿 | 千 | 百 | 十 | 万 | 千 | 百 | 十 | 元 | 角 | 分 |
|---|---|---|---|---|---|---|---|---|---|---|---|---|
| | 陆拾万元整 | | | ¥ | 6 | 0 | 0 | 0 | 0 | 0 | 0 | 0 |

| | | |
|---|---|---|
| 中国工商银行北京市分行昌平支行 2021.12.23 转讫 | 支付密码 | |
| | 附加信息及用途：支付股利 | |
| 汇出行签章 | 复核： | 记账： |

原始凭证68-3

**中国工商银行　电汇凭证（回单）**

委托日期2021年12月23日　　　　第3号

| | | | | | |
|---|---|---|---|---|---|
| 汇款人 | 全　称 | 北京新锐电器有限公司 | 收款人 | 全　称 | 长江投资有限公司 |
| | 账　号 | 0200000283627392724 | | 账　号 | 0200000283888886885 |
| | 开户银行 | 中国工商银行北京市分行昌平支行 | | 开户银行 | 中国工商银行北京市分行昌平支行 |

| 金额 | 人民币（大写） | 亿 | 千 | 百 | 十 | 万 | 千 | 百 | 十 | 元 | 角 | 分 |
|---|---|---|---|---|---|---|---|---|---|---|---|---|
| 壹佰伍拾万元整 | | | ¥ | 1 | 5 | 0 | 0 | 0 | 0 | 0 | 0 | 0 |

中国工商银行北京市分行昌平支行 2021.12.23 转讫

支付密码

附加信息及用途：支付股利

汇出行签章　　　　复核：　　记账：

原始凭证68-4

**中国工商银行　电汇凭证（回单）**

委托日期2021年12月23日　　　　第4号

| | | | | | |
|---|---|---|---|---|---|
| 汇款人 | 全　称 | 北京新锐电器有限公司 | 收款人 | 全　称 | 南方电器有限公司 |
| | 账　号 | 0200000283627392724 | | 账　号 | 0200000283627392686 |
| | 开户银行 | 中国工商银行北京市分行昌平支行 | | 开户银行 | 中国工商银行北京市分行昌平支行 |

| 金额 | 人民币（大写） | 亿 | 千 | 百 | 十 | 万 | 千 | 百 | 十 | 元 | 角 | 分 |
|---|---|---|---|---|---|---|---|---|---|---|---|---|
| 玖拾万元整 | | | | ¥ | 9 | 0 | 0 | 0 | 0 | 0 | 0 | 0 |

中国工商银行北京市分行昌平支行 2021.12.23 转讫

支付密码

附加信息及用途：支付股利

汇出行签章　　　　复核：　　记账：

## 技能点9　核算其他应付款

### 一、实训目标

1. 能正确理解“其他应付款”科目核算要点
2. 能正确描述其他应付款业务的核算流程

3.能正确进行其他应付款业务的会计核算

## 二、实训材料

1.设备租赁合同
2.电子汇款回单
3.付款申请单

## 三、实训内容和步骤

### (一)应付租入固定资产和包装物的租金、存入保证金、应付统筹退休金、职工未按期领取的工资、发生的各种除应付票据、应付账款、应付工资、应付利润等以外的应付、暂收其他单位或个人的款项

1.确认“管理费用/制造费用”等:按部门租入应付的租金、存入保证金计量。
2.确认“其他应付款”:按应付、暂收其他单位或个人的款项计量。
借:管理费用/制造费用等
　　贷:其他应付款

### (二)支付各种应付、暂收款项

1.确认“其他应付款”:按实际支付可冲减的应付、暂收其他单位或个人的款项计量。
2.确认“银行存款”:按实际支付的银行存款数额计量。
借:其他应付款
　　贷:银行存款

## 四、实训注意事项

1.其他应付款是指企业在商品交易业务以外发生的应付和暂收款项,具体包括企业除应付票据、应付账款、应付工资、应付利润等以外的应付、暂收其他单位或个人的款项。

2.其他应付款长期挂账是虚假其他应付款,对应的是费用存货的增加,也就是说以前存在虚列成本的现象,其他应付款长期挂账不予支付,所以税务要求缴纳所得税。

## 五、实训任务

业务69:2021年12月23日,企业向北京西城数控机床有限公司租入数控机床一台,应支付租金30 000元,暂欠。

原始凭证69-1

# 设备租赁合同

出租方：北京西城数控机床有限公司（甲方）

承租方：北京新锐电器有限公司（乙方）

根据民法典，经双方一致友好协商，特签订本合同。

一、设备清单

| 序号 | 设备名称 | 规格型号 | 数量 |
|---|---|---|---|
| 1 | 数控机床 | C201 | 1 |

二、租用期限

1.甲方于2021年12月23日至2022年6月22日为乙方提供以上设备的租赁服务。租期6个月。合计人民币叁万元整（RMB 30 000元）。

2.乙方决定租用此设备时，将租金一次性全额付给甲方。

3.租赁物交付的时间、地点、方式及验收：出租人在合同签订地点将租赁物交给承租人，承租人开机现场实物验收，承租人签订本合同表示对该租赁物已验收。

三、注意事项

1.乙方在租用期间不得转租，不得中途退租；乙方不能擅自拆改设备，必须妥善正确使用，确保设备完好无损，否则造成的一切损失由乙方承担。

2.乙方未和甲方签订续租合同则承租人需在租期结束的第3天前将所租设备退还。如要续租，双方需重新签订租赁合同，甲方有权在本合同逾期后的任何时候收回该设备并收取必要的逾期费用。

四、租赁设备的使用、维修、保养和费用

1.租赁设备在租赁期内由乙方使用。乙方应负责日常燃油、维修、保养，使设备保持良好状态，并承担由此产生的全部费用。

2.在工作过程中乙方若不能对设备故障进行排除，应及时通知甲方进行维修。正常维修一般不超过三天，如超过三天，每超一天，应免收乙方相应天数乘以8小时租金。

3.租赁设备在安装、保管、使用等过程中，使第三者遭受损失时，由乙方对此承担全部责任。

4.租赁设备在安装、保管、使用等过程中发生的一切费用、税款，均由乙方承担。

五、补充规定

1.损坏赔偿

（1）乙方承担在租赁期内发生的租赁设备的毁损（正常损耗不在此限）和灭失的风险。

（2）在租赁设备发生毁损或灭失时，乙方应立即通知甲方，甲方有权选择下列方式之一，由乙方负责处理并承担其一切费用：将租赁设备复原或修理至完全能正常使用的状态；更换与租赁设备同等型号、性能的部件或配件使其能正常使用；当租赁设备毁损或灭失至无法修理的程度时，乙方应赔偿甲方。

2.本合同未叙详尽并需补充之事，双方应共同协商作出补充规定，补充规定与本合同具有同等法律效力。

在履行过程中发生争议，由双方当事人协商解决。

3.本合同未作规定的，按照《中华人民共和国民法典》的规定执行。

4.本合同一式两份，由甲乙双方各执一份。合同自双方签字之日起生效。

出租方（公章）：北京西城数控机床有限公司　　　　承租方（公章）：北京新锐电器有限公司

授权代表：尚郡　　　　授权代表：葛文学

签字日期：2021年12月23日　　　　签字日期：2021年12月23日

业务70：2021年12月24日，企业向北京西城数控机床有限公司支付租金。

原始凭证70-1

**付款申请单**

申请日期：2021年12月24日

| | | | | | |
|---|---|---|---|---|---|
| 申请部门 | 生产车间 | | | 申请人 | 李丹丹 |
| 申请事由 | 租用数控机床 | | | | |
| 收款单位 | 北京西城数控机床有限公司 | | | 收款人 | 吴东 |
| 申请付款金额 | ¥30 000.00 | | | | |
| 付款方式 | □现 | ☑转 | □其他 | 大写 | 人民币叁万元整 |
| 备注 | | | | | |

单位负责人 葛文学　　财务负责人 周　吉　　部门负责人 沈　运

原始凭证70-2

**中国工商银行　电汇凭证（回单）**

委托日期2021年12月24日　　第34号

| | | | | | |
|---|---|---|---|---|---|
| 汇款人 | 全　称 | 北京新锐电器有限公司 | 收款人 | 全　称 | 北京西城数据控机床有限公司 |
| | 账　号 | 0200000283627392724 | | 账　号 | 0200000283627396666 |
| | 开户银行 | 中国工商银行北京市分行昌平支行 | | 开户银行 | 中国工商银行北京市城西支行 |

| | | | 亿 | 千 | 百 | 十 | 万 | 千 | 百 | 十 | 元 | 角 | 分 |
|---|---|---|---|---|---|---|---|---|---|---|---|---|---|
| 金额 | 人民币（大写） | 叁万元整 | | | | ¥ | 3 | 0 | 0 | 0 | 0 | 0 | 0 |

| | |
|---|---|
| 中国工商银行北京市分行昌平支行 2021.12.24 转讫 | 支付密码 |
| | 附加信息及用途：租数控机床 |
| 汇出行签章 | 复核：　　记账： |

# 任务十　核算长期借款

## 一、实训目标

1. 能正确理解“长期借款”科目核算要点
2. 能正确描述长期借款业务的核算流程
3. 能正确进行长期借款业务的会计核算

## 二、实训材料

1.长期借款合同
2.借款借据

## 三、实训内容和步骤

### （一）借入长期借款

1.确认“银行存款”：按照企业实际收到的借款金额计量。

2.确认“长期借款——本金”：按照合同约定的长期借款本金计量。

3.确认“长期借款——利息调整”：按照“银行存款”和“长期借款——本金”科目之间的差额记入借方。

借：银行存款
　　长期借款——利息调整
　　贷：长期借款——本金

### （二）确认长期借款利息

1.确认“在建工程/财务费用/制造费用/研发支出”等：按照长期借款的摊余成本和实际利率计算确定的长期借款的利息费用计量。

2.确认“长期借款——应计利息”：属于到期一次还本付息的，按照借款本金和合同利率计算确定的应付未付利息计量。

3.确认“应付利息”：属于分期付息的，按照借款本金和合同利率计算确定的应付未付利息计量。

4.确认“长期借款——利息调整”：按照利息费用和应付未付利息之间的差额记入贷方。

借：在建工程/财务费用/制造费用/研发支出等
　　贷：长期借款——应计利息
　　　　　　　——利息调整
　　　　应付利息

### （三）按期归还贷款本息

1.确认“长期借款——本金”：按照应归还本金的金额计量。

2.确认“长期借款——应计利息”或“应付利息”：按照应归还的利息计量。

3.确认“银行存款”：按照归还的本金和利息计量。

借：长期借款——本金
　　　　　　——应计利息
　　应付利息
　　贷：银行存款

## 四、实训注意事项

1.举借长期借款，可以为投资人带来获利的机会。企业需要的长期资金来自两个方面：一是投资人投入的资金；二是举借长期借款。从投资人角度来看，举借长期借款往往更为有利。一方面有利于投资人保持原有控制企业的权力，不会因为企业筹集长期资金而影响投资者本身的利益；另一方面还可以为投资人带来获利的机会。因为长期借款利息可以计入财务费用，在税前利润列支，所以，在企业盈利的情况下，就可少交一部分所得税，为投资人增加利润。

2. 长期借款利息费用应当在资产负债表日按实际利率法计算确定。如果实际利率与合同利率相差不大，也可以采用合同利率计算确定利息费用。

## 五、实训任务

业务71：2021年12月24日，企业向银行借入资金1 000 000元，借款期限为2年，年利率为9%，按月计算利息，按季结息，到期归还本金。

原始凭证71-1

### 长期借款合同

借款单位：（以下简称借款方）北京新锐电器有限公司

贷款单位：（以下简称贷款方）中国工商银行北京市分行昌平支行

借款方为建造厂房需要，特向贷款方申请借款，经贷款方审核同意发放。为明确双方责任，恪守信用，特签订本合同，共同遵守。

一、由贷款方提供借款方贷款人民币壹佰万元整（¥1 000 000.00）。借款期限：从2021年12月24日起至2023年12月23日止。

二、贷款方应如期向借款方发放贷款，否则，按违约数额和延期天数，付给借款方违约金。违约金数额的计算，与逾期贷款罚息相同，即为1%。

三、贷款利率为年利率9%。自支用贷款之日起，按月计算利息，按季结息，到期归还本金。

四、借款方应按协议用款，不得转换用途。否则，贷款方有权提前终止协议。

五、借款方如不按规定时间、额度用款，要付给贷款方违约金。违约金按借款额度、天数，按借款利率的5%计算。

六、借款方保证按借款合同所订期限归还贷款本息。如需延期，借款方应在贷款到期前3天提出延期申请，经贷款方同意，办理延期手续。但延期最长不得超过原定期限的一半。贷款方未同意延期或未办理延期手续的逾期贷款，加收罚息。

七、借款方以房产作为借款抵押，价值人民币贰佰万元整（¥2 000 000.00），产权证件由贷款方保管。公证费由借款方负担。

八、贷款到期，借款方未归还贷款，又未办理延期手续，贷款方有权依照法律程序处理借款方作为贷款抵押的物资和财产，抵还借款本息。

九、本协议书一式三份，借贷款双方各执1份，公证机关1份。

十、本协议书自双方签字之日起生效，贷款本息全部偿清后失效。

| | |
|---|---|
| 借款单位（人）：北京新锐电器有限公司 | 贷款单位：中国工商银行北京市分行昌平支行 |
| 负责人：葛文学 | 审批组长：刘飞 |
| 签约日期：2021年12月20日 | 签约日期：2021年12月20日 |

北京新锐电器有限公司

中国工商银行北京市分行昌平支行

原始凭证71-2

**中国工商银行　借款借据**　第一联　借款回单

银行编号：10200010　　借款日期：2021 年 12 月 24 日　　№ 7750

| 借款单位名称 | 北京新锐电器有限公司 | 放款账号 | 3527279482307516 | 利率 | 9% |
|---|---|---|---|---|---|
| | | 存款账号 | 0200000283627392724 | | |

| 借款金额（大写） | 千 | 百 | 十 | 万 | 千 | 百 | 十 | 元 | 角 | 分 |
|---|---|---|---|---|---|---|---|---|---|---|
| 壹佰万元整 | ¥ | 1 | 0 | 0 | 0 | 0 | 0 | 0 | 0 | 0 |

| 约定还款日期 | 2022 年 12 月 24 日 | 借款种类 | 专项贷款 | 借款合同号码 | 62647091 |
|---|---|---|---|---|---|
| 实际放款日期 | 2021 年 12 月 24 日 | | | | |

| 借款直接用途 | | | 还款记录 | 年 | 月 | 日 | 还款金融 | 余额 |
|---|---|---|---|---|---|---|---|---|
| | 1. 购买机器设备 | 4. | | | | | | |
| | 2. | 5. | | | | | | |
| | 3. | 6. | | | | | | |

根据签订的借款合同和你单位申请借款用途，经审查同意发放上列金额贷款。

中国工商银行　　批准人：

中国工商银行北京市分行昌平支行 2021.12.24 转讫

（银行转账盖章）

2021 年 12 月 24 日

此联退交借款单位

# 任务十一　核算所有者权益

## 技能点1　核算实收资本

### 一、实训目标

1. 能正确理解“实收资本”科目核算要点
2. 能正确描述实收资本业务的核算流程
3. 能正确进行实收资本业务的会计核算

### 二、实训材料

1. 投资协议书
2. 银行进账单
3. 收款收据
4. 增值税专用发票
5. 固定资产验收单

## 三、实训内容和步骤

### （一）接受投资

1. 确认“银行存款/固定资产/无形资产/原材料”：接受现金投资时，按照实际收到的金额或存入企业开户银行的金额计量；接受固定资产、无形资产或材料物资等非货币资金投资时，按投资合同或协议约定的公允价值计量。

2. 确认“应交税费——应交增值税（进项税额）”：按增值税专用发票上注明的增值税税额计量。

3. 确认“实收资本/股本”：按投资合同或协议约定的投资者在企业注册资本中所占份额的部分或按每股股票面值和发行股票总数的乘积计算的金额（股份有限公司）计量。

4. 确认“资本公积——资本溢价/股本溢价”：按企业实际收到的金额超过投资者在注册资本或股本中所占份额的部分计量。

借：银行存款/固定资产/无形资产/原材料等
　　应交税费——应交增值税（进项税额）
　　贷：实收资本/股本
　　　　资本公积——资本溢价/股本溢价

### （二）资本公积/盈余公积转增资本

1. 确认“资本公积/盈余公积”：按转增的资本公积或盈余公积的金额计量。

2. 确认“实收资本/股本”：按转增的资本公积或盈余公积的金额计量。

借：资本公积/盈余公积
　　贷：实收资本/股本

## 四、实训注意事项

1. 实收资本在实际工作中主要存在以下问题：企业实收资本与注册资本不符；借入资本与实收资本混淆；投入资本不真实；出资形式不合理。

2. 投资者以抵押物作为投入资本，骗取企业的投资收益，给接受投资的企业带来了经营风险和损失，也给企业的其他投资者带来了潜在的风险，同时损害了企业债权人的利益。

3. 根据现行法律的规定，企业无形资产（不包括土地使用权）的出资额一般不能超过注册资本的20%，在特殊情况下，例如含有高新技术，经有关部门批准，最高不得超过30%。

4. 有些企业投资者不能如期缴纳所认缴的股本，损害其他投资者的利益，也影响了企业的正常运营。有些企业对投入的实物或无形资产未经注册会计师验资并出具验资报告，而是由企业或投资者任意作价，故意高估个人和外商投资，低估国家投资；或注册会计师未按国家规定程序和方法对投入实物或无形资产进行验资，造成验资报告或结果不真实、不正确。

## 五、实训任务

业务72：2021年12月25日，企业接受长江投资有限公司投入资本500 000元。

原始凭证72-1

### 投资协议书

投出单位（以下简称甲方）：长江投资有限公司

投入单位（以下简称乙方）：北京新锐电器有限公司

甲乙双方经过友好协商，就甲方向乙方投资达成如下协议，以资信守：

1. 长江投资有限公司向北京新锐电器有限公司投资人民币500 000.00元，

2. 长江投资有限公司必须在2021年12月25日前将人民币500 000.00元移交北京新锐电器有限公司。

……

6. 本合同一式两份，甲、乙双方各执一份。

甲方：长江投资有限公司　　　　乙方：北京新锐电器有限公司

签约日期：2021年12月25日　　　　签约日期：2021年12月25日

原始凭证72-2

### 中国工商银行进账单（收账通知）　3

2021年12月25日　　　　№ 45368810

| | | | | | |
|---|---|---|---|---|---|
| 签发人 | 全　称 | 长江投资有限公司 | 收款人 | 全　称 | 北京新锐电器有限公司 |
| | 账　号 | 0200000283888886885 | | 账　号 | 0200000283627392724 |
| | 开户银行 | 中国工商银行北京市分行昌平支行 | | 开户银行 | 中国工商银行北京市分行昌平支行 |
| 人民币（大写） | 伍拾万元整 | | | 亿千百十万千百十元角分 | ¥50000000 |
| 票据种类 | 转账支票 | 票据张数 | 1 | 出票人开户行盖章 | |
| 票据号码 | 45368810 | | | | |
| 复核　记账 | | | | 收款人开户银行签章 | |

中国工商银行北京市分行昌平支行 2021.12.25 转讫

此联是收款人开户银行交给收款人的收账通知

原始凭证72-3

## 收款收据

2021年12月25日　　　　编号：23

| 交款人（单位） | 长江投资有限公司 | | | | | | | | | |
|---|---|---|---|---|---|---|---|---|---|---|
| 摘　　要 | 投资款 | | | | | | | | | |
| 金额（大写） | 人民币伍拾万元整 | 百 | 十 | 万 | 千 | 百 | 十 | 元 | 角 | 分 |
| | | ¥ | 5 | 0 | 0 | 0 | 0 | 0 | 0 | 0 |

主管　周吉　　　　会计　王芳　　　　出纳　邓丽丽

业务73：2021年12月25日，企业接受南方电器有限公司自动化专利权投资，价税合计300 000元。

原始凭证73-1

## 投资协议书

投出单位（以下简称甲方）：南方电器有限公司

投入单位（以下简称乙方）：北京新锐电器有限公司

甲乙双方经过友好协商，就甲方向乙方投资达成如下协议，以资信守：

1.南方电器有限公司，以无形资产（自动化专利权）投资，投资约定自动化专利权价值283 018.87元，与公允价值相符，增值税进项税额为16 981.13元，由南方电器公司支付税款，并提供增值税专用发票。

2.南方电器有限公司必须在2021年12月25日前将自动化专利权移交北京新锐电器有限公司，北京新锐电器有限公司取得10年的独家使用权。

……

6.本合同一式两份，甲、乙双方各执一份。

甲方：南方电器有限公司　　　　乙方：北京新锐电器有限公司

签约日期：2021年12月25日　　　　签约日期：2021年12月25日

原始凭证73-2

1100153130　　**北京增值税专用发票**　　№78942347

发票联

机器编号：499910936509　　　　开票日期：2021年12月25日

| 购买方 | 名　　称：北京新锐电器有限公司<br>纳税人识别号：110114745862904015<br>地 址、电 话：北京市昌平区光明路16号010-26674938<br>开户行及账号：中国工商银行北京市分行昌平支行0200000283627392724 | | | | | 密码区 | 035926>3>2<0230937-8>1*26906<br>374*91/- +588247>>/*6+>-89233<br>785926>3>2<0230937*57+89>097<br>4/737-++690195*6067//42+2-72 | |
|---|---|---|---|---|---|---|---|---|
| 货物或应税劳务、服务名称 | 规格型号 | 单位 | 数量 | 单价 | 金额 | 税率 | 税额 | |
| *无形资产*自动化专利 | | 台 | 1 | 283 018.87 | 283 018.87 | 6% | 16 981.13 | |
| 合计 | | | | | ¥283 018.87 | | ¥16 981.13 | |
| 价税合计（大写） | ⊗叁拾万元整 | | | | （小写）¥300 000.00 | | | |
| 销售方 | 名　　称：南方电器有限公司<br>纳税人识别号：110114745862897022<br>地 址、电 话：北京市昌平区光明路58号010-26674656<br>开户行及账号：中国工商银行北京市分行昌平支行0200000283627392686 | | | | | 备注 | 110114745862897022<br>发票专用章 | |

第三联：发票联　购买方记账凭证

收款人：南义　　复核：南山　　开票人：高宇　　销售方：（章）

业务74：2021年12月25日，企业接受宝来房产集团机床投资，价税合计200 000元。

原始凭证74-1

## 投资协议书

投出单位（以下简称甲方）：宝来房产集团

投入单位（以下简称乙方）：北京新锐电器有限公司

甲乙双方经过友好协商，就甲方向乙方投资达成如下协议，以资信守：

1. 宝来房产集团以一台不需要安装的机床出资，约定该机床价值176 991.15元，合同约定价值与公允价值相同，增值税进项税额为23 008.85元（由宝来房产集团支付税款，并提供增值税专用发票）。

2. 宝来房产集团必须在2021年12月25日前将无形资产移交北京新锐电器有限公司。

……

本合同一式两份，甲、乙双方各执一份。

甲方：宝来房产集团　　　　乙方：北京新锐电器有限公司企业

签约日期：2021年12月25日　　　　签约日期：2021年12月25日

原始凭证74-2

1100153130　　**北京增值税专用发票**　　№65439876

发票联

机器编号：499910936509　　　　开票日期：2021年12月25日

| | | | | | | | | |
|---|---|---|---|---|---|---|---|---|
| 购买方 | 名　　称：北京新锐电器有限公司<br>纳税人识别号：110114745862904015<br>地址、电话：北京市昌平区光明路16号010-26674938<br>开户行及账号：中国工商银行北京市分行昌平支行0200000283627392724 | | | | | | 密码区 | 035926>3>2<0230937-8>1*26906<br>374*91/- +588247>>/*6+>-89233<br>785926>3>2<0230937*57+89>097<br>4/ 737-++690195*6067//42+2-72 |
| 货物或应税劳务、服务名称 | 规格型号 | 单位 | 数量 | 单价 | 金额 | 税率 | 税额 | |
| *机床*数控机床 | | 台 | 1 | 176 991.15 | 176 991.15 | 13% | 23 008.85 | |
| 合计 | | | | | ¥176 991.15 | | ¥23 008.85 | |
| 价税合计（大写） | ⊗贰拾万元整 | | | | （小写）¥200 000.00 | | | |
| 销售方 | 名　　称：宝来房产集团<br>纳税人识别号：110114745862897011<br>地址、电话：北京市昌平区光明路80号010-26674787<br>开户行及账号：中国工商银行北京市分行昌平支行0200000283627392787 | | | | | | 备注 | 宝来房产集团<br>110114745862897011<br>发票专用章 |

第三联：发票联　购买方记账凭证

收款人：宝义　　复核：宝山　　开票人：王兰　　销售方：（章）

原始凭证74-3

**固定资产交接（验收）单**

2021年12月25日　　　　编号：00065

| 固定资产编号 | 名称 | 规格型号 | 单位 | 数量 | 来源 | 建造单位 | | 建造编号 |
|---|---|---|---|---|---|---|---|---|
| 200026 | 数控机床 | C212 | 台 | 1 | 外购 | | | |
| 总价（净值） | 土建工程费 | 设备费 | 安装费 | 其他 | 合计 | 预计年限 | 月折旧率 | 净残值率 |
| | | 176 991.15 | | | 176 991.15 | 10 | 0.7917% | 5% |
| 验收及管理部门 | 生产车间 | 验收人员 | | 沈运 | | 管理人员 | | 李丹丹 |
| 备注 | 该固定资产为宝来房产集团投入 | | | | | | | |

审核：黄杰　　　　制单：严格物

## 技能点2　核算资本公积

### 一、实训目标

1.能正确理解“资本公积”科目核算要点

2.能正确描述资本公积业务的核算流程

3.能正确进行资本公积业务的会计核算

### 二、实训材料

1.股东会决议

2.关于所有者权益的其他变动说明

3.总经理办公室决议

### 三、实训内容和步骤

#### （一）当投资者的出资额大于其在企业注册资本中所占有份额的部分时

1.确认“银行存款”等：按照实际收到的金额或按投资合同或协议约定的公允价值计量。

2.确认“实收资本/股本”：按投资合同或协议约定的投资者在企业注册资本中所占份额的部分或按每股股票面值和发行股票总数的乘积计算的金额（股份有限公司）计量。

3.确认“资本公积——资本溢价/股本溢价”：按企业实际收到的金额超过投资者在注册资本或股本中所占份额的部分计量。

借：银行存款等

　　贷：实收资本

　　　　资本公积——资本溢价

### （二）采用权益法核算的长期股权投资，被投资单位除净损益、其他综合收益和利润分配以外的所有者权益发生变动

1.确认“长期股权投资——其他权益变动”：投资单位按持股比例计算其应享有或应分担被投资单位所有者权益的增减数额计量。

2.确认“资本公积——其他资本公积”：按持股比例计算出的资本公积增减数额计量。

借：长期股权投资——其他权益变动

　　贷：资本公积——其他资本公积

被投资单位除净损益、其他综合收益和利润分配以外的所有者权益减少作相反的会计分录

### （三）资本公积转增资本

1.确认“资本公积”：按转增的资本公积金额计量。

2.确认“实收资本/股本”：按转增的资本公积或盈余公积的金额计量。

借：资本公积

　　贷：实收资本/股本

## 四、实训注意事项

1.资本公积是企业来源于盈利以外的那部分积累，是企业的“准资本”，它的唯一用途是依法转增资本，不得作为投资利润或股利进行分配。

2.资本公积中常见的问题：

一是账户内容不完整。这是指企业将应作为资本公积的内容未列入资本公积。主要表现为：

（1）将资本溢价或股本溢价作为当期收益或计入实收资本，而没有记入“资本公积——资本（或股本溢价）”账户，从而损害了其他投资者的利益；

（2）将法定财产重估增值、接受捐赠的资产等记入“营业外收入”“其他业务收入”等账户。

二是账户内容不真实。这主要是指企业将不应该计入资本公积的内容计入了资本公积。如企业为了逃避所得税，将应该计入当期损益的项目计入资本公积。还有些企业将资产盘盈作为资本公积，或将对外投资作为资本公积，或将一般往来款业务中的汇兑损益作为资本公积入账。

## 五、实训任务

业务75：2021年12月26日，北京卓远科技有限公司因接受新股东加入，致使资本公积（资本溢价）增加200 000元，企业按持股比例30%确认享有份额。

原始凭证75-1

## 关于所有者权益的其他变动说明

北京新锐电器有限公司：

至2021年12月26日，我公司因接受新股东加入，导致资本公积增加贰拾万元整（¥200 000.00）。

北京卓远科技有限公司

2021年12月26日

原始凭证75-2

## 总经理办公室决议

2021年度，北京卓远科技有限公司因接受新股东加入，致使资本公积（资本溢价）增加200 000.00元，我公司按持股比例30%确认享有份额。

北京新锐电器有限公司

2021年12月26日

业务76：2021年12月25日，企业召开董事会决议，同意将1 000 000元资本公积转增资本，原股东按出资比例确定新增资本。

原始凭证76-1

## 股东会决议

北京新锐电器有限公司（以下简称公司）股东于2021年12月25日召开了全体股东会议。本次股东会议于2021年12月5日通知全体股东到会参加会议，符合《公司法》及公司章程的有关规定。

本次董事会会议已按《公司法》及公司章程的有关规定通知全体股东参加会议。股东会确认本次会议已按照《公司法》及公司章程的有关规定有效通知。出席会议的股东持有公司100%的股权，会议合法有效，由董事长（法定代表人）葛文学主持。

本次股东会议的召集与召开程序、出席会议人员资格及表决程序符合《公司法》及公司章程的有关规定。

会议就公司下一步经营发展事宜，全体股东一致同意如下决议：

1.全体股东一致通过有关公司章程。

2.股东对所持有该公司股份表示一致同意，会议合法有效。

3.同意将资本公积转增注册资本，金额为人民币壹佰万元整，原股东按出资比例确定新增资本，符合公司财务有关规定。

4.同意公司下一步经营发展事项。

股东：长江投资有限公司　　南方电器有限公司　　宝来房产集团

北京新锐电器有限公司

2021年12月25日

## 技能点3　核算其他综合收益

### 一、实训目标

1.能正确理解“其他综合收益”科目核算要点
2.能正确描述其他综合收益业务的核算流程
3.能正确进行其他综合收益业务的会计核算

### 二、实训材料

关于所有者权益的其他变动说明

### 三、实训内容和步骤

#### （一）采用权益法核算的长期股权投资，被投资单位其他综合收益变动时

1.确认“长期股权投资——其他综合收益”：投资单位按持股比例计算其应享有或应分担被投资单位其他综合收益的增减数额计量。

2.确认“其他综合收益”：按持股比例计算出的其他综合收益增减数额计量。

借：长期股权投资——其他综合收益
　　贷：其他综合收益
　　　　被投资单位其他综合收益减少作相反的会计分录

#### （二）处置采用权益法核算的长期股权投资时

1.确认“其他综合收益”：将与该笔投资相关的其他综合收益转销。

2.确认“投资收益”：将与该笔投资相关的其他综合收益转销。

借：其他综合收益
　　贷：投资收益（或相反分录）

### 四、实训注意事项

其他综合收益，是指企业根据其他会计准则规定未在当期损益中确认的各项利得和损失，包括下列两类：

（1）以后会计期间不能重分类进损益的其他综合收益（转入留存收益）；

（2）以后会计期间满足规定条件时将重分类进损益的其他综合收益。

### 五、实训任务

业务77：2021年12月26日，北京卓远科技有限公司因持有的以公允价值计量且其变动计入其他综合收益的金融资产（其他债权投资）公允价值的变动计入其他综合收益的金额为人民币捌拾万元整（￥800 000.00），企业按持股比例30%确认享有份额。

原始凭证77-1

关于所有者权益的其他变动说明

北京新锐电器有限公司：

至2021年12月26日，我司因持有的以公允价值计量且其变动计入其他综合收益的金融资产（其他债权投资）公允价值的变动计入其他综合收益的金额为人民币捌拾万元整（¥800000.00）。

北京卓远科技有限公司

2021年12月26日

## 技能点4　核算盈余公积

### 一、实训目标

1. 能正确理解“盈余公积”科目核算要点
2. 能正确描述盈余公积业务的核算流程
3. 能正确进行盈余公积业务的会计核算

### 二、实训材料

股东会决议

### 三、实训内容和步骤

#### （一）计提盈余公积

1. 确认“利润分配——提取法定/任意盈余公积”：按规定从利润中提取的盈余公积数额计量。

2. 确认“盈余公积——法定/任意盈余公积 ”：按规定比例提取的盈余公积数额计量。

借：利润分配——提取法定盈余公积
　　　　　　——提取任意盈余公积
　　贷：盈余公积——法定盈余公积
　　　　　　　　——任意盈余公积

#### （二）使用盈余公积

1. 确认“盈余公积”：按企业使用的盈余公积数额计量。
2. 确认“利润分配——盈余公积补亏”：按企业用于弥补亏损的盈余公积数额计量。
3. 确认“实收资本”：按企业用于转增资本的盈余公积数额计量。
4. 确认“应付股利”：按企业用于发放现金股利或利润的盈余公积数额计量。

借：盈余公积
　　贷：利润分配——盈余公积补亏
　　　　实收资本

应付股利

## 四、实训注意事项

1.法定盈余公积按照本年实现净利润的一定比例提取，公司制企业按照《公司法》的规定按净利润的10%提取；其他企业可以根据需要确定提取比例，但至少应按10%提取。企业提取的法定盈余公积累计额超过其注册资本的50%以上的，可以不再提取。

2.如果是期初未分配利润，盈余公积的提取基础为本期净利润；如果是期初未弥补亏损，那盈余公积的提取基数为弥补亏损之后的净利润。

3.企业如果发生亏损，可以用以后年度实现的利润弥补，也可以用以前年度提取的盈余公积弥补。企业以前年度亏损未弥补完，不能提取法定盈余公积，在提取法定盈余公积前，不得向投资者分配利润。

4.通过“盈余公积”列项，可以初步判断企业的性质，是属于内资、外资还是合资企业。

5.盈余公积可用于向股东转赠股本，或现金分红，但股东须按规定缴税。

## 五、实训任务

业务78：2021年12月26日，企业召开股东会决议，同意将1 000 000元盈余公积转增资本，原股东按出资比例确定新增资本。

原始凭证78-1

**股东会决议**

北京新锐电器有限公司企业（以下简称公司）股东于2021年12月26日召开了全体股东会议。本次股东会议于2021年12月5日通知全体股东到会参加会议，符合《公司法》及公司章程的有关规定。本次董事会会议已按《公司法》及公司章程的有关规定通知全体股东参加会议。股东会确认本次会议已按照《公司法》及公司章程的有关规定有效通知。出席会议的股东持有公司100%的股权，会议合法有效，由董事长（法定代表人）葛文学主持。

本次股东会议的召集与召开程序、出席会议人员资格及表决程序符合《公司法》及公司章程的有关规定。会议就公司下一步经营发展事宜进行了讨论，全体股东一致同意如下决议：

1.全体股东一致通过有关公司章程。

2.股东对所持有该公司股份表示一致同意，会议合法有效。

3.同意将盈余公积转增注册资本，金额为人民币壹佰万元整（¥1 000 000.00），原股东出资比例确定新增资本，符合公司财务有关规定。

4.同意公司下一步经营发展事项。

股东：长江投资有限公司　　南方电器有限公司　　宝来房产集团

北京新锐电器有限公司

2021年12月26日

业务79：2021年12月26日，企业生产车间领用材料进行生产。

原始凭证79-1

## 领料单

领料部门：生产车间

用　　途：生产轻巧型电热水壶　日期：2021年12月26日　　　　CL-0004号

| 材料 | | | 单位 | 数量 | | 成本 | | | | | | | | | |
|---|---|---|---|---|---|---|---|---|---|---|---|---|---|---|---|
| | | | | | | 单价 | 总价 | | | | | | | | |
| 编号 | 名称 | 规格 | | 请领 | 实发 | | 百 | 十 | 万 | 千 | 百 | 十 | 元 | 角 | 分 |
| HF-0004 | 轻巧、经典型壶盖 | 通用：定制 | 件 | 4 036 | 4 036 | | | | | | | | | | |
| HF-0005 | 轻巧、经典型底座 | 通用：定制 | 件 | 4 036 | 4 036 | | | | | | | | | | |
| HF-0001 | 201不锈钢板材 | 0.5mm*<br>1 250mm*<br>2 500mm | 张 | 148 | 148 | | | | | | | | | | |
| HF-0002 | 国产温控器 | 国产BB3 | 件 | 4 036 | 4 036 | | | | | | | | | | |
| HA-0003 | 轻巧型手柄 | 轻巧型：定制 | 件 | 4 036 | 4 036 | | | | | | | | | | |
| HF-0006 | 轻巧、经典型加热底盘 | 通用：定制 | 件 | 4 036 | 4 036 | | | | | | | | | | |
| HA-0007 | 轻巧型辅材套件 | 轻巧型：定制 | 套 | 4 036 | 4 036 | | | | | | | | | | |

仓库保管员：胡平　　　　领料人：李丹丹　　　　记账：薛小双

原始凭证79-2

## 领料单

领料部门：生产车间

用　　途：生产经典型电热水壶　日期：2021年12月26日　　　　CL-0005号

| 材料 | | | 单位 | 数量 | | 成本 | | | | | | | | | |
|---|---|---|---|---|---|---|---|---|---|---|---|---|---|---|---|
| | | | | | | 单价 | 总价 | | | | | | | | |
| 编号 | 名称 | 规格 | | 请领 | 实发 | | 百 | 十 | 万 | 千 | 百 | 十 | 元 | 角 | 分 |
| HF-0004 | 轻巧、经典型壶盖 | 通用：定制 | 件 | 3 200 | 3 200 | | | | | | | | | | |
| HF-0005 | 轻巧、经典型底座 | 通用：定制 | 件 | 3 200 | 3 200 | | | | | | | | | | |
| HF-0001 | 201不锈钢板材 | 0.5mm*<br>1 250mm*<br>2 500mm | 张 | 131 | 131 | | | | | | | | | | |
| HF-0002 | 国产温控器 | 国产BB3 | 件 | 3 200 | 3 200 | | | | | | | | | | |
| HB-0003 | 经典型手柄 | 经典型：定制 | 件 | 3 200 | 3 200 | | | | | | | | | | |
| HF-0006 | 轻巧、经典型加热底盘 | 通用：定制 | 件 | 3 200 | 3 200 | | | | | | | | | | |
| HB-0007 | 经典型辅材套件 | 经典型：定制 | 套 | 3 200 | 3 200 | | | | | | | | | | |

仓库保管员：胡平　　　　领料人：李丹丹　　　　记账：薛小双

原始凭证79-3

## 领料单

领料部门：生产车间

用　　途：生产豪华型电热水壶　日期：2021年12月26日　CL-0006号

| 材料 | | | 单位 | 数量 | | 成本 | | | | | | | | | |
|---|---|---|---|---|---|---|---|---|---|---|---|---|---|---|---|
| | | | | | | 单价 | 总价 | | | | | | | | |
| 编号 | 名称 | 规格 | | 请领 | 实发 | | 百 | 十 | 万 | 千 | 百 | 十 | 元 | 角 | 分 |
| HC-0004 | 豪华型壶盖 | 豪华型：定制 | 件 | 1 300 | 1 300 | | | | | | | | | | |
| HC-0005 | 豪华型底座 | 豪华型：定制 | 件 | 1 300 | 1 300 | | | | | | | | | | |
| HC-0001 | 304不锈钢板材 | 0.5mm*<br>1 250mm*<br>2 500mm | 张 | 65 | 65 | | | | | | | | | | |
| HC-0002 | 进口温控器 | SKE903 | 件 | 1 300 | 1 300 | | | | | | | | | | |
| HC-0003 | 豪华型手柄 | 豪华型：定制 | 件 | 1 300 | 1 300 | | | | | | | | | | |
| HC-0006 | 豪华型加热底盘 | 豪华型：定制 | 件 | 1 300 | 1 300 | | | | | | | | | | |
| HC-0007 | 豪华型辅材套件 | 豪华型：定制 | 套 | 1 300 | 1 300 | | | | | | | | | | |

仓库保管员：胡平　　领料人：李丹丹　　记账：薛小双

业务80：2021年12月26日，企业一批电热水壶生产完工，验收入库。

原始凭证80-1

## 产品入库单

2021年12月26日　编号：SC-00002

| 序号 | 名称 | 规格 | 单位 | 数量 | 备注 |
|---|---|---|---|---|---|
| 1 | 轻巧型电热水壶 | 轻巧型 | 个 | 12 208 | |
| 2 | 经典型电热水壶 | 经典型 | 个 | 9 216 | |
| 3 | 豪华型电热水壶 | 豪华型 | 个 | 3 000 | |
| | | | | | |
| | | | | | |

第三联：财务部

制单：胡平　　复核：林瑞

# 任务十二 核算收入

## 技能点1 核算主营业务收入

### 一、实训目标

1.能正确理解“主营业务收入”科目核算要点
2.能正确描述主营业务收入业务的核算流程
3.能正确进行主营业务收入业务的会计核算

### 二、实训材料

1.增值税专用发票
2.销售出库单
3.委托收款回单
4.银行进账单
5.付款申请单
6.转账支票存根

### 三、实训内容和步骤

#### (一)确认主营业务收入时(满足收入确认的条件)

1.确认“银行存款/应收账款/应收票据”等:按照应收或已收的合同或协议销售价款,加上应收取的增值税税额计量。

2.确认“主营业务收入”:按照合同或协议中应收的商品销售单价、销售数量计量。

3.确认“应交税费——应交增值税(销项税额)”:按照应收取的增值税税额计量。

4.确认“主营业务成本”:按照销售的库存商品成本计量。

5.确认“库存商品”:按照发出的库存商品成本计量。

借:银行存款/应收账款/应收票据等
　　贷:主营业务收入
　　　　应交税费——应交增值税(销项税额)
借:主营业务成本
　　贷:库存商品

#### (二)发生销售折让业务(发生在收入确认后,但不属于资产负债表日后事项)

1.确认“主营业务收入”:按照销售折让的金额计量。

2.确认“应交税费——应交增值税(销项税额)”:按照销售折让的“主营业务收

入”金额计算计量。

3.确认“应收账款/银行存款”：按照销售折让的总金额计量。

借：主营业务收入

　　应交税费——应交增值税（销项税额）

　　贷：应收账款/银行存款

**（三）发生销售退回业务（发生在收入确认后，但不属于资产负债表日后事项）**

1.确认“主营业务收入”：按照销售退回的金额计量。

2.确认“应交税费——应交增值税（销项税额）”：按照销售退回的“主营业务收入”金额计算计量。

3.确认“应收账款/银行存款”：按照销售退回的总金额计量。

4.确认“库存商品”：按照退回的库存商品成本计量。

5.确认“主营业务成本”：按照退回的库存商品成本计量。

借：主营业务收入

　　应交税费——应交增值税（销项税额）

　　贷：应收账款/银行存款

借：库存商品

　　贷：主营业务成本

## 四、实训注意事项

1.销售收入的实现主要以销售合同的签订为标志，做好销售合同的签订与日常管理，有利于销售收入的顺利实现。销售部应严格按民法典及公司的有关规定签订《产品销售合同》，确保合同的严密性和法律性。

2.签订合同前，要先对客户的经营状况和付款能力进行调查，并衡量公司的生产能力和各项指标是否能满足对方需要，再决定是否签订合同。销售合同的内容必须详细、完整。未经领导同意，不得随意更改合同范本和增加合同条款。客户单位名称、法人代表姓名、住址、电话、传真和账户等必须进行详细填写。所有销售合同必须加盖供需双方具有法律效力的印鉴。合同中的产品名称、参数、数量、需要时间、价格、质量要求、工艺要求、付款方式、合同履行地、违约责任以及解决争议的方式等必须填写清楚。

3.核算主营业务收入，应注意区分收入对应科目是“银行存款”“应收账款”“应收票据”等的不同情况。核算主营业务收入，应注意赊销、现销、销售折让、销售退回等不同销售商品收入方式核算的差异。

## 五、实训任务

业务81：2021年12月26日，企业向昆明经贸大市场销售轻巧型电热水壶、经典型电热水壶和豪华型电热水壶，货已发出，现金折扣条件为“1/5，N/30”，货款尚未收到。(注：企业根据过往交易情况，评估该客户享受现金折扣的概率是0)

原始凭证81-1

1100153130　　**北京增值税专用发票**　　№78942353

机器编号：499910936509　　此联不作报销、扣税凭证使用　　开票日期：2021年12月26日

| 购买方 | 名　　称：昆明经贸大市场<br>纳税人识别号：110114745862899000<br>地 址 、 电 话：云南省昆明市西册区大商汇灯具A区29号<br>开户行及账号：中国工商银行昆明分行2502000283627392719 | 密码区 | 035926>3>2<0230937-8>1*26906<br>374*91/- +588247>>/*6+>-89233<br>785926>3>2<0230937*57+89>097<br>4/ 737-++690195*6067//42+2-72 |
|---|---|---|---|

| 货物或应税劳务、服务名称 | 规格型号 | 单位 | 数量 | 单价 | 金额 | 税率 | 税额 |
|---|---|---|---|---|---|---|---|
| *家用厨房电器具*轻巧型电热水壶 | 轻巧型 | 件 | 12 800 | 85.00 | 1 088 000.00 | 13% | 141 440.00 |
| *家用厨房电器具*经典型电热水壶 | 经典型 | 件 | 9 000 | 120.00 | 1 080 000.00 | 13% | 140 400.00 |
| *家用厨房电器具*豪华型电热水壶 | 豪华型 | 件 | 2 800 | 255.00 | 714 000.00 | 13% | 92 820.00 |
| 合计 | | | | | ¥2 882 000.00 | | ¥374 660.00 |
| 价税合计（大写） | ⊗叁佰贰拾伍万陆仟陆佰陆拾元整 | | | | （小写）¥3 256 660.00 | | |

| 销售方 | 名　　称：北京新锐电器有限公司<br>纳税人识别号：110114745862904015<br>地 址 、 电 话：北京市昌平区光明路16号010-26674938<br>开户行及账号：中国工商银行北京市分行昌平支行0200000283627392724 | 备注 | 北京新锐电器有限公司<br>110114745862904015<br>发票专用章 |
|---|---|---|---|

收款人：邓丽丽　　复核：薛小双　　开票人：王芳　　销售方：（章）

第一联：记账联　销售方记账凭证

原始凭证81-2

**销售出库单**

日期：2021年12月26日　　编号：XS-0007

| 序号 | 名称 | 规格 | 单位 | 应发数量 | 实发数量 | 备注 |
|---|---|---|---|---|---|---|
| 1 | 轻巧型电热水壶 | 轻巧型 | 件 | 12 800 | 12 800 | 昆明经贸大市场 |
| 2 | 经典型电热水壶 | 经典型 | 件 | 9 000 | 9 000 | 昆明经贸大市场 |
| 3 | 豪华型电热水壶 | 豪华型 | 件 | 2 800 | 2 800 | 昆明经贸大市场 |
| | | | | | | |
| | | | | | | |

制单：胡平　　复核：林瑞　　经办人：白斌

第三联：财务部

原始凭证81-3

**委托收款** 凭证（回单） **1**

委托号码：378749

委邮 委托日期 2021年12月26日

| | | | | | |
|---|---|---|---|---|---|
| 付款人 | 全称 | 昆明经贸大市场 | 收款人 | 全称 | 北京新锐电器有限公司 |
| | 账号 | 2502000283627392719 | | 账号 | 0200000283627392724 |
| | 开户银行 | 中国工商银行昆明分行 | | 开户银行 | 中国工商银行北京市分行昌平支行 |

| 委收金额 | 人民币（大写） | 叁佰贰拾伍万陆仟陆佰陆拾元整 | 千 | 百 | 十 | 万 | 千 | 百 | 十 | 元 | 角 | 分 |
|---|---|---|---|---|---|---|---|---|---|---|---|---|
| | | | ¥ | 3 | 2 | 5 | 6 | 6 | 6 | 0 | 0 | 0 |

| 款项内容 | 货款 | 委托收款凭据名称 | 增值税专用发票 | 附寄单证张数 | 2 |
|---|---|---|---|---|---|

| 备注： | 款项收妥日期 | 收款人开户行盖章 |
|---|---|---|
| 现金折扣条件为1/5，N/30（不考虑增值税） | 年 月 日 | 中国工商银行北京市分行昌平支行 转讫 年 月 日 |

此联收款人开户银行给付款人的回单

业务82：2021年12月27日，企业向福建银海贸易有限公司销售轻巧型电热水壶、经典型电热水壶和豪华型电热水壶，货已发出，收到一张转账支票并送存银行。

原始凭证82-1

1100153130 **北京增值税专用发票** №78942354

机器编号：499910936509 此联不作报销、扣税凭证使用 开票日期：2021年12月27日

| | | |
|---|---|---|
| 购买方 | 名称：福建银海贸易有限公司<br>纳税人识别号：110114745862898012<br>地址、电话：福州市鼓楼区五四路109号东煌大厦13层0519-82378943<br>开户行及账号：中国工商银行福建分行1402000283627392718 | 密码区 035926>3>2<0230937-8>1*26906<br>374*91/- +588247>>/*6+>-89233<br>785926>3>2<0230937*57+89>097<br>4/ 737-++690195*6067//42+2-72 |

| 货物或应税劳务、服务名称 | 规格型号 | 单位 | 数量 | 单价 | 金额 | 税率 | 税额 |
|---|---|---|---|---|---|---|---|
| *家用厨房电器具*轻巧型电热水壶 | 轻巧型 | 件 | 5 000 | 85.00 | 425 000.00 | 13% | 55 250.00 |
| *家用厨房电器具*经典型电热水壶 | 经典型 | 件 | 2 000 | 120.00 | 240 000.00 | 13% | 31 200.00 |
| *家用厨房电器具*豪华型电热水壶 | 豪华型 | 件 | 1 000 | 255.00 | 255 000.00 | 13% | 33 150.00 |
| 合计 | | | | | ¥920 000.00 | | ¥119 600.00 |
| 价税合计（大写） | ⊗壹佰零叁万玖仟陆佰元整 | | | | （小写）¥1 039 600.00 | | |

| | | |
|---|---|---|
| 销售方 | 名称：北京新锐电器有限公司<br>纳税人识别号：110114745862904015<br>地址、电话：北京市昌平区光明路16号010-26674938<br>开户行及账号：中国工商银行北京市分行昌平支行0200000283627392724 | 备注 北京新锐电器有限公司 110114745862904015 发票专用章 |

收款人：邓丽丽 复核：薛小双 开票人：王芳 销售方：（章）

第一联：记账联 销售方记账凭证

原始凭证82-2

**销售出库单**

日期：2021年12月27日　　　　编号：XS-0008

| 序号 | 名称 | 规格 | 单位 | 应发数量 | 实发数量 | 备注 |
|---|---|---|---|---|---|---|
| 1 | 轻巧型电热水壶 | 轻巧型 | 件 | 5 000 | 5 000 | 福建银海贸易有限公司 |
| 2 | 经典型电热水壶 | 经典型 | 件 | 2 000 | 2 000 | 福建银海贸易有限公司 |
| 3 | 豪华型电热水壶 | 豪华型 | 件 | 1 000 | 1 000 | 福建银海贸易有限公司 |
| | | | | | | |
| | | | | | | |

第三联：财务部

制单：胡平　　　　复核：林瑞　　　　经办人：白斌

原始凭证82-3

**中国工商银行　进账单（回　单）1**

2021年12月27日　　　　№71381979

| | | | | |
|---|---|---|---|---|
| 签发人 | 全称 | 福建银海贸易有限公司 | 收款人 全称 | 北京新锐电器有限公司 |
| | 账号 | 1402000283627392718 | 账号 | 0200000283627392724 |
| | 开户银行 | 中国工商银行福建分行 | 开户银行 | 中国工商银行北京市分行昌平支行 |
| 人民币（大写） | | 壹佰零叁万玖仟陆佰元整 | 亿 千 百 十 万 千 百 十 元 角 分 | ¥ 1 0 3 9 6 0 0 0 0 |
| 票据种类 | 转账支票 | 票据张数 | 1 | |
| 票据号码 | 30948792 | | | |
| | 复核　记账 | | | 开户银行签章 |

中国工商银行北京市分行昌平支行
2021.12.27
转讫

此联是出票人开户银行交给持（出）票人的回单

业务83：2021年12月27日，企业向北京城乡贸易城销售轻巧型电热水壶、经典型电热水壶和豪华型电热水壶，货已发出，收到一张银行本票并送存银行。

原始凭证83-1

## 北京增值税专用发票

1100153130　　　　　　　　　　　　　　　　　　　　　　№78942355

机器编号：499910936509　　　此联不作报销、扣税凭证使用　　　开票日期：2021年12月27日

| | | | |
|---|---|---|---|
| 购买方 | 名　　称：北京城乡贸易城<br>纳税人识别号：110114745862896010<br>地 址 、电 话：北京市大兴亦庄工业园区新兴路351号010-26687845<br>开户行及账号：中国工商银行北京市分行昌平支行0200000283627392716 | 密码区 | 035926>3>2<0230937-8>1*26906<br>374*91/- +588247>>/*6+>-89233<br>785926>3>2<0230937*57+89>097<br>4/ 737-++690195*6067//42+2-72 |

| 货物或应税劳务、服务名称 | 规格型号 | 单位 | 数量 | 单价 | 金额 | 税率 | 税额 |
|---|---|---|---|---|---|---|---|
| *家用厨房电器具*轻巧型电热水壶 | 轻巧型 | 件 | 6 000 | 85.00 | 510 000.00 | 13% | 66 300.00 |
| *家用厨房电器具*经典型电热水壶 | 经典型 | 件 | 3 000 | 120.00 | 360 000.00 | 13% | 46 800.00 |
| *家用厨房电器具*豪华型电热水壶 | 豪华型 | 件 | 1 200 | 255.00 | 306 000.00 | 13% | 39 780.00 |
| 合计 | | | | | ¥1 176 000.00 | | ¥152 880.00 |
| 价税合计（大写） | ⊗壹佰叁拾贰万捌仟捌佰捌拾元整 | | | | （小写）¥1 328 880.00 | | |

| | | | |
|---|---|---|---|
| 销售方 | 名　　称：北京新锐电器有限公司<br>纳税人识别号：110114745862904015<br>地 址 、电 话：北京市昌平区光明路16号010-26674938<br>开户行及账号：中国工商银行北京市分行昌平支行0200000283627392724 | 备注 | 北京新锐电器有限公司<br>110114745862904015<br>发票专用章 |

收款人：邓丽丽　　　复核：薛小双　　　开票人：王芳　　　销售方：（章）

第一联：记账联　销售方记账凭证

原始凭证83-2

## 销售出库单

日期：2021年12月27日　　　　　　编号：XS-0009

| 序号 | 名称 | 规格 | 单位 | 应发数量 | 实发数量 | 备注 |
|---|---|---|---|---|---|---|
| 1 | 轻巧型电热水壶 | 轻巧型 | 件 | 6 000 | 6 000 | 北京城乡贸易城 |
| 2 | 经典型电热水壶 | 经典型 | 件 | 3 000 | 3 000 | 北京城乡贸易城 |
| 3 | 豪华型电热水壶 | 豪华型 | 件 | 1 200 | 1 200 | 北京城乡贸易城 |
| | | | | | | |
| | | | | | | |

制单：胡平　　　复核：林瑞　　　经办人：白斌

第三联：财务部

原始凭证83-3

## 中国工商银行　进账单（回　单）　1

2021年12月27日　　　　№71381979

| | | | | | |
|---|---|---|---|---|---|
| 签发人 | 全　称 | 北京城乡贸易城 | 收款人 | 全　称 | 北京新锐电器有限公司 |
| | 账　号 | 0200000283627392716 | | 账　号 | 0200000283627392724 |
| | 开户银行 | 中国工商银行北京市分行昌平支行 | | 开户银行 | 中国工商银行北京市分行昌平支行 |

| 人民币（大写） | 亿 | 千 | 百 | 十 | 万 | 千 | 百 | 十 | 元 | 角 | 分 |
|---|---|---|---|---|---|---|---|---|---|---|---|
| 壹佰叁拾贰万捌仟捌佰捌拾万元整 | | ¥ | 1 | 3 | 2 | 8 | 8 | 8 | 0 | 0 | 0 |

| | | | |
|---|---|---|---|
| 票据种类 | 银行本票 | 票据张数 | 1 |
| 票据号码 | | | |

复核　　记账　　　　开户银行签章

中国工商银行北京市分行昌平支行　2021.12.27　转讫

此联是开户银行交给持（出）票人的回单

业务84：2021年12月27日，企业上个月向福建银海贸易有限公司销售的轻巧型电热水壶、经典型电热水壶和豪华型电热水壶出现些许质量问题，经协商，同意给予10%的折让，款项通过签发转账支票退还。

原始凭证84-1

1100153130　　**北京增值税专用发票**　　№78942356

机器编号：499910936509　　此联不作报销、扣税凭证使用　　开票日期：2021年12月27日

| | | | |
|---|---|---|---|
| 购买方 | 名　　称：福建银海贸易有限公司<br>纳税人识别号：110114745862898012<br>地 址 、电 话：福州市鼓楼区五四路109号东煌大厦13层0519-2378943<br>开户行及账号：中国工商银行福建分行1402000283627392718 | 密码区 | 035926>3>2<0230937-8>1*26906<br>374*91/- +588247>>/*6+>-89233<br>785926>3>2<0230937*57+89>097<br>4/ 737-++690195*6067//42+2-72 |

| 货物或应税劳务、服务名称 | 规格型号 | 单位 | 数量 | 单价 | 金额 | 税率 | 税额 |
|---|---|---|---|---|---|---|---|
| *家用厨房电器具*轻巧型电热水壶 | 轻巧型 | 件 | -400 | 85.00 | -34 000.00 | 13% | -4 420.00 |
| *家用厨房电器具*经典型电热水壶 | 经典型 | 件 | -197 | 120.00 | -23 640.00 | 13% | -3 073.20 |
| *家用厨房电器具*豪华型电热水壶 | 豪华型 | 件 | -40 | 255.00 | -10 200.00 | 13% | -1 326.00 |
| 合计 | | | | | ¥-67 840.00 | | ¥-8 819.20 |
| 价税合计（大写） | ⊗负柒万陆仟陆佰伍拾玖元贰角整 | | | | （小写）¥-76 659.20 | | |

| | | | |
|---|---|---|---|
| 销售方 | 名　　称：北京新锐电器有限公司<br>纳税人识别号：110114745862904015<br>地 址 、电 话：北京市昌平区光明路16号010-26674938<br>开户行及账号：中国工商银行北京市分行昌平支行0200000283627392724 | 备注 | 北京新锐电器有限公司　110114745862904015　发票专用章 |

收款人：邓丽丽　　复核：薛小双　　开票人：王芳　　销售方：（章）

第一联：记账联　销售方记账凭证

原始凭证84-2

## 付款申请单

申请日期：2021年12月27日

| | | | | |
|---|---|---|---|---|
| 申请部门 | 销售部 | | 申请人 | 白斌 |
| 申请事由 | 销售折让退款 | | | |
| 收款单位 | 福建银海贸易有限公司 | | 收款人 | 刘友 |
| 申请付款金额 | ¥76 659.20 | | | |
| 付款方式 | □现 ☑转 | □其他 | 大写 | 人民币柒万陆仟陆佰伍拾玖元贰角整 |
| 备注 | | | | |

单位负责人 葛文学　　财务负责人 周　吉　　部门负责人　朱建国

原始凭证84-3

转账支票存根

北京仲裁印刷有限公司2020年印制

**中国工商银行**
**转账支票存根**

B0/02　90000016

附加信息

出票日期　2021年12月27日

| | |
|---|---|
| 收款人： | 福建银海贸易有限公司 |
| 金　额： | ¥76 659.20 |
| 用　途： | 销售折让退款 |

单位主管　　　会计

业务85：2021年12月27日，企业上个月向山东万益经贸有限公司销售的轻巧型电热水壶、经典型电热水壶和豪华型电热水壶，出现严重质量问题，将货物退还企业，该笔货款上月尚未收取，按金额抵减应收账款。

原始凭证85-1

1100153130　　**北京增值税专用发票**　　№78942357

机器编号：499910936509　　此联不作报销、扣税凭证使用　　开票日期：2021年12月27日

| 购买方 | 名　　称：山东万益经贸有限公司<br>纳税人识别号：110114745862897011<br>地 址 、电 话：山东省淄博市张店区和泉路19号0533-2828379<br>开户行及账号：中国工商银行山东分行1603000283627392717 | 密码区 | 035926>3>2<0230937-8>1*26906<br>374*91/- +588247>>/*6+>-89233<br>785926>3>2<0230937*57+89>097<br>4/737-++690195*6067//42+2-72 |
|---|---|---|---|

| 货物或应税劳务、服务名称 | 规格型号 | 单位 | 数量 | 单价 | 金额 | 税率 | 税额 |
|---|---|---|---|---|---|---|---|
| *家用厨房电器具*轻巧型电热水壶 | 轻巧型 | 件 | -200 | 85.00 | -17 000.00 | 13% | -2 210.00 |
| *家用厨房电器具*经典型电热水壶 | 经典型 | 件 | -300 | 120.00 | -36 000.00 | 13% | -4 680.00 |
| *家用厨房电器具*豪华型电热水壶 | 豪华型 | 件 | -100 | 255.00 | -25 500.00 | 13% | -3 315.00 |
| 合计 | | | | | ¥-78 500.00 | | ¥-10 205.00 |
| 价税合计（大写） | ⊗负捌万捌仟柒佰零伍元整 | | | | （小写）¥-88 705.00 | | |

| 销售方 | 名　　称：北京新锐电器有限公司<br>纳税人识别号：110114745862904015<br>地 址 、电 话：北京市昌平区光明路16号010-26674938<br>开户行及账号：中国工商银行北京市分行昌平支行0200000283627392724 | 备注 | 北京新锐电器有限公司 110114745862904015 发票专用章 |
|---|---|---|---|

收款人：邓丽丽　　复核：薛小双　　开票人：王芳　　销售方：（章）

第一联：记账联　销售方记账凭证

原始凭证85-2

**销售出库单**

日期：2021年12月27日　　编号：XS-0010

| 序号 | 名称 | 规格 | 单位 | 应发数量 | 实发数量 | 备注 |
|---|---|---|---|---|---|---|
| 1 | 轻巧型电热水壶 | 轻巧型 | 件 | -200 | -200 | 山东万益经贸有限公司 |
| 2 | 经典型电热水壶 | 经典型 | 件 | -300 | -300 | 山东万益经贸有限公司 |
| 3 | 豪华型电热水壶 | 豪华型 | 件 | -100 | -100 | 山东万益经贸有限公司 |
| | | | | | | |
| | | | | | | |

制单：胡平　　复核：林瑞　　经办人：白斌

第三联：财务部

## 技能点2　核算其他业务收入

### 一、实训目标

1. 能正确理解“其他业务收入”科目核算要点
2. 能正确描述其他业务收入业务的核算流程

3. 能正确进行其他业务收入业务的会计核算

## 二、实训材料

1. 增值税专用发票
2. 银行进账单

## 三、实训内容和步骤

### （一）核算销售材料业务

1. 确认“银行存款”：按照已经向客户收取的款项计量。

2. 确认“其他业务收入”：按照合同或协议中应收的商品销售单价、销售数量计量。

3. 确认“应交税费——应交增值税（销项税额）”：按现行增值税规章制度计算的销项税额计量。

借：银行存款

　　贷：其他业务收入

　　　　应交税费——应交增值税（销项税额）

### （二）核算出租业务

1. 确认“银行存款/应收账款”等：企业发生的固定资产、无形资产、包装物、投资性房地产业务，按照应该或已经向客户收取的款项计量。

2. 确认“其他业务收入”：按照合同或协议中应收的租金计量。

3. 确认“应交税费——应交增值税（销项税额）”：按照现行增值税规章制度计算的销项税额计量。

借：银行存款/应收账款等

　　贷：其他业务收入

　　　　应交税费——应交增值税（销项税额）

## 四、实训注意事项

1. 其他业务收入科目核算企业除主营业务收入以外的其他销售或其他业务的收入，如材料销售、无形资产出租、包装物出租等收入。

2. 核算其他业务收入，应注意区分收入对应科目是“银行存款”“应收账款”“应收票据”等时的不同情况，并注意“应交税费——应交增值税（销项税额）”的核算。

## 五、实训任务

业务 86：2021 年 12 月 28 日，企业向北京山来有限公司收取出租写字楼的租金，收到一张转账支票并送存银行。

原始凭证86-1

1100153130　　**北京增值税专用发票**　　№78942358

机器编号：499910936509　　此联不作报销、扣税凭证使用　　开票日期：2021年12月28日

| | | | | | | | |
|---|---|---|---|---|---|---|---|
| 购买方 | 名　　称：北京山来有限公司<br>纳税人识别号：124536798309376383<br>地 址、电 话：北京市昌平区阳光南路208号010-35475495<br>开户行及账号：中国工商银行北京市分行昌平支行0200000283676543234 | | | | 密码区 | 035926>3>2<0230937-8>1*26906<br>374*91/- +588247>>/*6+>-89233<br>785926>3>2<0230937*57+89>097<br>4/ 737-++690195*6067//42+2-72 | |
| 货物或应税劳务、服务名称 | 规格型号 | 单位 | 数量 | 单价 | 金额 | 税率 | 税额 |
| *经营租赁*不动产经营租赁 | | | | | 80 000.00 | 9% | 7 200.00 |
| 合计 | | | | | ¥80 000.00 | | ¥7 200.00 |
| 价税合计（大写） | ⊗捌万柒仟贰佰元整 | | | | （小写）¥87 200.00 | | |
| 销售方 | 名　　称：北京新锐电器有限公司<br>纳税人识别号：110114745862904015<br>地 址、电 话：北京市昌平区光明路16号010-26674938<br>开户行及账号：中国工商银行北京市分行昌平支行0200000283627392724 | | | | 备注 | 北京新锐电器有限公司<br>110114745862904015<br>发票专用章 | |

收款人：邓丽丽　　复核：薛小双　　开票人：王芳　　销售方：（章）

第一联：记账联　销售方记账凭证

原始凭证86-2

**中国工商银行　进账单（回　单）1**

2021年12月28日　　№71381979

| | | | | | |
|---|---|---|---|---|---|
| 签发人 | 全　　称 | 北京山来有限公司 | 收款人 | 全　　称 | 北京新锐电器有限公司 |
| | 账　　号 | 0200000283676543234 | | 账　　号 | 0200000283627392724 |
| | 开户银行 | 中国工商银行北京市分行昌平支行 | | 开户银行 | 中国工商银行北京市分行昌平支行 |
| 人民币（大写） | 捌万柒仟贰佰元整 | | | 亿千百十万千百十元角分 | ¥8720000 |
| 票据种类 | 转账支票 | 票据张数 | 1 | | |
| 票据号码 | 86397543 | | | 中国工商银行北京市分行昌平支行<br>2021.12.28<br>转讫 | |
| 复核 | 记账 | | | 出票人开户行盖章 | |

此联是出票人开户银行交给持（出）票人的回单

业务87：2021年12月28日，企业向昆明经贸大市场销售国产控温器10件，材料已发出，货款未收。

原始凭证87-1

1100153130　　**北京增值税专用发票**　　№78942359

（全国统一发票监制章　国家税务总局　北京市税务局）

机器编号：499910936509　　此联不作报销、扣税凭证使用　　开票日期：2021年12月28日

**购买方**
- 名　　称：昆明经贸大市场
- 纳税人识别号：110114745862899000
- 地址、电话：云南省昆明市西册区大商汇灯具A区29号0871-64669022
- 开户行及账号：中国工商银行昆明分行2502000283627392719

**密码区**
035926>3>2<0230937-8>1*26906
374*91/-+588247>>/*6+>-89233
785926>3>2<0230937*57+89>097
4/737-++690195*6067//42+2-72

| 货物或应税劳务、服务名称 | 规格型号 | 单位 | 数量 | 单价 | 金额 | 税率 | 税额 |
|---|---|---|---|---|---|---|---|
| *家用电器配件*国产温控器 | 通用：定制 | | 10 | 30.00 | 300.00 | 13% | 39.00 |
| 合计 | | | | | ¥300.00 | | ¥39.00 |
| 价税合计（大写） | ⊗叁佰叁拾玖元整 | | | | （小写）¥339.00 | | |

**销售方**
- 名　　称：北京新锐电器有限公司
- 纳税人识别号：110114745862904015
- 地址、电话：北京市昌平区光明路16号010-26674938
- 开户行及账号：中国工商银行北京市分行昌平支行0200000283627392724

备注：（北京新锐电器有限公司　110114745862904015　发票专用章）

收款人：邓丽丽　　复核：薛小双　　开票人：王芳　　销售方：（章）

第一联：记账联　销售方记账凭证

原始凭证87-2

**销售出库单**

日期：2021年12月28日　　编号：XS-00011

| 序号 | 名称 | 规格 | 单位 | 应发数量 | 实发数量 | 备注 |
|---|---|---|---|---|---|---|
| 1 | 国产温控器 | 通用：定制 | 件 | 10 | 10 | 昆明经贸大市场 |
| | | | | | | |
| | | | | | | |
| | | | | | | |
| | | | | | | |

制单：胡平　　复核：林瑞　　经办人：白斌

第三联：财务部

# 任务十三　核算费用（一）

## 技能点1　核算管理费用

### 一、实训目标

1.能正确理解“管理费用”科目核算要点
2.能正确描述管理费用业务的核算流程
3.能正确进行管理费用业务的会计核算

### 二、实训材料

1.付款申请单
2.增值税普通发票
3.增值税专用发票
4.转账支票存根
5.差旅费报销单
6.住宿费发票
7.高铁票
8.存货清查报告单
9.关于财产物资盘盈盘亏的处理批复

### 三、实训内容和步骤

#### （一）发生管理费用业务

1.确认“管理费用”：按照发生管理费用相应的支出计量。

2.确认“应交税费——应交增值税（进项税额）”：按照现行增值税规章制度计算的进项税额计量。

3.确认“银行存款/库存现金/应付职工薪酬/ 原材料”等：按照发生管理费用支出的银行存款、库存现金、应付职工薪酬、原材料等金额计量。

借：管理费用
　　应交税费——应交增值税（进项税额）
　　贷：银行存款/库存现金/应付职工薪酬/原材料等

#### （二）转销管理费用业务

1.确认“管理费用”：按照本期发生管理费用总额计量。

2.确认“本年利润”：按照本期转销的管理费用总额计量。

借：本年利润

　　贷：管理费用

## 四、实训注意事项

1.管理费用是指企业管理部门为组织和管理企业生产经营活动所发生的各种费用，具体包括的项目有：企业管理部门及职工方面的费用、用于企业直接管理之外的费用、提供生产技术条件的费用、业务招待费、损失或准备、其他费用等。

2.核算管理费用，应注意区分销售费用、管理费用、财务费用三种期间费用在核算具体内容上的差异，防止出现错误使用会计核算科目的情况。

3.管理费用的确认至少应当符合以下条件：

① 与管理费用相关的经济利益应当很可能流出企业；

② 经济利益流出企业的结果会导致资产的减少或者负债的增加；

③ 经济利益的流出额能够可靠计量。

## 五、实训任务

业务88：2021年12月29日，企业在北京市同庆楼大酒店招待客户，现金支付餐饮费2 000元。

原始凭证88-1

**付款申请单**

申请日期：2021年12月29日

| 申请部门 | 人力行政部 | | | 申请人 | 刘丽 |
|---|---|---|---|---|---|
| 申请事由 | 支付餐饮费 | | | | |
| 收款单位 | 北京市同庆楼大酒店 | | | 收款人 | 黄鹂 |
| 申请付款金额 | ¥2 000.00 | | | | |
| 付款方式 | □现 | ☑转 | □其他 | 大写 | 人民币贰仟元整 |
| 备注 | | | | | |

单位负责人 葛文学　　财务负责人 周　吉　　部门负责人 蔡浩民

原始凭证88-2

1100152132　　北京增值税电子普通发票　　№78923412

机器编号：499910936509　　此联不作报销、扣税凭证使用　　开票日期：2021年12月29日

| | | |
|---|---|---|
| 购买方 | 名　　称：北京新锐电器有限公司<br>纳税人识别号：110114745862904015<br>地址、电话：北京市昌平区光明路16号010-26674938<br>开户行及账号：中国工商银行北京市分行昌平支行0200000283627392724 | 密码区：035926>3>2<0230937-8>1*26906<br>374*91/- +588247>>/*6+>-89233<br>785926>3>2<0230937*57+89>097<br>4/ 737-++690195*6067//42+2-72 |

| 货物或应税劳务、服务名称 | 规格型号 | 单位 | 数量 | 单价 | 金额 | 税率 | 税额 |
|---|---|---|---|---|---|---|---|
| *餐饮服务*餐费 | | | | | 1 886.79 | 6% | 113.21 |
| 合计 | | | | | ¥1 886.79 | | ¥113.21 |
| 价税合计（大写） | ⊗贰仟元整 | | | | （小写）¥2 000.00 | | |

| | | |
|---|---|---|
| 销售方 | 名　　称：北京市同庆楼大酒店<br>纳税人识别号：110114746765543870<br>地址、电话：北京市昌平区环北路21号010-65764321<br>开户行及账号：中国工商银行北京市分行昌平支行768000076537094521 8 | 备注：北京市同庆楼大酒店 110114746765543870 发票专用章 |

收款人：同义　　复核：同山　　开票人：牛丽　　销售方：（章）

第二联：记账联　购买方记账凭证

业务89：2021年12月29日，企业以转账支票向北京市仁兴修理厂支付机床修理费11 300元。

原始凭证89-1

## 付款申请单

申请日期：2021年12月29日

| | | | | | |
|---|---|---|---|---|---|
| 申请部门 | 生产车间 | | | 申请人 | 李丹丹 |
| 申请事由 | 机床修理费 | | | | |
| 收款单位 | 北京市仁兴修理厂 | | | 收款人 | 王柳 |
| 申请付款金额 | ¥11 300.00 | | | | |
| 付款方式 | □现 | ☑转 | □其他 | 大写 | 人民币壹万壹仟叁佰元整 |
| 备注 | | | | | |

单位负责人 葛文学　　财务负责人 周吉　　部门负责人　沈运

原始凭证89-2

1100153130　　北京增值税专用发票　　№78947654

发票联

机器编号：499910936509　　开票日期：2021年12月29日

| | | | | | | | |
|---|---|---|---|---|---|---|---|
| 购买方 | 名　　称：北京新锐电器有限公司<br>纳税人识别号：110114745862904015<br>地址、电话：北京市昌平区光明路16号010-26674938<br>开户行及账号：中国工商银行北京市分行昌平支行0200000283627392724 | | | 密码区 | 035926>3>2<0230937-8>1*26906<br>374*91/- +588247>>/*6+>-89233<br>785926>3>2<0230937*57+89>097<br>4/737-++690195*6067//42+2-72 | | |
| 货物或应税劳务、服务名称 | 规格型号 | 单位 | 数量 | 单价 | 金额 | 税率 | 税额 |
| *劳务*机床修理费 | | | | | 10 000.00 | 13% | 1 300.00 |
| 合计 | | | | | ¥10 000.00 | | ¥1 300.00 |
| 价税合计（大写） | ⊗壹万壹仟叁佰元整 | | | | （小写）¥11 300.00 | | |
| 销售方 | 名　　称：北京市仁兴修理厂<br>纳税人识别号：110114746787654609<br>地址、电话：北京市昌平区白云路78号010-98076541<br>开户行及账号：中国银行北京市分行昌平支行768000076537654980 | | | 备注 | 北京市仁兴修理厂<br>110114746787654609<br>发票专用章 | | |

收款人：仁义　　复核：仁山　　开票人：刘小小　　销售方：（章）

第三联：发票联　购买方记账凭证

原始凭证89-3

北京仲裁印刷有限公司2020年印制

**中国工商银行**
**转账支票存根**

B0/02　90000017

附加信息

出票日期　2021年12月29日

| | |
|---|---|
| 收款人： | 北京市仁兴修理厂 |
| 金　额： | ¥11 300.00 |
| 用　途： | 机床修理费 |

单位主管　　会计

业务90：2021年12月30日，张亮出差回来报销差旅费，财务处用现金补给他382.4元。

原始凭证90-1

## 差旅费报销单

2021年12月30日　　　　单据张数3张

| 姓名 | | 张亮 | | | 部门 | | 采购部 | | 出差事由 | | 采购原材料 |
|---|---|---|---|---|---|---|---|---|---|---|---|
| 起止日期 | | | | 起止地点 | 火车费 | 途中伙食补助 | | | 住宿费 | | 金额合计 |
| 月 | 日 | 月 | 日 | | | 标准 | 天数 | 金额 | 价款 | 税额 | |
| 12 | 15 | 12 | 15 | 北京-无锡 | 487.00 | 300.00 | 4.0 | 1 200.00 | 1 140.00 | 68.40 | |
| 12 | 18 | 12 | 18 | 无锡-北京 | 487.00 | | | | | | |
| | | | | | | | | | | | |
| | | | | | | | | | | | |
| | | | | | | | | | | | |
| | | | | | | | | | | | |
| | | | | | | | | | | | |
| 合 计 | | | | | 974.00 | | | 1 200.00 | 1 140.00 | 68.40 | 3 382.40 |
| 人民币（大写）叁仟叁佰捌拾贰元肆角整 | | | | | | 预借：3 000.00 | | | 应退（补）：382.40 | | |
| 以下由财务部门填写 | | | | | | | | | | | |
| 购进国内旅客运输服务费外应抵扣的进项税额计算：航空、铁路运输：（487+487）÷1.09×9%=80.42（元） | | | | | | | | | | | |

现金付讫

审核：黄杰　　　部门主管：蔡浩民　　　财务主管：周吉

原始凭证90-2

1100157809　　**北京增值税专用发票**　　№78947623

全国统一发票监制 国家税务总局 北京市税务局

发票联

机器编号：499910936509　　　　开票日期：2021年12月30日

| 购买方 | 名称：北京新锐电器有限公司<br>纳税人识别号：110114745862904015<br>地址、电话：北京市昌平区光明路16号010-26674938<br>开户行及账号：中国工商银行北京市分行昌平支行0200000283627392724 | | | | | 密码区 | 035926>3>2<0230937-8>1*26906<br>374*91/- +588247>>/*6+>-89233<br>785926>3>2<0230937*57+89>097<br>4/ 737-++690195*6067//42+2-72 | |
|---|---|---|---|---|---|---|---|---|
| 货物或应税劳务、服务名称 | | 规格型号 | 单位 | 数量 | 单价 | 金额 | 税率 | 税额 |
| *生活服务*住宿服务 | | | | | | 1 140.00 | 6% | 68.40 |
| 合计 | | | | | | ¥1 140.00 | | ¥68.40 |
| 价税合计（大写） | ⊗壹仟贰佰零捌元肆角整 | | | | | （小写）¥1 208.40 | | |
| 销售方 | 名称：无锡锡州花园酒店<br>纳税人识别号：110114746765798765<br>地址、电话：江苏省无锡市锡州中路54号0510-87987654<br>开户行及账号：中国工商银行无锡市分行锡山支行76800007653875422 | | | | | 备注 | 无锡锡州花园酒店<br>110114746765798765<br>发票专用章 | |

第三联：发票联　购买方记账凭证

收款人：李义　　　复核：李山　　　开票人：卞行　　　销售方：（章）

原始凭证90-3

**北京到无锡的高铁票**

X578995
北京 售
科技伴随 高效学习
2021 年 12 月 15 日 09:38 开
12 车 22C 号
二等座
北京南站
G307 次
无锡东站
beijingnanzhan
wuxidongzhan
¥487.00 元
网
限乘当日当次车
张亮
123456789012345000
4657 3318 0585 0725 3641-2
和谐号

原始凭证90-4

**无锡到北京的高铁票**

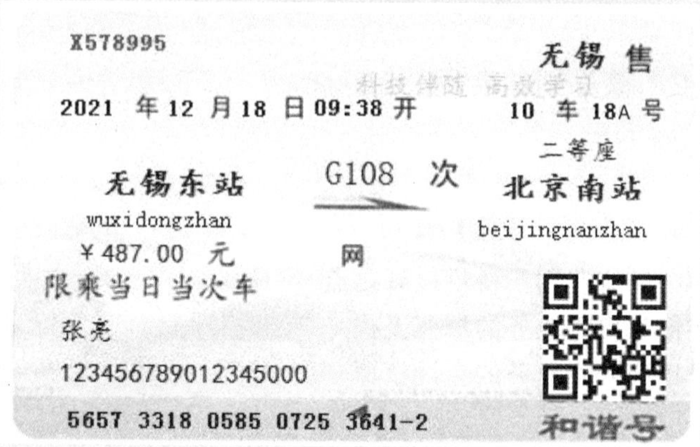
X578995
无锡 售
科技伴随 高效学习
2021 年 12 月 18 日 09:38 开
10 车 18A 号
二等座
无锡东站
G108 次
北京南站
wuxidongzhan
beijingnanzhan
¥487.00 元
网
限乘当日当次车
张亮
123456789012345000
5657 3318 0585 0725 3641-2
和谐号

业务91：2021年12月30日，企业对存货进行清查盘点，盘点结果为盘亏豪华型手柄10件，金额为100元，原因待查。

原始凭证91-1

**存货清查报告单**

2021年12月30日

金额单位：元

| 种类 | 品名 | 单位 | 单价 | 账面数 | 实存数 | 盘亏 | | 盘盈 | |
|---|---|---|---|---|---|---|---|---|---|
| | | | | | | 数量 | 金额 | 数量 | 金额 |
| 原材料 | 豪华型手柄 | 件 | 10.00 | 360 | 350 | 10 | 100.00 | | |
| | | | | | | | | | |
| | | | | | | | | | |
| 合计 | | | | | | | 100.00 | | |
| 原因分析： | | | | | | 处理意见： | | | |

财务主管：周吉　　保管员：胡平　　制单：严格物

业务92：2021年12月30日，经查明，盘亏的豪华型手柄是保管不当，由保管员赔偿，转入其他应收款。

原始凭证92-1

**关于财产物资盘盈盘亏的处理批复**

公司财务部：

经研究决定，本年年末进行的财产清查，其盘亏的结果按以下办法核销：

盘亏的原材料是由于存货管理制度不完善造成的，计入管理费用。

北京新锐电器有限公司

公司董事会、监事会

2021年12月30日

## 技能点2 核算销售费用

### 一、实训目标

1. 能正确理解“销售费用”科目核算要点
2. 能正确描述销售费用业务的核算流程
3. 能正确进行销售费用业务的会计核算

### 二、实训材料

1. 付款申请单
2. 增值税专用发票
3. 转账支票存根

### 三、实训内容

#### （一）发生销售费用业务

1. 确认“销售费用”：按照发生销售费用相应的支出计量。

2. 确认“应交税费——应交增值税（进项税额）”：按照取得增值税专用发票上注明的可抵扣的进项税额计量。

3. 确认“银行存款”等：按照实际支付的金额计量。

借：销售费用

　　应交税费——应交增值税（进项税额）

　　贷：银行存款等

### （二）转销销售费用业务

1. 确认“销售费用”：按照本期发生销售费用总额计量。

2. 确认“本年利润”：按照本期转销的销售费用总额计量。

借：本年利润

　　贷：销售费用

## 四、实训注意事项

1. 销售费用核算的是企业为销售商品和材料的过程中发生的各项经营费用，主要包括保险费、包装费、展览费、公关费用、广告费、运输费、装卸费以及为销售本企业商品而专设的销售机构发生的各项经营费用等。

2. 企业发生的符合条件的广告费和业务宣传费支出，除国务院财政、税务主管部门另有规定外，不超过当年销售（营业）收入15%的部分，准予扣除；超过部分，准予在以后纳税年度结转扣除。

## 五、实训任务

业务93：2021年12月30日，企业支付给北京东艺广告有限公司广告费106 000元，款项通过签发转账支票支付。

原始凭证93-1

**付款申请单**

申请日期：2021年12月30日

| | | | | | |
|---|---|---|---|---|---|
| 申请部门 | 销售部 | | | 申请人 | 白斌 |
| 申请事由 | 支付广告费 | | | | |
| 收款单位 | 北京东艺广告有限公司 | | | 收款人 | 王林 |
| 申请付款金额 | ¥106 000.00 | | | | |
| 付款方式 | □现 | ☑转 | □其他 | 大写 | 人民币壹拾万零陆仟元整 |
| 备注 | | | | | |

单位负责人 葛文学　　财务负责人 周　吉　　部门负责人　朱建国

原始凭证93-2

1100153130 北京增值税专用发票 №56387493

发票联

机器编号：499910936509 开票日期：2021年12月30日

| 购买方 | 名称：北京新锐电器有限公司<br>纳税人识别号：110114745862904015<br>地址、电话：北京市昌平区光明路16号010-26674938<br>开户行及账号：中国工商银行北京市分行昌平支行0200000283627392724 | | | | | 密码区 | 035926>3>2<0230937-8>1*26906<br>374*91/- +588247>>/*6+>-89233<br>785926>3>2<0230937*57+89>097<br>4/ 737-++690195*6067//42+2-72 | |
|---|---|---|---|---|---|---|---|---|
| 货物或应税劳务、服务名称 | 规格型号 | 单位 | 数量 | 单价 | 金额 | | 税率 | 税额 |
| *文化创意服务*广告费 | | $m^2$ | 2 000 | 50.00 | 100 000.00 | | 6% | 6 000.00 |
| 合计 | | | | | ¥100 000.000 | | | ¥6 000.00 |
| 价税合计（大写） | ⊗壹拾万零陆仟元整 | | | | （小写）¥106 000.00 | | | |
| 销售方 | 名称：北京东艺广告有限公司<br>纳税人识别号：911101065677334449<br>地址、电话：北京市海淀区西苑一里56号010-38739382<br>开户行及账号：中国银行北京海淀总行73683628736930383737 | | | | | 备注 | 北京东艺广告有限公司 911101065677334449 发票专用章 | |

第三联：发票联 购买方记账凭证

收款人：东义 复核：东山 开票人：方华 销售方：（章）

原始凭证93-3

转账支票存根

北京仲裁印刷有限公司2020年印制

**中国工商银行**
**转账支票存根**

$\frac{B}{0}\frac{0}{2}$ 90000018

附加信息

出票日期 2021 年 12 月 30 日

| | |
|---|---|
| 收款人： | 北京东艺广告有限公司 |
| 金 额： | ¥106 000.00 |
| 用 途： | 支付广告费 |

单位主管 会计

## 技能点3 核算财务费用

### 一、实训目标

1.能正确理解“财务费用”科目核算要点
2.能正确描述财务费用业务的核算流程
3.能正确进行财务费用业务的会计核算

### 二、实训材料

1.委托收款凭证收账通知
2.短期借款利息计提表
3.长期借款利息计提表

### 三、实训内容和步骤

#### （一）发生财务费用业务

1.确认“财务费用”：按照发生财务费用（如借款利息、现金折扣等）相应的支出计量。

2.确认“银行存款/应付利息”：按照实际或者应当支付的财务费用金额计量。

借：财务费用

　　贷：银行存款/应付利息

#### （二）转销财务费用业务

1.确认“财务费用”：按照本期发生财务费用总额计量。

2.确认“本年利润”：按照本期转销的财务费用总额计量。

借：本年利润

　　贷：财务费用

### 四、实训注意事项

1.财务费用是指企业为筹集生产经营所需资金等而发生的费用，包括利息费用、利息收入、汇兑损失（减汇兑收益）、金融机构手续费以及筹集生产经营资金发生的其他费用等。

2.核算财务费用，应注意区分销售费用、财务费用、管理费用三种期间费用在核算具体内容上的差异，防止出现错误使用会计核算科目的情况。

3.财务费用的确认除了应当符合费用的定义外，还应当满足严格的条件，即财务费用只有在经济利益很可能流出，从而导致企业资产减少或者负债增加且经济利益的流出额能够可靠计量时才能予以确认。

## 五、实训任务

业务94：2021年12月30日，企业收到12月26日销售给昆明经贸大市场热水壶的货款，客户在5天内付款，可享受1%（不考虑增值税）的现金折扣。

原始凭证94-1

委邮　　**委托收款** 凭证（收账通知）　　**4**　　委托号码：3787494

委托日期　2021年12月26日　　付款期限：2021年12月30日

| | | | | | |
|---|---|---|---|---|---|
| 付款人 | 全　称 | 昆明经贸大市场 | 收款人 | 全　称 | 北京新锐电器有限公司 |
| | 账　号 | 25020002836273927l9 | | 账　号 | 0200000283627392724 |
| | 开户银行 | 中国工商银行昆明分行 | | 开户银行 | 中国工商银行北京市分行昌平支行 |
| 委收金额 | 人民币（大写） | 叁佰贰拾贰万柒仟捌佰肆拾元整 | | 千百十万千百十元角分 | ¥322784000 |
| 款项内容 | 货款 | 委托收款凭据名称 | 增值税专用发票 | 附寄单证张数 | 2 |
| 备注：现金折扣条件为1/5，N/30（不考虑增值税）在5天内付款，享受1%的折扣。 | | | 上列款项 1. 已全部划回收入你方账户 2. 全部未收到 | | |

中国工商银行北京市分行昌平支行 2021.12.30 转讫

此联收款人开户银行在款项收妥后给收款人的收账通知

单位主管　会计　复核　记账　付款人开户银行收到日期2021年12月26日　支付日期2021年12月30日

业务95：2021年12月31日，企业对11月1日借入的短期计提利息。

原始凭证95-1

**短期借款利息计提表**

2021年12月31日　　单位：元

| 借款名称 | 借款金额 | 计息月份 | 借款月利率 | 借款利息 |
|---|---|---|---|---|
| 短期借款——生产周转借款 | 200 000.00 | 12月 | 0.56% | |
| 利息合计 | | | | |

财务主管：周吉　　制单：严格物　　记账：薛小双

业务96：2021年12月31日，企业计提长期借款利息。

原始凭证96-1

**长期借款利息计提表**

2021年12月31日　　单位：元

| 借款名称 | 借款金额 | 借款月利率 | 当月应提额 | 已计提 | 累计 | 备注 |
|---|---|---|---|---|---|---|
| 购买厂房 | 2 000 000.00 | 0.70% | | | | |
| 购买设备 | 1 000 000.00 | 0.75% | | | | 本月只计提7天的利息 |
| 利息合计 | | | | | | |

财务主管：周吉　　制单：严格物　　记账：薛小双

# 任务十四　核算产品生产成本

## 一、实训目标

1.能正确理解产品生产成本核算要点
2.能正确描述产品生产成本的核算流程
3.能正确进行产品生产成本的会计核算

## 二、实训材料

1.原材料加权平均单价计算表
2.发料凭证汇总表
3.工资结算汇总表
4.车间生产工时统计表
5.工资费用分配表
6.五险一金分配表
7.职工福利费分配表
8.工会经费及职工教育经费分配表
9.非货币性福利分配表
10.水电费用计算分配表
11.固定资产折旧计算表
12.无形资产摊销计算表
13.制造费用分配表
14.产品成本计算表

## 三、实训内容和步骤

### （一）发出材料

1.确认“基本生产成本/制造费用/管理费用/销售费用”等：按照各部门领用材料的用途和金额计量。

2.确认“原材料”：按发出材料的金额计量。

借：基本生产成本/制造费用/管理费用/销售费用等

　　贷：原材料

### （二）计提应付职工薪酬

1.确认“基本生产成本/制造费用/管理费用/销售费用”等：根据职工工资，社会保险费、住房公积金、工会经费、职工教育经费、职工福利及非货币性福利等的计提比例，按照受益对象计入产品成本或当期损益。

2.确认“应付职工薪酬”：按职工薪酬各项明细的金额计量。

借：基本生产成本/制造费用/管理费用/销售费用等

　　贷：应付职工薪酬

### （三）分配水电费

1.确认“基本生产成本/制造费用/管理费用/销售费用”等：根据各部门耗用的水电费金额计量。

2.确认“应付账款”：按应支付的水电费金额计量。

借：基本生产成本/制造费用/管理费用/销售费用等

　　贷：应付账款

### （四）计提固定资产折旧

1.确认“制造费用/管理费用/销售费用”等：根据各部门固定资产计提的折旧金额计量。

2.确认“累计折旧”：按固定资产计提的折旧金额计量。

借：制造费用/管理费用/销售费用等

　　贷：累计折旧

### （五）计提无形资产摊销

1.确认“管理费用”等：根据各部门无形资产计提的摊销金额计量。

2.确认“累计折旧”：按无形资产计提的摊销金额计量。

借：管理费用等

　　贷：累计摊销

### （六）分配结转制造费用

1.确认“基本生产成本”：根据分配结转至产品的制造费用金额计量。

2.确认“制造费用”：按归集的制造费用总金额计量。

借：基本生产成本

　　贷：制造费用

### （七）结转完工产品成本

1.确认“库存商品”：根据完工产品的成本金额计量。

2.确认“基本生产成本”：按完工产品的成本金额计量。

借：库存商品

　　贷：基本生产成本

## 四、实训注意事项

1.发出材料的实际成本，可以由企业从个别计价法、先进先出法、月末一次加权平均法和移动加权平均法等方法中选择，一经确定，不得随意变更。

2.企业职工薪酬包括短期薪酬、离职后福利、辞退福利及其他。其中短期薪酬包括工资、职工福利、社会保险费、住房公积金、工会经费、职工教育经费、职工福利及非货币性福利等。需要注意的是，社会保险费中由企业承担的养老保险费和失业保险费属于离职后福利中的设定提存计划。

3.固定资产计提折旧的方法有年限平均法、工作量法、双倍余额递减法和年数总和法，一经确定，不得随意变更。

4.使用寿命有限的无形资产，选择的摊销方法应该反映企业预期消耗该项无形资产所产生的未来经济利益的方式，无法可靠确定消耗方式的，应采用直线摊销法。而使用寿命不确定的无形资产，不需要摊销。

## 五、实训任务

业务97：月末，按照月末一次加权平均法计算出本月发出原材料的加权平均单价，汇总领料单编制“发料凭证汇总表”，进行材料费用的归集与分配。

原始凭证97-1

**原材料加权平均单价计算表**

2021年12月31日　　金额单位：元

| 材料名称 | 期初结存 | | 本期收入 | | 加权平均单价 |
|---|---|---|---|---|---|
| | 数量 | 金额 | 数量 | 金额 | |
| 201不锈钢板材 | | | | | |
| 304不锈钢板材 | | | | | |
| 国产温控器 | | | | | |
| 进口温控器 | | | | | |
| 轻巧型手柄 | | | | | |
| 经典型手柄 | | | | | |
| 豪华型手柄 | | | | | |
| 轻巧型、经典型壶盖 | | | | | |
| 豪华型壶盖 | | | | | |
| 轻巧型、经典型壶底 | | | | | |
| 豪华型壶底 | | | | | |
| 轻巧型、经典型加热底盘 | | | | | |
| 豪华型加热底盘 | | | | | |
| 轻巧型辅材套件 | | | | | |
| 经典型辅材套件 | | | | | |
| 豪华型辅材套件 | | | | | |
| 合计 | | | | | |

会计主管：周吉　　制表：严格物　　记账：薛小双

原始凭证97-2

## 发料凭证汇总表

附件_张

2021年12月31日　　金额单位：元

| 材料名称 | 加权平均单价 | 轻巧型电热水壶 | | 经典型电热水壶 | | 豪华型电热水壶 | | 合计 | |
|---|---|---|---|---|---|---|---|---|---|
| | | 数量 | 金额 | 数量 | 金额 | 数量 | 金额 | 数量 | 金额 |
| 201不锈钢板材 | | | | | | | | | |
| 304不锈钢板材 | | | | | | | | | |
| 国产温控器 | | | | | | | | | |
| 进口温控器 | | | | | | | | | |
| 轻巧型手柄 | | | | | | | | | |
| 经典型手柄 | | | | | | | | | |
| 豪华型手柄 | | | | | | | | | |
| 轻巧型、经典型壶盖 | | | | | | | | | |
| 豪华型壶盖 | | | | | | | | | |
| 轻巧型、经典型底座 | | | | | | | | | |
| 豪华型底座 | | | | | | | | | |
| 轻巧型、经典型加热底盘 | | | | | | | | | |
| 豪华型加热底盘 | | | | | | | | | |
| 轻巧型辅材套件 | | | | | | | | | |
| 经典型辅材套件 | | | | | | | | | |
| 豪华型辅材套件 | | | | | | | | | |
| 合计 | / | / | | / | | / | | / | |

会计主管：周吉　　制表：严格物　　记账：薛小双

业务98：月末，根据考勤记录（略），编制“工资结算汇总表”，分配并结转工资费用（工资费用按生产工时分配）。

原始凭证98-1

## 工资结算汇总表

2021年12月31日　　　　　　　　　　　　　　　　　单位：元

| 部门名称 | | 人数 | 基本工资 | 奖金 | 岗位津贴 | 应付工资 | 代扣工资 | | | | | | 实发工资 |
|---|---|---|---|---|---|---|---|---|---|---|---|---|---|
| | | | | | | | 养老保险（8%） | 失业保险（0.2%） | 医疗保险（2%+3） | 住房公积金（12%） | 个人所得税 | 小计 | |
| 生产车间 | 生产工人 | 158 | 237 000 | 174 600 | 94 600 | 506 200 | 40 496.00 | 1 012.4 | 10 598 | 60 744 | 76.83 | 112 927.23 | 393 272.77 |
| | 管理人员 | 4 | 16 800 | 12 000 | 5 200 | 34 000 | 2 720.00 | 68 | 692 | 4 080 | 178.78 | 7 738.78 | 26 261.22 |
| 企业管理部 | | 1 | 5 500.00 | 4 000.00 | 1 800.00 | 11 300.00 | 904.00 | 22.60 | 229.00 | 1 356.00 | 476.31 | 2 987.91 | 8 312.09 |
| 人力行政部 | | 2 | 8 400.00 | 5 000.00 | 2 400.00 | 15 800.00 | 1 264.00 | 31.60 | 322.00 | 1 896.00 | 70.95 | 3 584.55 | 12 215.45 |
| 财务部 | | 7 | 29 400.00 | 14 000.00 | 7 000.00 | 50 400.00 | 4 032.00 | 100.80 | 1 029.00 | 6 048.00 | 178.71 | 11 388.51 | 39 011.49 |
| 采购部 | | 2 | 8 400.00 | 5 000.00 | 2 400.00 | 15 800.00 | 1 264.00 | 31.60 | 322.00 | 1 896.00 | 308.65 | 3 822.25 | 11 977.75 |
| 仓储部 | | 2 | 8 400.00 | 5 000.00 | 2 400.00 | 15 800.00 | 1 264.00 | 31.60 | 322.00 | 1 896.00 | 332.74 | 3 846.34 | 11 953.66 |
| 销售部 | | 2 | 8 400.00 | 12 000.00 | 8 000.00 | 28 400.00 | 2 272.00 | 56.80 | 574.00 | 3 408.00 | 984.82 | 7 295.62 | 21 104.38 |
| 合计 | | 178 | 322 300.00 | 231 600.00 | 123 800.00 | 677 700.00 | 54 216.00 | 1 355.40 | 14 088.00 | 81 324.00 | 2607.79 | 153 591.19 | 524 108.81 |

会计主管：周吉　　　　　　制表：严格物　　　　　　记账：薛小双

原始凭证98-2

## 车间生产工时统计表

2021年12月31日

| 车　间 | | 生产工时/工时 |
|---|---|---|
| 生产车间 | 轻巧型电热水壶 | 5 000 |
| | 经典型电热水壶 | 3 000 |
| | 豪华型电热水壶 | 2 000 |
| 合　计 | | 10 000 |

审核：唐胜利　　　　　　　　制表：李丹丹

原始凭证98-3

## 工资费用分配表

2021年12月

| 应借账户 | | 成本项目 | 分配标准（生产工时） | 分配率 | 分配金额 |
|---|---|---|---|---|---|
| 基本生产成本 | 轻巧型电热水壶 | | | | |
| | 经典型电热水壶 | | | | |
| | 豪华型电热水壶 | | | | |
| | 小计 | | | | |
| 制造费用 | | | | | |
| | | | | | |
| | | | | | |
| 管理费用 | | | | | |
| 销售费用 | | | | | |
| 合　计 | | | | | |

会计主管：周吉　　　　制表：严格物　　　　记账：薛小双

业务99：月末，根据“工资结算汇总表”提供的工资总额，按照提供的比例计算并编制“五险一金分配表”，分配并结转五险一金。

原始凭证99-1

## 五险一金分配表

2021年12月31日

| 应借账户 | | 成本项目 | 工资总额 | 计提金额 | | | | | | | |
|---|---|---|---|---|---|---|---|---|---|---|---|
| | | | | 养老（20%） | 医疗（10%） | 失业（1%） | 工伤（1%） | 生育（0.8%） | 小计 | 住房公积金（12%） | 合计 |
| 基本生产成本 | 轻巧型电热水壶 | | | | | | | | | | |
| | 经典型电热水壶 | | | | | | | | | | |
| | 豪华型电热水壶 | | | | | | | | | | |
| | 小计 | | | | | | | | | | |
| 制造费用 | | | | | | | | | | | |
| 管理费用 | | | | | | | | | | | |
| 销售费用 | | | | | | | | | | | |
| 合　计 | | | | | | | | | | | |

会计主管：周吉　　　　制表：严格物　　　　记账：薛小双

业务100：月末，按照每人100元的标准计算并编制“职工福利费分配表”，分配并结转职工福利费。

原始凭证100-1

## 职工福利费分配表

2021年12月31日

| 应借账户 | | 成本项目 | 人数 | 标准（每人） | 分配标准（生产工时） | 分配率 | 分配金额 |
|---|---|---|---|---|---|---|---|
| 基本生产成本 | 轻巧型电热水壶 | | | | 5 000 | | |
| | 经典型电热水壶 | | | | 3 000 | | |
| | 豪华型电热水壶 | | | | 2 000 | | |
| | 小计 | | | 100 | 10 000 | | |
| 制造费用 | | | | | | | |
| 管理费用 | | | | | | | |
| 销售费用 | | | | | | | |
| 合　计 | | | | | | | |

会计主管：周吉　　　　制表：严格物　　　　记账：薛小双

业务101：月末，根据“工资结算汇总表”提供的工资总额，按照提供的比例计算并编制“工会经费及职工教育经费分配表”，分配工会经费及职工教育经费。

原始凭证101-1

## 工会经费及职工教育经费分配表

2021年12月31日

| 应借账户 | | 成本项目 | 工资总额 | 计提金额 | | |
|---|---|---|---|---|---|---|
| | | | | 工会经费（2%） | 职工教育经费（8%） | 合计 |
| 基本生产成本 | 轻巧型电热水壶 | | | | | |
| | 经典型电热水壶 | | | | | |
| | 豪华型电热水壶 | | | | | |
| | 小计 | | | | | |
| 制造费用 | | | | | | |
| 管理费用 | | | | | | |
| 销售费用 | | | | | | |
| 合　计 | | | | | | |

会计主管：周吉　　　　制表：严格物　　　　记账：薛小双

业务102：月末，按照每人135.6元（每人发放经典型电热水壶一件，售价120元，增值税15.6元）的标准计算并编制“非货币性福利分配表”，分配并结转非货币性福利。

原始凭证102-1

## 非货币性福利分配表

2021年12月31日

| 应借账户 | | 成本项目 | 人数 | 标准（每人） | 分配标准（生产工时） | 分配率 | 分配金额 |
|---|---|---|---|---|---|---|---|
| 基本生产成本 | 轻巧型电热水壶 | | | | 5 000 | | |
| | 经典型电热水壶 | | | | 3 000 | | |
| | 豪华型电热水壶 | | | | 2 000 | | |
| | 小计 | | | 135.6 | 10 000 | | |
| 制造费用 | | | | | | | |
| 管理费用 | | | | | | | |
| 销售费用 | | | | | | | |
| 合　计 | | | | | | | |

会计主管：周吉　　制表：严格物　　记账：薛小双

业务103：月末，根据各部门用水量和用电量统计与单价，编制“水电费用计算分配表”，分配并结转水电费。

原始凭证103-1

## 水电费用计算分配表

2021年12月31日

| 应借账户 | 成本项目 | 水费分配 | | | 电费分配 | | | 合计 |
|---|---|---|---|---|---|---|---|---|
| | | 耗用量（米³） | 单价 | 金额 | 耗用量（度） | 单价 | 金额 | |
| 制造费用 | | 320 | 5.00 | | 4 500 | 0.80 | | |
| 管理费用 | | 130 | 5.00 | | 800 | 0.80 | | |
| 销售费用 | | 50 | 5.00 | | 200 | 0.80 | | |
| 合　计 | | 500 | 5.00 | 2 500.00 | 5 500 | 0.80 | 4 400.00 | |

会计主管：周吉　　制表：严格物　　记账：薛小双

业务 104：月末根据月初固定资产原值和确定的折旧率，计算并编制“固定资产折旧计算表”，计算并结转固定资产折旧费用。

原始凭证104-1

固定资产折旧计算表

2021年12月31日

| 使用部门 | 固定资产类别 | 月初原值 | 月折旧率 | 月折旧额 |
| --- | --- | --- | --- | --- |
| 生产车间 | 房屋建筑类 | | | |
| | 机器及交通设备类 | | | |
| | 小计 | | | |
| 企业管理部门（包括企业管理部、财务部、人力行政部、采购部和仓储部） | 房屋建筑类 | | | |
| | 机器及交通设备类 | | | |
| | 电子设备类 | | | |
| | 小计 | | | |
| 销售部 | 机器及交通设备类 | | | |
| 合计 | | | | |

会计主管：周吉　　制表：严格物　　记账：薛小双

业务 105：月末根据无形资产原值和预计使用年限，计算并编制“无形资产摊销计算表”，计算并结转无形资产摊销费用。

原始凭证105-1

无形资产摊销计算表

2021年12月31日

| 种类 | 预计使用年限 | 已摊销月份 | 原始价值 | 月摊销额 |
| --- | --- | --- | --- | --- |
| 专利权 | | | | |
| 非专利技术 | | | | |
| 自动化专利 | | | | |
| 合计 | | | | |

会计主管：周吉　　制表：严格物　　记账：薛小双

业务 106：月末根据制造费用明细账归集的费用总额，按照成本计算对象生产工时的比率，计算并编制“制造费用分配表”，进行制造费用的分配与结转。

原始凭证106-1

## 制造费用分配表

2021年12月31日

| 产品名称 | 分配标准（生产工时） | 分配率 | 分配金额 |
|---|---|---|---|
| 轻巧型电热水壶 | 5 000 | | |
| 经典型电热水壶 | 3 000 | | |
| 豪华型电热水壶 | 2 000 | | |
| 合计 | 10 000 | | |

会计主管：周吉　　制表：严格物　　记账：薛小双

业务107：期末，企业分项目编制“产品成本计算表”，计算并结转完工产品成本。

原始凭证107-1

## 产品成本计算表

单位：元

产品名称：轻巧型电热水壶　　2021年12月31日　　产量：件

| 成本项目 | 月初在产品成本 | 本月发生生产费用 | 生产费用合计 | 完工产品成本 | 单位成本 | 月末在产品成本 |
|---|---|---|---|---|---|---|
| 直接材料 | | | | | | 285 364.8 |
| 直接人工 | | | | | | 292 358.6 |
| 制造费用 | | | | | | 54 282.3 |
| 合计 | | | | | | 632 005.7 |

会计主管：周吉　　制表：严格物　　记账：薛小双

原始凭证107-2

## 产品成本计算表

单位：元

产品名称：经典型电热水壶　　2021年12月31日　　产量：件

| 成本项目 | 月初在产品成本 | 本月发生生产费用 | 生产费用合计 | 完工产品成本 | 单位成本 | 月末在产品成本 |
|---|---|---|---|---|---|---|
| 直接材料 | | | | | | 221 270 |
| 直接人工 | | | | | | 5 164.72 |
| 制造费用 | | | | | | 16 048.70 |
| 合计 | | | | | | 242 483.42 |

会计主管：周吉　　制表：严格物　　记账：薛小双

原始凭证107-3

**产品成本计算表**

单位：元

产品名称：豪华型电热水壶　　2021年12月31日　　产量：件

| 成本项目 | 月初在产品成本 | 本月发生生产费用 | 生产费用合计 | 完工产品成本 | 单位成本 | 月末在产品成本 |
|---|---|---|---|---|---|---|
| 直接材料 | | | | | | 115 398.50 |
| 直接人工 | | | | | | 78 966.98 |
| 制造费用 | | | | | | 15 635.02 |
| 合计 | | | | | | 210 000.50 |

会计主管：周吉　　制表：严格物　　记账：薛小双

# 任务十五　核算费用（二）

## 技能点1　核算主营业务成本

### 一、实训目标

1.能正确理解“主营业务成本”科目核算要点

2.能正确描述主营业务成本业务的核算流程

3.能正确进行主营业务成本业务的会计核算

### 二、实训材料

1.库存商品加权平均单位成本计算表

2.主营业务成本计算表

### 三、实训内容和步骤

#### （一）结转销售产品成本

1.确认“主营业务成本”：按照企业结转已销售产品或提供服务的成本计量。

2.确认“库存商品”：按照企业结转已销售产品的成本计量。

3.确认“合同履约成本”：按照企业结转提供服务的成本计量。

借：主营业务成本

　　贷：库存商品

　　　　合同履约成本

#### （二）结转主营业务成本至本年利润

1.确认“本年利润”：按照本期结转的主营业务成本总额计量。

2.确认“主营业务成本”：按照本期发生的主营业务成本总额计量。

借：本年利润

　　贷：主营业务成本

## 四、实训注意事项

1.企业应根据发出存货的流转方式、企业管理的要求等实际情况，合理确定发出存货成本的计算方法。在实际成本法下，企业可以采用的发出存货成本的计价方法包括个别计价法、先进先出法、月末一次加权平均法和移动加权平均法等。

2.库存商品加权平均单位成本＝（该库存商品期初成本余额＋该库存商品本月收入成本金额）÷（该库存商品期初数量＋该库存商品本月收入数量）

3.结转成本时使用的会计科目根据业务的类型分成“主营业务成本”“合同履约成本”“其他业务成本”等，要区别开来。

## 五、实训任务

业务108：期末，企业采用月末一次加权平均法，计算并结转已销产品成本（包括作为非货币性福利发放给职工的产品）。

原始凭证108-1

**库存商品加权平均单位成本计算表**

2021年12月31日　　　　金额单位：元

| 产品名称 | 期初结存 | | 本期收入 | | 合计 | | 加权平均单位成本 |
|---|---|---|---|---|---|---|---|
| | 数量 | 金额 | 数量 | 金额 | 数量 | 金额 | |
| 轻巧型电热水壶 | | | | | | | |
| 经典型电热水壶 | | | | | | | |
| 豪华型电热水壶 | | | | | | | |
| 合计 | | | | | | | |

会计主管：周吉　　　　制表：严格物　　　　记账：薛小双

原始凭证108-2

**主营业务成本计算表**

附件10张

2021年12月31日　　　　金额单位：元

| 产品名称 | 计量单位 | 加权平均单位成本 | 本期销售 | |
|---|---|---|---|---|
| | | | 数量 | 总成本 |
| 轻巧型电热水壶 | 件 | | | |
| 经典型电热水壶 | 件 | | | |
| 豪华型电热水壶 | 件 | | | |
| 合计 | | | | |

会计主管：周吉　　　　制表：严格物　　　　记账：薛小双

## 技能点2　核算其他业务成本

### 一、实训目标

1.能正确理解“其他业务成本”科目核算要点

2.能正确描述其他业务成本业务的核算流程

3.能正确进行其他业务成本业务的会计核算

### 二、实训材料

其他业务成本计算表

### 三、实训内容和步骤

#### （一）结转销售材料成本

1.确认“其他业务成本”：按照企业出售的原材料或周转材料等的成本计量。

2.确认“原材料/周转材料”等：按照企业出售的原材料或周转材料等的成本计量。

借：其他业务成本

　　贷：原材料/周转材料等

#### （二）出租固定资产计提折旧/无形资产计提摊销

1.确认“其他业务成本”：按照企业出租的固定资产折旧或无形资产摊销金额计量。

2.确认“累计折旧/累计摊销”：按照企业出租的固定资产折旧或无形资产摊销金额计量。

借：其他业务成本

　　贷：累计折旧/累计摊销

#### （三）结转其他业务成本至本年利润

1.确认“本年利润”：按照本期结转的其他业务成本总额计量。

2.确认“其他业务成本”：按照本期发生的其他业务成本总额计量。

借：本年利润

　　贷：其他业务成本

### 四、实训注意事项

1.其他业务成本是指企业确认的除主营业务活动以外的其他日常活动所发生的支出，包括销售材料的成本、出租固定资产的折旧额、出租无形资产的摊销额、出租包装物的成本或摊销额等。

2.采用成本模式计量投资性房地产的，计提的折旧额或摊销额也构成其他业务成本。

## 五、实训任务

业务109：期末，企业采用月末一次加权平均法，计算并结转销售材料成本。

原始凭证109-1

**其他业务成本计算表**

附件1张

2021年12月31日　　　　金额单位：元

| 产品名称 | 计量单位 | 加权平均单价 | 本期销售 | |
|---|---|---|---|---|
| | | | 数量 | 总成本 |
| 国产温控器 | | | | |
| | | | | |
| | | | | |
| 合计 | | | | |

会计主管：周吉　　　制表：严格物　　　记账：薛小双

# 技能点3　核算税金及附加

## 一、实训目标

1.能正确理解“税金及附加”科目核算要点
2.能正确描述税金及附加业务的核算流程
3.能正确进行税金及附加业务的会计核算

## 二、实训材料

1.应纳及转出未交增值税计算表
2.转让金融商品应交增值税计算表
3.税金及附加计算表

## 三、实训内容和步骤

### （一）计算应交消费税、城市维护建设税、教育费附加等

1.确认“税金及附加”：按照企业计算的应交消费税、城市维护建设税、教育费附加等金额计量。

2.确认“应交税费”：按照企业计算的应交消费税、城市维护建设税、教育费附加等金额计量。

借：税金及附加

　　贷：应交税费——应交消费税/城市维护建设税/教育费附加等

### （二）购买印花税票时

1.确认“税金及附加”：按照购买印花税票时支付的金额计量。

2.确认“银行存款”：按照购买印花税票时支付的金额计量。

借：税金及附加

　　贷：银行存款

### （三）结转税金及附加至本年利润

1.确认“本年利润”：按照本期结转的税金及附加总额计量。

2.确认“税金及附加”：按照本期发生的税金及附加总额计量。

借：本年利润

　　贷：税金及附加

## 四、实训注意事项

1.税金及附加包括消费税、城市维护建设税、教育费附加、资源税、环境保护税、土地增值税、房产税、城镇土地使用税、车船税、印花税、耕地占用税、契税、车辆购置税等，注意不包括增值税。

2.企业缴纳的印花税不会发生应付未付的情况，不需要预计应纳税金额，也不存在与税务机关结算或清算的问题。因此，企业缴纳的印花税不通过“应交税费”核算，在购买印花税票时，直接支付。

3.城市维护建设税以实际缴纳的增值税与消费税之和为计税依据，并分别与这两项税金同时缴纳，从1%到7%不等。教育费附加是为了发展教育事业而向企业征收的附加费用，教育费附加的计税依据与城市维护建设税相同，征收率为3%。地方教育附加的征收率为2%。

## 五、实训任务

业务110：期末，企业根据“应交税费——应交增值税”明细账，计算并填列“应纳及转出未交增值税计算表”。

原始凭证110-1

**应纳及转出未交增值税计算表**

2021年12月31日　　　　单位：元

| 项目 | 当期销项税额 | 当期进项税额 | 当期进项税额转出 | 当期应纳增值税额 | 已交增值税 | 转出未交增值税 |
| --- | --- | --- | --- | --- | --- | --- |
| | （1） | （2） | （3） | （4）=（1）－（2）+（3） | （5） | （6）=（4）－（5） |
| 金额 | | | | | | |

会计主管：周吉　　　制表：严格物　　　记账：薛小双

业务111：期末，企业根据本月出售的交易性金融资产计算转让金融商品应交增值税。

原始凭证111-1

**转让金融商品应交增值税计算表**

2021年12月31日　　金额单位：元

| 项目 | 含税销售额 | 增值税税率 | 本月计提金额 |
|---|---|---|---|
| 增值税 | | 6% | |

会计主管：周吉　　制表：严格物　　记账：薛小双

业务112：期末，企业根据本期应纳增值税额，按照法定税率计算本月应纳城市维护建设税、教育费附加和地方教育附加。

原始凭证112-1

**税金及附加计算表**

2021年12月31日　　金额单位：元

| 项目 | 计税依据 | 税（费）率 | 应纳税（费）额 |
|---|---|---|---|
| 城市维护建设税 | | 7% | |
| 教育费附加 | | 3% | |
| 地方教育附加 | | 2% | |
| 合计 | | | |

会计主管：周吉　　制表：严格物　　记账：薛小双

## 技能点4　核算信用减值损失

### 一、实训目标

1.能正确理解“信用减值损失”科目核算要点
2.能正确描述信用减值损失业务的核算流程
3.能正确进行信用减值损失业务的会计核算

### 二、实训材料

坏账准备计提表

### 三、实训内容和步骤

#### （一）期末计提坏账准备

1.确认“信用减值损失”：按照当期计提的坏账准备金额计量。
2.确认“坏账准备”：按照当期计提的坏账准备金额计量。
借：信用减值损失
　　贷：坏账准备

### （二）期末冲减坏账准备

1. 确认“坏账准备”：按照当期冲减的坏账准备金额计量。

2. 确认“信用减值损失”：按照当期冲减的坏账准备金额计量。

借：坏账准备

　　贷：信用减值损失

### （三）结转信用减值损失至本年利润

1. 确认“本年利润”：按照本期结转的信用减值损失总额计量。

2. 确认“信用减值损失”：按照本期发生的信用减值损失总额计量。

借：本年利润

　　贷：信用减值损失

注意：若结转前信用减值损失为贷方余额，应做相反分录。

## 四、实训注意事项

1. 根据《企业会计准则第22号——金融工具确认和计量》（2017）应用指南，金融资产减值准备导致的预期信用损失应通过“信用减值损失”科目核算。因此，《企业会计准则第22号——金融工具确认和计量》（2017）实施后，企业的坏账准备应通过“信用减值损失”科目核算，不再通过“资产减值损失”科目核算。

2. 企业应该在资产负债表日对应收款项的账面价值进行评估，当发生减值时，应将减记的金额确认为减值损失，计提坏账准备。我国企业会计准则规定，应收款项减值的核算应采用备抵法，不得采用直接转销法。备抵法主要有三种：应收款项余额百分比法、账龄分析法和个别认定法。

3. 应收款项余额百分比法下，当期应计提的坏账准备金额=当年应收款项的期末余额×计提比例-“坏账准备”调整前账户余额（若为借方余额则减负数）。

## 五、实训任务

业务113：期末，企业采用应收款项余额百分比法，根据应收账款期末余额及规定比例2%、坏账准备期初余额以及本期发生的坏账准备金额，计算本期应提取或冲减的坏账准备金额。

原始凭证113-1

**坏账准备计提表**

2021年12月31日　　　　金额单位：元

| 年末“应收账款”余额 | 规定比例 | 年末“坏账准备”余额 | 提取前“坏账准备”账户借方（+）或贷方（-）余额 | 提取的坏账准备金额 |
|---|---|---|---|---|
| | | | | |
| | | | | |
| | | | | |
| | | | | |

会计主管：周吉　　　　制表：严格物　　　　记账：薛小双

# 技能点5 核算资产减值损失

## 一、实训目标

1.能正确理解“资产减值损失”科目核算要点
2.能正确描述资产减值损失业务的核算流程
3.能正确进行资产减值损失业务的会计核算

## 二、实训材料

1.存货跌价准备计提表
2.固定资产减值准备计提表

## 三、实训内容和步骤

### （一）计提存货跌价准备

1.确认“资产减值损失”：当期末存货成本高于其可变现净值时，按照存货可变现净值低于账面价值的差额计量。

2.确认“存货跌价准备”：当期末存货成本高于其可变现净值时，按照存货可变现净值低于账面价值的差额计量。

借：资产减值损失
　　贷：存货跌价准备

注意：转回已计提的存货跌价准备时，按企业会计准则允许恢复增加的金额，做上述相反分录。

### （二）计提固定资产减值准备/无形资产减值准备等

1.确认“资产减值损失”：当期末固定资产或无形资产等的可收回金额低于账面价值时，按两者的差额计量。

2.确认“固定资产减值准备/无形资产减值准备”等：当期末固定资产或无形资产等的可收回金额低于账面价值时，按两者的差额计量。

借：资产减值损失
　　贷：固定资产减值准备/无形资产减值准备等

### （三）结转资产减值损失至本年利润

1.确认“本年利润”：按照本期结转的资产减值损失总额计量。

2.确认“资产减值损失”：按照本期发生的资产减值损失总额计量。

借：本年利润
　　贷：资产减值损失

## 四、实训注意事项

1.当以前减值存货价值的影响因素消失，存货价值得到一定的恢复，存货跌价准备可以转回（以“存货跌价准备”账户余额冲减至零为限），但固定资产减值损失和无形资产减值损失一经确认，在以后会计期间不得转回。

2.资产负债表日固定资产或无形资产等存在减值迹象的，经减值测试，其可收回金额低于其账面价值的，应当将资产的账面价值减记至可收回金额，减记的金额确认为资产减值损失，计入当期损益，同时计提相应的资产减值准备。

## 五、实训任务

业务114：期末，企业存货采用成本与可变现净值孰低法计价核算，经查，豪华型电热水壶的可变现净值为100 000元，低于其成本，其余产品的可变现净值均高于成本，计算本期应提取的存货跌价准备金额。

原始凭证114-1

**存货跌价准备计提表**

2021年12月31日　　单位：元

| 存货名称 | 账面成本 | 可变现净值 | 提取前“存货跌价准备”账户贷方余额 | 本期应提取的存货跌价准备金额 |
|---|---|---|---|---|
| | | | | |
| | | | | |
| | | | | |
| | | | | |

会计主管：周吉　　制表：严格物　　记账：薛小双

业务115：期末，台式电脑存在减值迹象，经减值测试，其可收回金额为20 000元，低于账面价值，应计提固定资产减值准备。

原始凭证115-1

**固定资产减值准备计提表**

2021年12月31日　　单位：元

| 固定资产名称 | 账面价值 | 可收回金额 | 提取前“固定资产减值准备”账户贷方余额 | 本期应提取的固定资产减值准备金额 |
|---|---|---|---|---|
| | | | | |
| | | | | |
| | | | | |
| | | | | |

会计主管：周吉　　制表：严格物　　记账：薛小双

## 技能点6 核算公允价值变动损益

### 一、实训目标

1.能正确理解“公允价值变动损益”科目核算要点
2.能正确描述公允价值变动损益业务的核算流程
3.能正确进行公允价值变动损益业务的会计核算

### 二、实训材料

公允价值变动计算表

### 三、实训内容和步骤

#### （一）期末交易性金融资产公允价值发生变动（上涨）

1.确认“交易性金融资产——公允价值变动”：按照交易性金融资产公允价值高于账面余额的部分计量。

2.确认“公允价值变动损益”：按照交易性金融资产公允价值高于账面余额的部分计量。

借：交易性金融资产——公允价值变动
　　贷：公允价值变动损益

注意：当期末交易性金融资产公允价值下跌时，作相反会计分录。

#### （二）结转公允价值变动损益至本年利润

1.确认“公允价值变动损益”：按照本期发生的公允价值变动损益总额计量。

2.确认“本年利润”：按照本期结转的公允价值变动损益总额计量。

借：公允价值变动损益
　　贷：本年利润

注意：当结转前公允价值变动损益为借方余额，应做相反分录。

### 四、实训注意事项

1.本科目核算企业交易性金融资产、交易性金融负债以及采用公允价值模式计量的投资性房地产、衍生工具、套期保值业务等公允价值变动形成的应计入当期损益的利得或损失。指定为以公允价值计量且其变动计入当期损益的金融资产或金融负债公允价值变动形成的应计入当期损益的利得或损失，也在本科目核算。

2.本科目可按交易性金融资产、交易性金融负债、投资性房地产等进行明细核算。

### 五、实训任务

业务116：期末，企业持有的上汽集团股票市价发生变动，按要求确认公允价值变动损益。

原始凭证116-1

**公允价值变动计算表**

2021年12月31日　　　　金额单位：元

| 资产名称 | 投资项目 | 持有股数（股） | 单位市价 | 账面成本 | 市价总额 | 公允价值变动 |
|---|---|---|---|---|---|---|
| 交易性金融资产 | 上汽集团 | 30 000 | 21.00 | 582 000.00 | 63 0000.00 | 48 000.00 |
| | | | | | | |
| | | | | | | |
| 合计 | | 30 000 | | 582 000.00 | 630 000.00 | 48 000.00 |

会计主管：周吉　　　制表：严格物　　　记账：薛小双

## 技能点7　核算投资收益

### 一、实训目标

1.能正确理解“投资收益”科目核算要点

2.能正确描述投资收益业务的核算流程

3.能正确进行投资收益业务的会计核算

### 二、实训材料

被投资单位净损益变动表

### 三、实训内容和步骤

#### （一）被投资单位宣告发放现金股利或期末计提债券利息确认投资收益

1.确认“应收股利/应收利息”：按照被投资单位宣告发放现金股利企业应享有的份额部分或期末计提债券利息的金额计量。

2.确认“投资收益”：按照确认的投资收益金额计量。

借：应收股利/应收利息

　　贷：投资收益

#### （二）长期股权投资被投资单位实现净利润

1.确认“长期股权投资——损益调整”：按照所占被投资单位实现净利润的份额部分计量。

2.确认“投资收益”：按照确认的投资收益金额计量。

借：长期股权投资——损益调整

　　贷：投资收益

注意：若被投资单位发生净亏损，应做相反会计分录。

### （三）结转投资收益至本年利润

1.确认“投资收益”：按照本期发生的主营业务成本总额计量。

2.确认“本年利润”：按照本期结转的主营业务成本总额计量。

借：投资收益

　　贷：本年利润

注意：若“投资收益”结转前余额在借方，应做相反会计分录。

## 四、实训注意事项

1.“投资收益”账户是用来核算企业对外投资取得的收益或发生的损失的账户。当企业取得投资收益时，应登记在贷方，当发生投资损失时，应登记在借方。

2.企业收到的以下投资收益为免税收入，不用交企业所得税：

（1）国债利息收入；

（2）符合条件的居民企业之间的股息、红利等权益性投资收益；

（3）在中国境内设立机构、场所的非居民企业从居民企业取得与该机构、场所有实际联系的股息、红利等权益性投资收益；

（4）符合条件的非营利组织的收入。

## 五、实训任务

业务117：期末，企业12月投资比例为30%的北京卓远科技有限公司2021年实现净利润2 109万元，其中12月的净利润为189.38万元，按应享有的净利润确认投资收益。

原始凭证117-1

**被投资单位净损益变动表**

2021年12月31日　　　　金额单位：元

| 公司名称 | 2021年实现的净损益 | 2021年12月实现的净损益 | 持有份额 | 确认投资收益 |
|---|---|---|---|---|
| 北京卓远科技有限公司 | 21 090 000.00 | 1 893 800.00 | 30% | 568 140.00 |
| | | | | |
| | | | | |
| 合计 | 21 090 000.00 | 1 893 800.00 | | 568 140.00 |

会计主管：周吉　　　　制表：严格物　　　　记账：薛小双

# 任务十六　核算利润

## 技能点1　核算营业外收入

### 一、实训目标

1. 能正确理解“营业外收入”科目核算要点
2. 能正确描述营业外收入业务的核算流程
3. 能正确进行营业外收入业务的会计核算

### 二、实训材料

1. 无法支付应付款项确认单
2. 现金盘点报告表

### 三、实训内容和步骤

#### （一）确认现金盘盈利得、捐赠利得时

1. 确认“待处理财产损溢/银行存款”：按照无法查明原因的现金盘盈数额或收到的捐赠数额计量。

2. 确认“营业外收入”：按照无法查明原因的现金盘盈数额或收到的捐赠数额计量。

借：待处理财产损溢/银行存款等

　　贷：营业外收入

#### （二）确认应付账款无法支付时

1. 确认“应付账款”：按照本期发生的确实无法支付的应付账款总额计量。

2. 确认“营业外收入”：按照本期发生的确实无法支付的应付账款总额计量。

借：应付账款

　　贷：营业外收入

#### （三）权益法下投资方长期股权投资的初始投资成本小于投资时应享有被投资单位可辨认净资产公允价值的份额时

1. 确认“长期股权投资——投资成本”：按照权益法下长期股权投资初始投资成本小于被投资单位可辨认净资产公允价值份额的部分计量。

2. 确认“营业外收入”：按照权益法下长期股权投资初始投资成本小于被投资单位可辨认净资产公允价值份额的部分计量。

借：长期股权投资——投资成本

贷：营业外收入

**（四）结转营业外收入至本年利润**

1.确认“营业外收入”：按照本期发生的营业外收入总额计量。

2.确认“本年利润”：按照本期结转的营业外收入总额计量。

借：营业外收入

贷：本年利润

## 四、实训注意事项

1.在企业的“利润表”中，营业外收入需单独列示。属于企业营业外收入的款项应及时入账，不准留作小金库或其他不符合制度规定的开支。

2.罚款收入。它是指对方违反国家有关行政管理法规，按照规定支付给本企业的罚款，不包括银行的罚息。

3.作为营业外收入，必须同时具备两个特征：

① 意外发生，企业无力加以控制；

② 偶然发生，不重复出现。

## 五、实训任务

业务118：2021年12月31日，企业收到通知，2018年8月入账的应付石家庄天地公司的货款33 900元，经当地市场监督管理部门确认，该公司已于1年前破产清算完毕。

原始凭证118-1

**无法支付应付款项确认单**

2018年8月入账的应付石家庄天地公司的货款33 900元，经当地市场监督管理部门确认，该公司已于1年前破产清算完毕。因此，该笔款项已无法支付，经公司董事会讨论，将该款项作为营业外收入处理。

会计主管：周吉

2021年12月31日

会计主管：周吉　　制表：严格物　　记账：薛小双

业务119：2021年12月31日，企业对现金进行盘点清查，实存金额为9 870.55元，账存金额为9 470.55元，盘盈400元，无法查明原因。

原始凭证119-1

**现金盘点报告表**

2021年12月31日　　　　单位：元

| 实存金额 | 账存金额 | 实存账存对比 | | 备注 | |
|---|---|---|---|---|---|
| | | 盘盈 | 盘亏 | | |
| 9 870.55 | 9 470.55 | 400.00 | | | |
| | | | | | |
| | | | | | |
| | | | | | |
| 分析原因：无法查明原因 | | | 处理意见：计入营业外收入 | | |

会计主管：周吉　　　　盘点人：王芳　　　　出纳：邓丽丽

## 技能点2　核算营业外支出

### 一、实训目标

1. 能正确理解“营业外支出”科目核算要点
2. 能正确描述营业外支出业务的核算流程
3. 能正确进行营业外支出业务的会计核算

### 二、实训材料

1. 付款申请单
2. 转账支票存根
3. 捐赠收据

### 三、实训内容和步骤

#### （一）企业对外进行公益性捐赠支出、罚款支出时

1. 确认“营业外支出”：按照企业对外进行公益性捐赠支出或罚款支出金额计量。

2. 确认“银行存款等”：按照企业对外进行公益性捐赠支出或罚款支出实际支付的金额计量。

借：营业外支出

　　贷：银行存款等

#### （二）企业存货发生非常损失时，扣除保险公司赔偿后的净损失

1. 确认“营业外支出”：按照企业存货发生的非常损失扣除保险公司赔偿后的净损失计量。

2. 确认“待处理财产损溢”：按照企业存货发生非常损失扣除保险公司赔偿后的净损失计量。

借：营业外支出

贷：待处理财产损溢

### （三）企业确认处置非流动资产毁损报废时

1.确认“营业外支出”：因丧失使用功能等原因而报废的，按固定资产报废清理产生的处理净损失或无形资产净损失等计量。

2.确认“固定资产清理/无形资产等”：按照本期发生的处理固定资产或无形资产等净损失总额计量。

借：营业外支出

贷：固定资产清理/无形资产等

### （四）结转营业外支出至本年利润

1.确认“本年利润”：按照本期结转的营业外支出总额计量。

2.确认“营业外支出”：按照本期发生的营业外支出总额计量。

借：本年利润

贷：营业外支出

## 四、实训注意事项

1.营业外支出是指企业发生的与其日常经营活动无直接关系的各项损失，主要包括非流动资产处置损失、盘亏损失、罚款支出、公益性捐赠支出、非常损失等。

2.非流动资产处置损失包括固定资产处置损失和无形资产出售损失。

3.盘亏损失，主要指对于财产清查盘点中盘亏的资产，在查明原因处理时按确定的损失计入营业外支出的金额。

4.罚款支出，指企业由于违反税收法规、经济合同等而支付的各种滞纳金和罚款。

5.公益性捐赠支出，指企业对外进行公益性捐赠发生的支出。

6.非常损失，指企业对于因客观因素（如自然灾害等）造成的损失，在扣除保险公司赔偿后应计入营业外支出的净损失。

## 五、实训任务

业务120：2021年12月31日，企业向希望工程捐款，金额为80 000元。

原始凭证120-1

**付款申请单**

申请日期：2021年12月31日

| 申请部门 | 企业管理部 | | 申请人 | 方明 |
|---|---|---|---|---|
| 申请事由 | 希望工程捐款 | | | |
| 收款单位 | 中国红十字基金会 | | 收款人 | 王霞 |
| 申请付款金额 | ¥8 0000.00 | | | |
| 付款方式 | □现 ☑转 | □其他 | 大写 | 人民币捌万元整 |
| 备注 | | | | |

单位负责人 葛文学　　财务负责人 周吉　　部门负责人 赵娟

原始凭证120-2

北京仲裁印刷有限公司 2020 年印制

中国工商银行
转账支票存根

B 0 / 0 2 90000019

附加信息

出票日期 2021 年 12 月 31 日

| | |
|---|---|
| 收款人： | 中国红十字基金会 |
| 金　额： | ¥80 000.00 |
| 用　途： | 希望工程捐款 |

单位主管　　会计

原始凭证120-3

公共事业捐赠统一票据

UNIFIED INVOICE OF DONATION FOR PUBLIC WELFARE

国财　　2021 年 12 月 31 日　　№29456745

捐赠人 Donor：北京新锐电器有限公司　　Y　M　D

| 捐赠项目 For purpose | 实物（外币）种类 Material object（curency） | 数量 Amount | 金额 Total amount |
|---|---|---|---|
| 希望工程捐款 | | | 80 000.00 |
| | | | |
| | | | |
| 金额合计（小写）In figuras ¥80 000.00 | | | |
| 金额合计（大写）In worads 捌万元整 | | | |

第二联 收据

接受单位（盖章）：　复核人：陈山　开票人：陈义

Receivers Seal　Verified by　Handling Person

感谢您对公益事业的支持！Thank you for support of public welfare!

## 技能点3 核算本年利润

### 一、实训目标

1. 能正确理解“本年利润”科目核算要点
2. 能正确描述本年利润的核算流程
3. 能正确进行本年利润的会计核算

## 二、实训材料

本月损益类账户发生额汇总表

## 三、实训内容和步骤

### （一）结转收入类账户至本年利润

1. 确认“主营业务收入/其他业务收入/营业外收入”等：按照本期结转的各项收入发生额计量。

2. 确认“本年利润”：按照本期结转的各项收入发生额合计数计量。

借：主营业务收入/其他业务收入/营业外收入等

　　贷：本年利润

### （二）结转成本费用类账户至本年利润

1. 确认“本年利润”：按照本期结转的各项成本费用发生额合计数计量。

2. 确认“主营业务成本/其他业务成本/税金及附加/销售费用/管理费用/财务费用/资产减值损失/信用减值损失/营业外支出/所得税费用”等：按照本期发生的各项成本费用发生额计量。

借：本年利润

　　贷：主营业务成本/其他业务成本/税金及附加/销售费用/管理费用/财务费用/资产减值损失/信用减值损失/营业外支出/所得税费用等

## 四、实训注意事项

1. 会计期末结转本年利润的方法有账结法和表结法两种。

（1）账结法：每月月末均需编制转账凭证，将在账上结计出的各损益类科目的发生额结转入“本年利润”科目。结转后“本年利润”科目的本月余额反映当月实现的利润或发生的亏损，“本年利润”科目的本年余额反映本年累计实现的利润或发生的亏损。

（2）表结法：各损益类科目每月月末只需结计出本月发生额和月末累计发生额，不结转到“本年利润”科目，只有在年末时才将全年累计发生额结转入“本年利润”科目。但每月月末要将损益类科目的本月发生额合计数填入利润表的本月数栏，同时将本月末累计发生额填入利润表的本年累计数栏，通过利润表计算反映各期的利润（或亏损）。

2. 若本年利润借贷方相抵后，余额在借方，则表明今年经营亏损，则将余额直接结转至利润分配账户，用以前年度结转的利润弥补，或留待以后年度弥补；如果本年利润为贷方余额，则说明本年盈利了，应对其进行分配，将余额转入未分配利润。

## 五、实训任务

业务121：月末，企业结转本月各收入类和费用类账户发生额至本年利润。

原始凭证121-1

# 本月损益类账户发生额汇总表

2021年12月1日至2021年12月31日　　单位：元

| 账户名称 | | 结转前发生额 | |
|---|---|---|---|
| | | 借方 | 贷方 |
| 主营业务收入 | | | |
| | 轻巧型电热水壶 | | |
| | 经典型电热水壶 | | |
| | 豪华型电热水壶 | | |
| 其他业务收入 | | | |
| 投资收益 | | | |
| 公允价值变动损益 | | | |
| 资产处置损益 | | | |
| 营业外收入 | | | |
| 主营业务成本 | | | |
| | 轻巧型电热水壶 | | |
| | 经典型电热水壶 | | |
| | 豪华型电热水壶 | | |
| 其他业务成本 | | | |
| 税金及附加 | | | |
| 销售费用 | | | |
| 管理费用 | | | |
| 财务费用 | | | |
| 信用减值损失 | | | |
| 资产减值损失 | | | |
| 营业外支出 | | | |
| 合计 | | | |

会计主管：周吉　　制表：严格物　　记账：薛小双

## 技能点4 核算所得税费用

### 一、实训目标

1. 能正确理解“所得税费用”科目核算要点
2. 能正确描述所得税费用的核算流程
3. 能正确进行所得税费用业务的会计核算

### 二、实训材料

企业所得税计算表

### 三、实训内容和步骤

#### （一）确认所得税费用

1. 确认“所得税费用”：按照企业计算的当期所得税和递延所得税之和计量。
2. 确认“递延所得税资产”：按照递延所得税资产期末数与期初数之差计量。
3. 确认“应交税费——应交企业所得税”：按照企业计算的当期应纳税所得额与适用所得税税率计算确定的当期应交企业所得税计量。
4. 确认“递延所得税负债”：按照递延所得税负债期末数与期初数之差计量。

借：所得税费用
　　递延所得税资产（或贷方）
　　贷：应交税费——应交企业所得税
　　　　递延所得税负债（或借方）

注意：当递延所得税资产期末数大于期初数时，应登记在借方；
当递延所得税资产期末数小于期初数时，应登记在贷方；
当递延所得税负债期末数大于期初数时，应登记在贷方；
当递延所得税资产期末数小于期初数时，应登记在借方。

#### （二）结转所得税费用至本年利润

1. 确认“本年利润”：按照本期结转的所得税费用计量。
2. 确认“所得税费用”：按照本期发生的所得税费用计量。

借：本年利润
　　贷：所得税费用

### 四、实训注意事项

1. 企业所得税分月或者分季预缴。企业应当自月份或者季度终了之日起十五日内，向税务机关报送预缴企业所得税纳税申报表，预缴税款。企业应当自年度终了之日起五个月内，向税务机关报送年度企业所得税纳税申报表，并汇算清缴，结清应缴应退税款。

2.资产、负债的账面价值与其计税基础不同将产生暂时性差异，按照暂时性差异对未来期间应税金额的影响，分为应纳税暂时性差异和可抵扣暂时性差异。

3.我国企业会计准则规定，企业应采用资产负债表债务法核算所得税。

## 五、实训任务

业务122：月末，企业计算并结转本月所得税。

原始凭证122-1

### 企业所得税计算表

2021年12月1日至2021年12月31日　　单位：元

| 项目 | 行数 | 本月数 |
|---|---|---|
| 一、营业收入 | 1 | |
| 减：营业成本 | 2 | |
| 税金及附加 | 3 | |
| 销售费用 | 4 | |
| 管理费用 | 5 | |
| 财务费用 | 6 | |
| 加：投资收益 | 7 | |
| 公允价值变动收益 | 8 | |
| 信用减值损失 | 9 | |
| 资产减值损失 | 10 | |
| 资产处置收益 | 11 | |
| 二、营业利润 | 12 | |
| 加：营业外收入 | 13 | |
| 减：营业外支出 | 14 | |
| 三、利润总额 | 15 | |
| 四、应纳税所得额 | 16 | |
| 五、应纳所得税额 | 17 | |

会计主管：周吉　　制表：严格物　　记账：薛小双

注意：不考虑纳税调整事项。

## 技能点5 核算利润分配

### 一、实训目标

1. 能正确理解“利润分配”科目核算要点
2. 能正确描述利润分配业务的核算流程
3. 能正确进行利润分配业务的会计核算

### 二、实训材料

1. 利润分配计算表
2. 净利润和已分配利润结转及未分配利润计算表

### 三、实训内容和步骤

#### （一）分配利润

1. 确认“利润分配——提取法定盈余公积/提取任意盈余公积/应付现金股利”等：按照弥补完以前年度亏损后的净利润的一定比例提取或企业按投资比例应付给投资者的利润计量。

2. 确认“盈余公积——法定盈余公积/任意盈余公积”：按照弥补完以前年度亏损后的净利润的一定比例提取计量。

3. 确认“应付股利”等：按照企业按投资比例应付给投资者的利润计量。

借：利润分配——提取法定盈余公积/提取任意盈余公积/应付现金股利等
　　贷：盈余公积——法定盈余公积/任意盈余公积
　　　　应付股利等

#### （二）结转利润分配明细科目

1. 确认“利润分配——未分配利润”：按照本期计提的法定盈余公积、任意盈余公积和分配给投资者的利润之和计量。

2. 确认“利润分配——提取法定盈余公积/任意盈余公积/应付现金股利”：按照本期计提的法定盈余公积、任意盈余公积或分配给投资者的利润计量。

借：利润分配——未分配利润
　　贷：利润分配——提取法定盈余公积/提取任意盈余公积/应付现金股利

#### （三）结转净利润

1. 确认“本年利润”：按照本科目余额结转。

2. 确认“利润分配——未分配利润”：按照计算出的本期净利润金额计量。

借：本年利润
　　贷：利润分配——未分配利润

### 四、实训注意事项

1. 未分配利润核算一般是在年度终了时进行的。年终时，将本年实现的净利润结转到“利润分配——未分配利润”账户的贷方，同时将本年利润分配的数额结转到“利润分配——未分配利润”账户的借方。

2.年末结转后的“利润分配——未分配利润”账户的贷方期末余额反映累计的未分配利润，借方期末余额反映累计的未弥补亏损。

## 五、实训任务

业务123：月末，企业根据规定进行利润分配，包括提取法定盈余公积、任意盈余公积和向投资者分配利润。

原始凭证123-1

### 利润分配计算表

2021年度　　金额单位：元

| 利润分配项目 | 计提基数（全年净利润） | 分配比例 | 分配金额 |
|---|---|---|---|
| 提取法定盈余公积 | | 10% | |
| 提取任意盈余公积 | | 5% | |
| 股东分配利润 | | 30% | |
| 其中： | | | |
| 长江投资有限公司 | | 50% | |
| 南方电器有限公司 | | 30% | |
| 宝来房产集团 | | 20% | |
| 合计 | | | |

会计主管：周吉　　制表：严格物　　记账：薛小双

注：经公司董事会讨论决定，本年度实际分配利润为本年净利润的30%。

业务124：月末，企业结转净利润和已分配利润，计算并结转未分配利润。

原始凭证124-1

### 净利润和已分配利润结转及未分配利润计算表

2021年度　　单位：元

| 账户名称 | 结转前余额 | | 实际结转 | | 结转后余额 | |
|---|---|---|---|---|---|---|
| | 借方 | 贷方 | 借方 | 贷方 | 借方 | 贷方 |
| 本年利润 | | | | | | |
| 利润分配——提取法定盈余公积 | | | | | | |
| 利润分配——提取任意盈余公积 | | | | | | |
| 利润分配——应付利润 | | | | | | |
| 利润分配——未分配利润 | | | | | | |

会计主管：周吉　　制表：严格物　　记账：薛小双

# 思政案例

## 减税降费助民企，民族日化再腾飞

2019年，更大规模减税降费政策的实施有力地支持了民营经济发展，减税降费带来的“真金白银”不仅减轻了企业负担，更坚定了企业加大创新研发的底气，为企业转型升级注入强大动力，企业发展活力十足。

广东是全国的日化大省，也是全国日化行业产业链最完整的地区之一，相继孕育了“立白”“拉芳”“好迪”等一系列知名品牌。今年以来广东（不含深圳）日化产业累计新增减税降费达1.5亿元，更大规模的减税降费为广东日化产业的发展注入了活力。

立白作为国内日化行业的知名品牌，从创业初期的7人3间办公室到国内日化行业的龙头，企业依托精益求精的工匠精神，深耕研发升级，走出了一条民族制造业的腾飞之路。

2019年7月，立白开设了国内首家洗衣精华液体验馆，推出了具有多重“黑科技”的“革命性”洗涤产品。从20年前“不伤手的洗洁精”到今天“不一样的黑科技”，立白在产品研发创新上的优势归功于企业多年来在品牌建设和产品研发上的烧钱投入。立白集团配备了行业唯一的“中国轻工业绿色洗涤用品重点实验室”、行业院士专家工作站。立白研发中心常务副总经理沈兵兵表示：“对洗涤产品的创新研发一向是我们立白集团不断向前发展的核心，目前，企业申报了166项发明专利，其中授权发明专利98项，并参与制定了43项国家、行业和地区标准。”

众所周知，产品研发充满了不确定性，前期投入需要巨大的资金支持。立白集团副总裁谭添表示：“近年来，国家陆续推出了一系列减税降费政策助力民营企业发展。2019年，集团公司享受增值税减税预计达6 600万元，全集团全年预计减税至少1亿元，从中释放出来的政策红利有力地支持了立白的品牌建设和产品研发，研发费用加计扣除等税收优惠政策更是进一步提振了我们加大研发力度的信心。”技术研发除了需要充沛的资金支持，更要靠强大的科研团队支撑。目前，企业拥有超过300名专业技术人员、超过100名拥有研究生以上学历人员的核心研发团队。如何引进人才、留住人才，是决定立白未来可持续发展的关键。立白人力资源部副总监陈珊丽表示：“今年个税改革系列政策让公司员工全年减轻税收负担一千多万元，员工更大的获得感无疑是对立白人才战略的有力支撑。”

谭添表示：“国家实施的更大规模减税降费政策给企业带来的减税红利将有效降低企业经营负担，等同于直接为企业增加了一笔不小的运营资金，对企业的品牌升级、数字经营和产品研发提供了有力的资金支持，有助于我们进一步做大做强民族品牌。”

资料来源　国家税务总局. 减税降费助民企：创新研发增底气 转型升级添动力［EB/OL］.（2019-12-24）. http：//news.cnr.cn/native/gd/20191224/t20191224_524910563.shtml.

# 项目四

## 编制会计报表

# 任务一 编制试算平衡表

## 一、实训目标

1. 能正确理解试算平衡表的含义
2. 能正确进行试算平衡表的编制

## 二、实训材料

1. 所有总账账簿
2. 所有明细账簿
3. 试算平衡表

## 三、实训内容和步骤

### （一）计算所有总账和明细账发生额及余额

1. 对所有总账和明细账进行本期发生额的计算。
2. 对所有总账和明细账进行期末余额的计算。
3. 按照平行登记的要求对总账和明细账进行核对。

### （二）发生额试算平衡

1. 将所有总账科目的发生额登记到试算平衡表上。
2. 计算所有账户的借方发生额合计数与贷方发生额合计数。

### （三）余额试算平衡

1. 将所有总账科目的期初余额和期末余额登记到试算平衡表上。

2. 计算所有账户的期初借方余额合计数与贷方余额合计数、期末借方余额合计数与贷方余额合计数。

### （四）结账

在试算平衡的基础上，对所有总账进行结账。

## 四、实训注意事项

1. 试算平衡表是定期地加计各分类账账户的借贷方发生及余额的合计数，用以检查借贷方是否平衡暨账户记录有无错误的一种表单。

2. 试算平衡表只是通过借贷金额是否平衡来检查账户记录是否正确的一种方法。如果借贷双方发生额或余额相等，表明账户记录基本正确，但有些错误并不影响借贷双方的平衡，因此，试算不平衡表明记账一定有错误，但试算平衡时，不能表明记账一定正确。

## 五、实训任务

业务124：对所有总账和明细账计算本期发生额和期末余额，按照平行登记的要求进行总账和明细账核对，然后根据所有总账的记录编制试算平衡表（见表4-1），在试算平衡的基础上，对所有总账进行结账。

表4-1

### 总账发生额及余额试算平衡表

2021年12月1日至2021年12月31日　　单位：元

| 行次 | 账户名称 | 期初余额 | | 本期发生额 | | 期末余额 | |
|---|---|---|---|---|---|---|---|
| | | 借方 | 贷方 | 借方 | 贷方 | 借方 | 贷方 |
| 1 | 库存现金 | | | | | | |
| 2 | 银行存款 | | | | | | |
| 3 | 其他货币资金 | | | | | | |
| 4 | 交易性金融资产 | | | | | | |
| 5 | 应收票据 | | | | | | |
| 6 | 应收账款 | | | | | | |
| 7 | 预付账款 | | | | | | |
| 8 | 应收股利 | | | | | | |
| 9 | 应收利息 | | | | | | |
| 10 | 其他应收款 | | | | | | |
| 11 | 坏账准备 | | | | | | |
| 12 | 在途物资 | | | | | | |
| 13 | 原材料 | | | | | | |
| 14 | 库存商品 | | | | | | |
| 15 | 委托加工物资 | | | | | | |
| 16 | 周转材料 | | | | | | |
| 17 | 存货跌价准备 | | | | | | |
| 18 | 长期股权投资 | | | | | | |
| 19 | 投资性房地产 | | | | | | |
| 20 | 固定资产 | | | | | | |
| 21 | 累计折旧 | | | | | | |

续表

| 行次 | 账户名称 | 期初余额 | | 本期发生额 | | 期末余额 | |
|---|---|---|---|---|---|---|---|
| | | 借方 | 贷方 | 借方 | 贷方 | 借方 | 贷方 |
| 22 | 固定资产减值准备 | | | | | | |
| 23 | 在建工程 | | | | | | |
| 24 | 固定资产清理 | | | | | | |
| 25 | 无形资产 | | | | | | |
| 26 | 累计摊销 | | | | | | |
| 27 | 待处理财产损溢 | | | | | | |
| 28 | 短期借款 | | | | | | |
| 29 | 应付票据 | | | | | | |
| 30 | 应付账款 | | | | | | |
| 31 | 预收账款 | | | | | | |
| 32 | 应付职工薪酬 | | | | | | |
| 33 | 应交税费 | | | | | | |
| 34 | 应付股利 | | | | | | |
| 35 | 应付利息 | | | | | | |
| 36 | 其他应付款 | | | | | | |
| 37 | 长期借款 | | | | | | |
| 38 | 实收资本 | | | | | | |
| 39 | 资本公积 | | | | | | |
| 40 | 其他综合收益 | | | | | | |
| 41 | 盈余公积 | | | | | | |
| 42 | 本年利润 | | | | | | |
| 43 | 利润分配 | | | | | | |
| 44 | 基本生产成本 | | | | | | |
| 45 | 制造费用 | | | | | | |
| 46 | 研发支出 | | | | | | |
| 47 | 主营业务收入 | | | | | | |

续表

| 行次 | 账户名称 | 期初余额 | | 本期发生额 | | 期末余额 | |
|---|---|---|---|---|---|---|---|
| | | 借方 | 贷方 | 借方 | 贷方 | 借方 | 贷方 |
| 48 | 其他业务收入 | | | | | | |
| 49 | 投资收益 | | | | | | |
| 50 | 公允价值变动损益 | | | | | | |
| 51 | 资产处置损益 | | | | | | |
| 52 | 主营业务成本 | | | | | | |
| 53 | 其他业务成本 | | | | | | |
| 54 | 税金及附加 | | | | | | |
| 55 | 销售费用 | | | | | | |
| 56 | 管理费用 | | | | | | |
| 57 | 财务费用 | | | | | | |
| 58 | 信用减值损失 | | | | | | |
| 59 | 资产减值损失 | | | | | | |
| 60 | 营业外收入 | | | | | | |
| 61 | 营业外支出 | | | | | | |
| 62 | 所得税费用 | | | | | | |
| | 合计 | | | | | | |

# 任务二　编制资产负债表

## 一、实训目标

1.能正确理解资产负债表各项目的含义
2.能正确掌握资产负债表各项目的填列方法

## 二、实训材料

1.所有总账账簿
2.部分明细账账簿
3.试算平衡表
4.资产负债表

## 三、实训内容和步骤

### （一）填列资产项目

1.“货币资金”项目

本项目应根据“库存现金”“银行存款”和“其他货币资金”总账科目的期末余额合计数填列，即货币资金=库存现金+银行存款+其他货币资金。

2.“交易性金融资产”项目

本项目根据“交易性金融资产”总账科目的余额填列。

3.“应收票据”项目

本项目应根据“应收票据”科目的期末余额，减去“坏账准备”科目中相关坏账准备期末余额后的金额分析填列。

4.“应收账款”项目

本项目应根据“应收账款”和“预收账款”科目所属各明细科目的期末借方余额合计数，减去“坏账准备”科目中相关坏账准备期末余额后的金额分析填列。

5.“预付款项”项目

本项目应根据“应付账款”和“预付账款”科目所属各明细科目的期末借方余额合计数减去“坏账准备”科目中有关预付账款计提的坏账准备期末余额后的金额填列。

6.“其他应收款”项目

本项目应根据“应收利息”、“应收股利”和“其他应收款”总账科目的期末余额合计数，减去“坏账准备”科目中相关坏账准备期末余额后的金额填列。

7.“存货”项目

本项目应根据“材料采购”“在途物资”“原材料”“周转材料”“委托加工物资”“委托代销商品”“发出商品”“生产成本”等总账科目的期末借方余额合计数，加上“材料成本差异”总账科目期末余额（若该科目期末余额为贷方，用“-”号），再减去“存货跌价准备”总账科目的期末余额后的净额填列。

8.“长期应收款”项目

本项目应根据“长期应收款”总账科目的期末余额，减去“长期应收款”明细账中将于一年内到期的部分填列。

9.“长期股权投资”项目

本项目应根据“长期股权投资”总账科目的期末余额，减去“长期股权投资减值准备”总账科目的期末余额后的净额填列。

10.“投资性房地产”项目

采用成本模式计量的，本项目应根据“投资性房地产”总账科目的期末余额，减去“投资性房地产累计折旧/累计摊销”和“投资性房地产减值准备”两个总账科目的期末余额后的净额填列。

11.“固定资产”项目

本项目应根据“固定资产”总账科目的期末余额，减去“累计折旧”和“固定资产减值准备”两个总账科目期末余额后的净额，再加上“固定资产清理”总账科目的期末余额填列。

12.“在建工程”项目

本项目应根据"在建工程"总账科目的期末余额，减去“在建工程减值准备”总账科目期末余额后的金额，加上“工程物资”总账科目的期末余额，减去"工程物资减值准备"总账科目期末余额后的金额填列。

13.“无形资产”项目

本项目应根据“无形资产”总账科目的期末余额，减去“累计摊销”和“无形资产减值准备”两个总账科目期末余额的净额填列。

14.“长期待摊费用”项目

本项目应根据“长期待摊费用”总账科目的期末余额，减去“长期待摊费用”明细账中将于一年内摊销的部分填列。

### （二）填列负债项目

1.“短期借款”项目

本项目应根据“短期借款”科目总账的期末余额填列。

2.“应付票据”项目

本项目应根据“应付票据”科目总账的期末余额填列。

3.“应付账款”项目

本项目应根据“应付账款”和“预付账款”科目所属各明细科目的期末贷方余额合计数填列。

4.“预收账款”项目

本项目应根据“应收账款”和“预收账款”科目所属各明细科目的期末贷方余额合计数填列。

5.“应付职工薪酬”项目

本项目应根据“应付职工薪酬”科目期末余额填列。

6.“应交税费”项目

本项目应根据“应交税费”科目的期末贷方余额填列；如“应交税费”科目期末为借方余额，以“—”号填列。

7.“其他应付款”项目

本项目应根据“应付利息”、“应付股利”和“其他应付款”总账科目的期末余额合计数填列。

8.“长期借款”项目

本项目应根据“长期借款”总账科目的期末余额，减去“长期借款”明细账中将于一年内到期的部分填列。

9.“应付债券”项目

本项目应根据“应付债券”总账科目的期末余额，减去“应付债券”明细账中将于一年内到期的部分填列。

### （三）填列所有者权益项目

1.“实收资本”项目

本项目应根据“实收资本”科目的期末余额填列。

2.“资本公积”项目

本项目应根据“资本公积”科目的期末余额填列。

3.“其他综合收益”项目

本项目应根据“其他综合收益”科目的期末余额填列。

4.“盈余公积”项目

本项目应根据“盈余公积”科目的期末余额填列。

5.“未分配利润”项目

本项目年度内应根据“本年利润”和“利润分配”科目余额计算填列，年终应根据“利润分配——未分配利润”明细账余额填列。（若余额在贷方，用“+”号，在借方，用“-”号）

## 四、实训注意事项

1.资产负债表项目的填列方法具体包括：

（1）根据一个总账科目余额直接填列；

（2）根据若干个总账科目余额计算填列；

（3）根据明细账科目余额计算填列；

（4）根据总账科目余额和明细账科目余额计算分析填列；

（5）根据有关科目余额减去其备抵科目余额后的净额填列；

（6）综合运用上述填列方法分析填列。

2.资产负债表中“上年年末余额”栏应根据上年年末资产负债表“期末余额”栏填列。如果上年度资产负债表规定的各项目名称和内容与本年度不一致，应对上年年末资产负债表各项目的名称和数字按照本年度的规定进行调整，再填入本年度“上年年度余额”栏内。

## 五、实训任务

业务125：根据试算平衡表、所有总账、部分明细账期末余额，填制“资产负债表”（见表4-2）的“期末余额”栏。

表4-2

**资产负债表**

会企01表

编制单位：　　　　2021年12月31日　　　　单位：元

| 资产 | 期末余额 | 上年年末余额 | 负债和所有者权益 | 期末余额 | 上年年末余额 |
|---|---|---|---|---|---|
| 流动资产： | | | 流动负债： | | |
| 货币资金 | | | 短期借款 | | |

续表

| 资产 | 期末余额 | 上年年末余额 | 负债和所有者权益 | 期末余额 | 上年年末余额 |
|---|---|---|---|---|---|
| 交易性金融资产 | | | 交易性金融负债 | | |
| 衍生金融资产 | | | 衍生金融负债 | | |
| 应收票据 | | | 应付票据 | | |
| 应收账款 | | | 应付账款 | | |
| 应收款项融资 | | | 预收款项 | | |
| 预付款项 | | | 合同负债 | | |
| 其他应收款 | | | 应付职工薪酬 | | |
| 存货 | | | 应交税费 | | |
| 合同资产 | | | 其他应付款 | | |
| 持有待售资产 | | | 持有待售负债 | | |
| 一年内到期的非流动资产 | | | 一年内到期的非流动负债 | | |
| 其他流动资产 | | | 其他流动负债 | | |
| 流动资产合计 | | | 流动负债合计 | | |
| 非流动资产： | | | 非流动负债： | | |
| 债权投资 | | | 长期借款 | | |
| 其他债权投资 | | | 应付债券 | | |
| 长期应收款 | | | 租赁负债 | | |
| 长期股权投资 | | | 长期应付款 | | |
| 其他权益工具投资 | | | 预计负债 | | |
| 其他非流动金融资产 | | | 递延收益 | | |
| 投资性房地产 | | | 递延所得税负债 | | |
| 固定资产 | | | 其他非流动负债 | | |
| 在建工程 | | | 非流动负债合计 | | |
| 生产性生物资产 | | | 负债合计 | | |
| 油气资产 | | | 所有者权益（或股东权益）： | | |
| 使用权资产 | | | 实收资本（或股本） | | |
| 无形资产 | | | 其他权益工具 | | |
| 开发支出 | | | 资本公积 | | |

续表

| 资产 | 期末余额 | 上年年末余额 | 负债和所有者权益 | 期末余额 | 上年年末余额 |
|---|---|---|---|---|---|
| 商誉 | | | 减：库存股 | | |
| 长期待摊费用 | | | 其他综合收益 | | |
| 递延所得税资产 | | | 专项储备 | | |
| 其他非流动资产 | | | 盈余公积 | | |
| 非流动资产合计 | | | 未分配利润 | | |
| | | | 所有者权益合计 | | |
| 资产总计 | | | 负债和所有者权益总计 | | |

# 任务三　编制利润表

## 一、实训目标

1.能正确理解利润表各项目的含义

2.能正确掌握利润表各项目的填列方法

## 二、实训材料

1.损益类账户的总账账簿

2.损益类账户的明细账账簿

3.试算平衡表

4.利润表

## 三、实训内容和步骤

### （一）根据损益类科目的发生额分析填列

1.“营业收入”项目

本项目应根据“主营业务收入”和“其他业务收入”科目的贷方发生额合计数减去借方发生额合计数后的净额填列。

2.“营业成本”项目

本项目应根据“主营业务成本”和“其他业务成本”科目的借方发生额合计数减去贷方发生额合计数后的净额填列。

3.“税金及附加”项目

本项目应根据“税金及附加”科目的借方发生额合计数填列。

4.“销售费用”项目

本项目应根据“销售费用”科目的借方发生额合计数分析填列。

5.“管理费用”项目

本项目应根据“管理费用”科目的借方发生额合计数分析填列。

6.“研发费用”项目

本项目应根据“管理费用”科目下的“研发费用”明细科目的发生额和“无形资产摊销额”两个明细科目的发生额合计数填列。

7.“财务费用”项目

本项目应根据“财务费用”科目的借方发生额合计数减去贷方发生额合计数后的净额填列。

8.“投资收益”项目

本项目应根据“投资收益”科目的贷方发生额合计数减去借方发生额合计数后的净额填列，若结果为负数，则以“-”号填列。

9.“公允价值变动收益”项目

本项目应根据“公允价值变动收益”科目的贷方发生额合计数减去借方发生额合计数后的净额填列，若结果为负数，则以“-”号填列。

10.“信用减值损失”项目

本项目应根据“信用减值损失”科目的贷方发生额合计数减去借方发生额合计数后的净额填列，若结果为负数，则以“-”号填列。

11.“资产减值损失”项目

本项目应根据“资产减值损失”科目的贷方发生额合计数减去借方发生额合计数后的净额填列，若结果为负数，则以“-”号填列。

12.“资产处置损益”项目

本项目应根据“资产处置损益”科目的贷方发生额合计数减去借方发生额合计数后的净额填列，若结果为负数，则以“-”号填列。

13.“营业外收入”项目

本项目应根据“营业外收入”科目的贷方发生额合计数填列。

14.“营业外支出”项目

本项目应根据“营业外支出”科目的借方发生额合计数填列。

15.“所得税费用”项目

本项目应根据“所得税费用”科目的借方发生额合计数填列。

### （二）根据若干个损益类科目计算填列

#### 1.“营业利润”项目

本项目应根据“营业收入”项目减去“营业成本”项目、“税金及附加”项目、“销售费用”项目、“管理费用”项目、“研发费用”项目、“财务费用”项目，加上“投资收益”项目、“公允价值变动收益”项目、“信用减值损失”项目、“资产减值损失”项目、“资产处置收益”项目后的余额填列。

2.“利润总额”项目

本项目应根据“营业收入”项目，加上“营业外收入”项目，减去“营业外支出”项目后的余额填列。

3.“净利润”项目

本项目应根据“利润总额”项目减去“所得税费用”项目后的余额填列。

## 四、实训注意事项

1.利润表中“上期金额”栏应根据上年该期利润表“本期金额”栏填列。如果上年该期利润表规定的各项目名称和内容与本期不一致，应对上年该期利润表各项目的名称和数字按照本期的规定进行调整，再填入本期利润表“上期金额”栏内。

2.“投资收益”项目、“公允价值变动收益”项目、“信用减值损失”项目、“资产减值损失”项目及“资产处置收益”项目若为损失，应以“-”号填列。

## 五、实训任务

业务126：根据试算平衡表、总账、明细账中损益类账户的发生额，填列12月份“利润表”（见表4-3）各项目的“本期金额”栏。

表4-3

**利润表**

会企02表

编制单位：　　　　2021年12月　　　　单位：元

| 项目 | 本期金额 | 上期金额 |
|---|---|---|
| 一、营业收入 | | |
| 减：营业成本 | | |
| 　　税金及附加 | | |
| 　　销售费用 | | |
| 　　管理费用 | | |
| 　　财务费用 | | |
| 　　其中：利息费用 | | |
| 　　　　利息收入 | | |
| 加：其他收益 | | |
| 　　投资收益（损失以“-”号填列） | | |
| 　　其中：对联营企业和合营企业的投资收益 | | |
| 　　　　以摊余成本计量的金融资产终止确认收益（损失以“-”号填列） | | |
| 　　净敞口套期收益（损失以“-”号填列） | | |
| 　　公允价值变动收益（损失以“-”号填列） | | |

续表

| 项目 | 本期金额 | 上期金额 |
|---|---|---|
| 信用减值损失（损失以“-”号填列） | | |
| 资产减值损失（损失以“-”号填列） | | |
| 资产处置损益（损失以“-”号填列） | | |
| 二、营业利润（损失以“-”号填列） | | |
| 加：营业外收入 | | |
| 减：营业外支出 | | |
| 三、利润总额（损失以“-”号填列） | | |
| 减：所得税费用 | | |
| 四、净利润（损失以“-”号填列） | | |
| （一）持续经营净利润（损失以“-”号填列） | | |
| （二）终止经营净利润（损失以“-”号填列） | | |
| 五、其他综合收益的税后净额 | | |
| （一）不能重分类进损益的其他综合收益 | | |
| 1.重新计量设定受益计划变动额 | | |
| 2.权益法下不能转损益的其他综合收益 | | |
| 3.其他权益工具投资公允价值变动 | | |
| 4.企业自身信用风险公允价值变动 | | |
| …… | | |
| 六、综合收益总额 | | |
| 七、每股收益 | | |
| （一）基本每股收益 | | |
| （二）稀释每股收益 | | |

# 思政案例

## 广州浪奇开盘跌停，近6亿元存货不翼而飞

2020年9月28日，广州浪奇股价大跌10%，市值蒸发约3.57亿元。导致股价异动的原因是广州浪奇卷入5.72亿元存货“罗生门”。9月27日晚，广州浪奇公告称，位于

瑞丽仓、辉丰仓的库存货物（价值分别为4.53亿元、1.19亿元）可能涉及丢失风险。这是一个什么概念呢？上市27年以来，广州浪奇实现总净利润5.15亿元。也就是说，本次不翼而飞的5.72亿元存货数额，已经超过了27年的盈利。

该事件不仅震惊了股市投资者，而且引起了监管层的关注。深交所9月28日火速下发关注函，2021年1月初广州浪奇被中国证监会立案调查。

2021年11月11日，广州浪奇收到广东证监局下发的《行政处罚及市场禁入事先告知书》，广州浪奇存货失踪案终于尘埃落定。经广东证监局调查，这是一起自导自演、近乎疯狂的财务造假闹剧。

在2018年、2019年，公司通过虚构大宗商品贸易业务、循环交易乙二醇仓单等方式，虚增营业收入、营业成本和利润。其中，2018年、2019年，分别虚增营业收入62.34亿元、66.51亿元，虚增利润分别为2.10亿元和2.01亿元，是当期利润总额的518.07%和256.57%。

除了在收入上做手脚，其在存货上亦煞费苦心。2018年至2019年，公司将部分虚增的预付账款调整为虚增的存货，金额分别为9.56亿元、10.82亿元，为当期披露存货金额的75.84%和78.58%。

令外界震惊的是，公司内部管理近乎失控，公司大量资金以对外采购的名义，频繁提供给时任董事长傅勇国持股34%的广西钿融及其旗下企业使用，2018年、2019年分别为11.78亿元、24.49亿元。

案件如此触目惊心，靠的是公司高层团队的通力“合作”。广东证监局查实，傅勇国亲自组织、策划上述财务造假，在其担任公司控股股东广州轻工工贸集团副总期间，继续组织广州浪奇通过虚构大宗商品贸易业务等实施财务造假。公司原总经理陈建斌、原董秘王志刚、原副总陈文、原财务总监王英杰、原商务拓展部总监邓煜、子公司广东奇化财务总监黄健彬等参与其中。

对此，广东证监局对该公司时任董事长傅勇国采取了10年证券市场禁入措施，并对广州浪奇和相关责任人合计处以1 405万元的罚款。

资料来源 陈晓京．前董事长组织财务造假，广州浪奇存货失踪案真相大白［EB/OL］.（2021-12-30）．https：//finance.sina.cn/stock/ssgs/2021-12-30/detail-ikyakumx7229132.d.html.

# 参考文献

[1] 财政部会计资格评价中心. 初级会计实务 [M]. 北京：经济科学出版社，2022.

[2] 财政部会计资格评价中心. 中级会计实务 [M]. 北京：经济科学出版社，2022.

[3] 孙万军. 会计综合实训 [M]. 4版. 北京：高等教育出版社，2020.

[4] 李占国，吴道华，王家明. 基础会计综合模拟实训 [M]. 4版. 北京：高等教育出版社，2019.

[5] 朱光明. 企业财务会计 [M]. 3版. 大连：东北财经大学出版社，2020.